21世纪高职高专财经类规划教材

21SHIJI GAOZHIGAOZHUAN CAIJINGLEI GUIHUA JIAOCAI

统计实用技术与实训

Tongji shiyong jishu yu shixun

胡宝珅 邓先娥 ◎ 主编
王欢 张立国 ◎ 副主编

人民邮电出版社
北京

21SHIJI GAOZHIGAOZHUAN CAIJINGLEI GUIHUA JIAOCAI

图书在版编目（CIP）数据

统计实用技术与实训 / 胡宝珅，邓先娥主编. -- 北京：人民邮电出版社，2013.4（2016.6 重印）
21世纪高职高专财经类规划教材
ISBN 978-7-115-29831-7

Ⅰ. ①统… Ⅱ. ①胡… ②邓… Ⅲ. ①统计学一高等职业教育一教材 Ⅳ. ①C8

中国版本图书馆CIP数据核字（2013）第011243号

内 容 提 要

本书分为 13 章，前两章主要介绍统计的基本概念和统计调查的内容，其中以统计记录为重点；第三至第六章主要介绍统计整理的内容；第七至第十二章主要介绍统计分析方法的内容。每章均结合其内容介绍了 Excel 在统计中的应用。第十三章为综合技能实训。本书吸收了实际工作中的许多方法和内容，大幅增加了统计整理内容，压缩了统计分析内容。

本书在每章后，都附有复习思考题、技能实训资料及参考答案。

本书为省级精品课程配套教材，提供授课计划、教学大纲、试卷样本、实训资料、电子教案。

本书可作为高职高专院校、成人高校财经类专业的统计课程教材，也可供职业教育培训和从事统计工作的人员作为实战指导的工具书使用。

21 世纪高职高专财经类规划教材

统计实用技术与实训

◆ 主　　编　胡宝珅　邓先娥
　副 主 编　王　欢　张立国
　责任编辑　万国清

◆ 人民邮电出版社出版发行　　北京市丰台区成寿寺路 11 号
　邮编　100164　　电子邮件　315@ptpress.com.cn
　网址　http://www.ptpress.com.cn
　固安县铭成印刷有限公司印刷

◆ 开本：787×1092　1/16
　印张：18　　　　2013 年 4 月第 1 版
　字数：436 千字　　　　2016 年 6 月河北第 3 次印刷

ISBN 978-7-115-29831-7

定价：36.00 元

读者服务热线：(010)81055256　印装质量热线：(010)81055316
反盗版热线：(010)81055315
广告经营许可证：京东工商广字第 8052 号

前言

统计实用技术是实际工作中应用极为广泛的一种知识和技能，尤其在经济领域应用更为广泛。凡有数字的地方，都需要对其进行整理和分析，至少也要能够“读懂”或“正确使用”这些数字，这就必然会用到统计知识和技能。当今社会是一个信息化、数字化的社会，统计实用技术也就具备了更为广泛的应用空间。

自2009年《统计实用技术》和《统计实用技术实训》出版以来，受到了众多院校师生的欢迎，授课教师也提出了一些宝贵的修改意见。其中部分教师反映非统计专业本课程学时数有限，原有两本教材内容较多，规定课时内不能完成教学。为满足少学时非统计专业统计课程的教学需求，特在原有两本教材基础上重新编写了本书。

本书除将实训内容纳入各章之后外，还对一些内容做了较大的调整和更新，以使本书更为简洁、新颖。

本书适用学时数为32～64课时，如学时数为64～96课时则推荐选用《统计实用技术》和《统计实用技术与实训》，这两本书将尽快推出第二版。

本书从统计实用技术方面来阐述统计的内容，这也是高职高专统计课的一次重大改革。教材是知识的载体，是财经类学生掌握统计基本技能的基础。为此，本书在创作过程中努力打造以下特色。

第一，采用了模块的形式。本书打破了一般教材的学科体系结构，采用了以相对独立的统计实用技术为独立单元（模块）的形式，每一个模块都是一项独立的统计实用技术。它更适合高职高专教学的需要。

第二，体现了基层工作的内容。高职学生的工作层面在“基层”，因而本书加大了基层工作的内容，增加了统计记录和统计整理的分量，对总量指标分析也增加了许多对基层来说比较实用的内容。本书对传统的统计原理进行了知识结构的调整，减少了统计分析的比重，总量指标分析以前的部分占到全书的50%以上。所以，本书不仅可供高职高专院校作为教材使用，更适用于实际工作岗位上的统计工作者。

第三，突出了技能操作性。本书在编写过程中，本着“理论知识够用、实践技能过硬”的原则，尽量减少理论性的阐述，回避了争议性的内容，强化了实际操作技能，以简明扼要、通俗易懂的形式表现各个能力点和技能点，让人一目了然。

第四，大量吸收了实际工作中的新成果。具体体现在本书内容上的“创新性”，这也是本书有别于其他同类教材最为显著的一个特点。这些内容主要来源于“基层统计工作”的实践，它们也是基层工作最为实用的部分。实践是理论的基础，实践上需要而且也已经出现了的东西，教材上就应有所体现并加以完善和提高，否则就是落后于实践。这些内容包括：①在统计分组中增加了“不规则分组”、“统计编码”；②在统计表中增加了统计的种类、新的设计形式，更加完善了制表规则；③在统计图中调整了统计图的分类、增加了“其他象形图”的内容、完善了绘图方法；④在统计汇总中增加了“传票法汇总”；⑤在抽样调查中吸收了“对称等距抽样公式表”的方法；⑥在总量分析法中增加了“总量指标的常理界限”分析、“形象转化”表达法；⑦在相对分析法中增加了“相关相对数”的概念、“百分点”的使用、“成折数”的使用和表示方法；⑧在动态分析中建立了“环比增长速度与定基增长速度”之间的推算公式：定基增长速度＝Π（环比增长速度+1）–1；⑨在统计分析中把“分析法与分析指标”区分开来（如平均法与平均数不是一回事），这就避免了只会计算不会分析等问题。这些新增加的内容，都是在以往教材中没有但实际工作中又非常有用的、技能性较强的内容。

本书由胡宝珅、邓先娥任主编，并进行总体策划、设计及最终定稿。编写人员的具体分工如下：胡宝珅（黑龙江农业经济职业学院）编写第一章、第二章、第三章、第七章，并负责全书的总纂；邓先娥（湖北生态工程职业技术学院）编写第四章、第五章、第十三章；张立国（黑龙江农业经济职业学院）编写第六章；陈娟（辽宁商贸职业学院）编写第八章、第九章；王欢（黑龙江农业职业技术学院）编写第十章、第十一章；肖文博（黑龙江农业经济职业学院）编写第十二章。

本书是省级精品课程配套教材，精品课程网站（www.nyjj.net.cn，进入“精品课程网”，选择“统计实用技术”即可）提供授课计划、教学大纲、试卷样本、实训资料、电子教案等，读者可直接下载使用，也可参照本书末页“配套资料索取说明”直接索取。

本书在编写过程中，得到了黑龙江省牡丹江市统计局和宁安市统计局的大力支持，在此一并表示感谢。

由于时间仓促，加之编者编写水平有限，书中难免有不妥之处，敬请广大读者批评指正，请将您的建议发送至 hbs570214@163.com。

胡宝珅

2012 年 10 月

目录

第一章

统计实用基础

【学习目标】

通过本章的学习，应当掌握统计的基本概念，对统计工作及统计常识有个基本了解；理解统计的含义及统计的研究对象、统计人员的基本素质；掌握统计的特点、统计学中的几个基本概念；初步了解 Excel 软件等，为以后学好统计打下一定的基础。

【案例导入】

改革开放 30 年来，我国人民生活水平有哪些显著提高？这一问题，可以从不同的角度来说明，但效果却大不一样。

角度一：改革开放 30 年，人民生活总体上达到了小康水平。这 30 年是我国城乡居民收入增长最快、得到实惠最多的时期。改革开放以来，全国城镇居民的收入增加很快，农民的收入水平也有较快的增长，城市和农村的住房面积也都有了一定的增加，各方面都很好，都比以前有了明显提高。改革开放前长期困扰我们的短缺经济状况已经从根本上得到改变。

角度二：改革开放 30 年，人民生活总体上达到了小康水平。这 30 年是我国城乡居民收入增长最快、得到实惠最多的时期。从 1978 年到 2007 年，全国城镇居民人均可支配收入由 343 元增加到 13 786 元，实际增长 39 倍；农民人均纯收入由 134 元增加到 4 140 元，实际增长 30 倍；农村贫困人口从 2.5 亿减少到 0.14 亿。城市人均住宅建筑面积和农村人均住房面积成倍增加。群众家庭财产普遍增多，吃穿住行用水平明显提高。改革开放前长期困扰我们的短缺经济状况已经从根本上得到改变。

（中国网络电视台，2008）

案例分析

“角度一”是普通报告的角度，也是口号式或定调的角度，是用“比较级”或“最高级”的语言来阐述改革开放 30 年来的成绩。它能给人以振奋，但仔细推敲又总有一丝“不踏实”的感觉，让人说起话来总感觉“底气不足”。

“角度二”是统计报告的角度。它用脚踏实地、证据确凿、掷地有声的统计数据来说明情况。它以不容置疑的根据、精确无误的数据、恰如其分的结论，把改革开放 30 年来我国城乡人民生活水平的大幅度提高情况，实实在在地摆在了我们的面前。这时，“口号”的味道没有了，“以权定调”的感觉也没有了，它给人说话以底气，让人愿意接受、敢于传播。这就是统计的力量！可见，学好统计学，在日常学习、工作、生活中尽可能用准确的数据说话，也会有“可靠感”。

统计既是一门科学也是一种技能性的分析工具，应用极为广泛。无论从事科研、生产，还是经营、管理工作，都离不开具有统计意义的数字，即使机关单位或家庭也一样离不开，统计早已深入到我们工作和生活的方方面面。所以，不是为进统计局才学统计，也不是为从事统计工作才学统计，而是只要从事生产或生活就需要学统计。

从不同的角度来研究，统计具有不同的性质。从学科的角度来研究，这就是统计学的范畴，它应侧重于理论的研究；从技能性工具的角度来研究，就应该是统计的实用技术，它应侧重于实际工作岗位上的技术操作。作为高职高专层面的新型高等教育来说，后者就更加适用。

第一节 统计的含义及对象

一、统计的含义

所谓统计，一般是指统计工作或统计科学，但在国际上许多关于“统计”一词的含义还包括统计资料。这是因为在英文中统计一词是借用 statistics，而这一词汇最初就是“统计资料”的意思，所以在“统计学”形成之后，自然也就多了“统计资料”这一含义。而在我国，如说某人是搞统计的，则是指他专门从事“统计实际工作”或专门从事“统计研究工作”。

（一）统计工作

统计工作是指统计的实践活动。从事统计工作的人员称为统计工作者，从事统计工作的部门则称为统计业务部门。

1. 统计工作的内容

统计工作的内容一般包括统计调查、统计整理、统计分析和统计预测等。

（1）统计调查。统计调查是统计工作的第一阶段，它的成果是各种形式的调查资料，包括数字资料、统计图表和必要的文字说明。

（2）统计整理。统计整理是统计工作的第二阶段，它的成果是各种形式的统计数字或统计图表。

（3）统计分析和统计预测。统计分析和统计预测是统计工作的第三阶段，它的成果是计算出来的各种分析指标和对这些指标的分析说明，也包括通过计算分析后所形成的统计分析报告。

以上三个阶段，常常是顺次进行的，所以，也可称之为统计工作的全过程或一般流程，如图 1.1 所示。

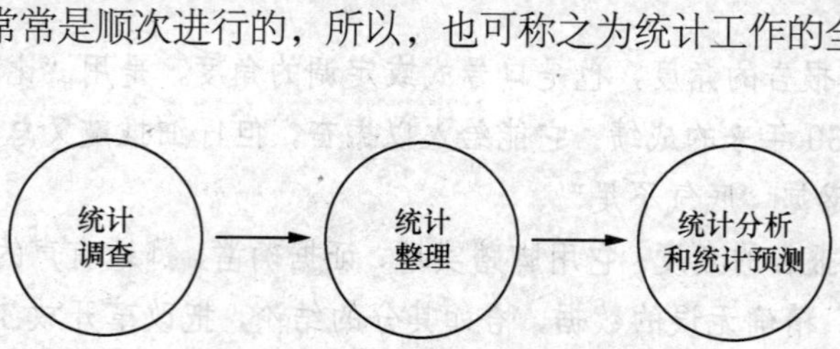

图 1.1 统计工作流程示意图

2. 统计工作的层次

统计工作按其不同的层次可分为基层统计和综合统计。不同层次的统计工作，包含不同的统计内容。

（1）基层统计。基层统计是指企事业单位、机关、团体等基层单位的机构和个人所从事的统计工作。基层统计工作的重点是统计记录和简单的统计整理和分析。一般来说，基层统计的内容较少，工作也较简单，对其人员的技术性要求也不算太高。但对数字质量的要求是相当高的，这是因为基层统计工作的质量，直接决定着综合统计工作的质量。

（2）综合统计。综合统计是指综合统计机构和个人所从事的统计工作，包括统计设计、统计调查、统计整理、统计分析、统计预测、统计执法、统计宣传等一切技术性和管理性的统计工作。一般来说，综合统计具有内容全面、工作复杂、技术性高、政策性强等特点。综合统计属于高层统计，它对统计人员的要求较高，必须是理论和实践都比较过硬的人才。

（二）统计科学

统计科学是指系统阐述统计工作的理论与方法的科学。从事统计科学研究的人员称为统计研究人员。

（三）统计工作与统计科学的关系

统计工作与统计科学是相互联系的，二者有着理论与实践的辩证统一关系。统计科学是统计工作实践的理论概括与总结，但反过来它又指导统计工作的实践。

二、统计的研究对象

统计的研究对象是各种现象的数量方面，它包括现象的数量特征和数量关系。

1. 现象的数量特征

现象的数量特征即该现象在数量方面所具有的特征，如研究某企业生产的好坏时，统计上要用产量的多少、生产规模的大小、成本的高低、利润的多少、发展速度的快慢等数字来说明。这种用数量特征来研究现象的方法称为统计方法，它与统计学产生之前那种“比较级”、“最高级”等思辨式的方法形成了质的区别。从人的思维发展上看，总是遵循“质—量—新的质”这样的认识规律，即是说，人们从对现象“质”的认识到提高，中间是通过对“量”的认识而达到目的的，这也恰好说明了统计的重要性。

2. 现象的数量关系

对某一现象的认识，不能脱离它与其他现象之间的联系，唯物辩证法告诉我们必须在普遍联系中认识事物。这种现象之间的联系，在统计上就表现为各种各样的“数量关系”，因而，这种“数量关系”必然是统计的一种研究对象。如在研究企业的生产状况时，常常要研究产量与利润的关系、产量与成本的关系、成本与利润的关系、工人与产量的关系、固定资产与产量的关系等。在统计上，对现象进行“数量关系”的研究，比对“数量特征”的研究更深化了一步。

另外，统计上在对现象进行数量方面的研究时，常常会遇到“数量界限”的确定问题。这种数量界限，就是哲学里讲的“度”，它是现象实现质变时在量上的分界线，它是统计在现象质与量的辩证统一中研究量变状况的集中反映。因而，统计上确定“数量界限”非常重要，它是决定统计分组的重要因素，也是统计决策的关键。如在计划检查时，100%就是最关键的“数量界限”；考核学生成绩时，60 分也是最关键的“数量界限”；检验产品质量时，某一质量标准的最低数值，就是我们需要掌握的“数量界限”。

实际上，本书所研究的统计学是社会经济统计学。社会经济统计学是统计学的一个组成部分，是统计学在社会经济领域中的一个分支。所以，社会经济统计学的研究对象是：社会经济现象的数量方面，它在社会经济现象质与量的辩证统一中，研究社会经济现象的数量特征和数量关系。

统计小常识

政治算术

17世纪中叶，英国的威廉·配第（1623—1687）写了《政治算术》一书，它标志着统计学的诞生。这里的“政治”是指政治经济学，“算术”是指统计方法。在这本书里，他运用了大量的实际统计资料，第一次用数字、重量和尺度来说话的方法，阐明了英、法、荷三国的国情国力，并得出了“英国的国际地位并不悲观”的结论。这一方法被广泛接受，形成了“政治算术学派”，这就是我们现在“经济统计”的主要方法内容。

用数字来说话的方法，就成了经济统计学中最实质性的特征。

三、统计的特点

了解统计的特点非常重要，它可以告诉我们在工作中应注意哪些问题，使我们在工作中少走弯路或少犯错误。一般来说，统计有以下四个特点。

1. 数量性

“数字是统计的语言”。统计的研究对象告诉我们，统计在认识事物和说明问题时，总是用数字作为自己的依据和出发点。因此，统计工作的直接目标是数字，统计的成果表现形式是数字（或绝大多数是数字），统计分析报告也是以数字为依据（它与一般的行政报告是截然不同的）。总之，没有数字，就不是统计。

2. 条件性

统计上的数字不同于数学上的数字，统计上的每一个数字都是反映某一现象在一定条件下所形成的结果，当任何一个条件发生变化时，其数字也会随之变化。统计上的数字也称之为指标数值，每一个指标数值的出现，都必须阐明它的限定条件：时间、地点、内容等。例如，2011年某企业总产值987万元，这里的“2011年”为时间条件，“某企业”为地点或空间条件，“总产值”为内容条件，“万元”为计量单位条件，这些条件的综合，使其指标数值表现为“987”这一数字，若其中任何一个条件发生变化，都可能使其数值不再表现为“987”，而可能为其他数值了。统计上的数字都是如此，它绝不像数学那样把所有的条件都抽象掉而孤零零地表现为一个抽象的数字。

没有任何条件的抽象数字，不是统计数字。

3. 总体性

与会计核算和业务核算相比，统计则不纯粹是对个别事物的记录，而是要通过这些记录来综合说明事物的发展水平、发展速度、总体构成和比例关系等，从而认识事物的本质和发展规律。因而，在统计上要特别强调“不能以偏概全”，越是高层统计越是如此。如研究人口规律或国民经济的发展趋势，就不能以个别单位或小范围的数字为依据，必须依据总体资料才能得出正确的结论。总体性规定了统计必须以大量数据来体现规律。

但统计的总体性，并不排斥对具体的、个别事物的正确记录。这是因为个体是构成总体的基础，否定了个体也就否定了总体，歪曲了个体也就歪曲了总体。所以，统计上特别强调“从具体事物入手，从大量数据着眼”。从这一点出发，就产生了统计的特有方法——大量观察法。

4. 差异性

“没有差异就没有统计”。差异的存在具有客观性和普遍性。总体之间存在着差异，总体内部也存在着差异。统计上承认这种差异，也严格地反映这种差异，这也是统计的“具体性”。

从认识论的角度说，认识差异才能认识事物、区别不同的事物。差异是事物本质的一种体现，因而，统计上特别注重对差异的分析，从而也形成了统计上的另一种特有方法——差异分析法。

四、统计人员的基本素质

统计是人们做到“心中有数”的手段，现在不能想象没有统计的部门或单位会是什么样。越是高层机关，越需要统计。然而，不论综合统计还是基层统计，都必须以统计人员为主体，因而，统计人员的素质就至关重要了。统计人员的基本素质包括以下方面。

1. 人格素质

人格素质是前提，缺乏人格素质的人，能力越强则破坏性越大，所以单位在选人时就更要注意这一点。具体说来，统计人员应实事求是，坚持真理；不媚俗，不媚势；要有法制观念；要有爱人民，爱集体，爱祖国的精神；要有拼搏进取，不图名利和安逸的品格；要有强烈的责任感和责任心。

2. 业务素质

只具备人格素质而缺乏业务素质也无法干好统计工作。具体说来，统计人员应该精通统计业务；要懂得经济理论；数学知识要够用；社会心理学要了解；计算工具的使用也要熟练。

在调查指标的设计中，心理因素是不可忽略的内容，故而对社会心理学的学习是统计人员的功课之一。

计算工具是统计腾飞的翅膀，它包括计算器、计算机、网络、统计软件等。

3. 身体素质

“身体是工作的本钱”，以皮毛相比，身体是“皮”，其他都是“毛”，“皮之不存，毛将焉附？”单位选人时非常重视这一点，然而青年学生却常常有所忽视。

统计人员的素质，可形象地表示为图 1.2。

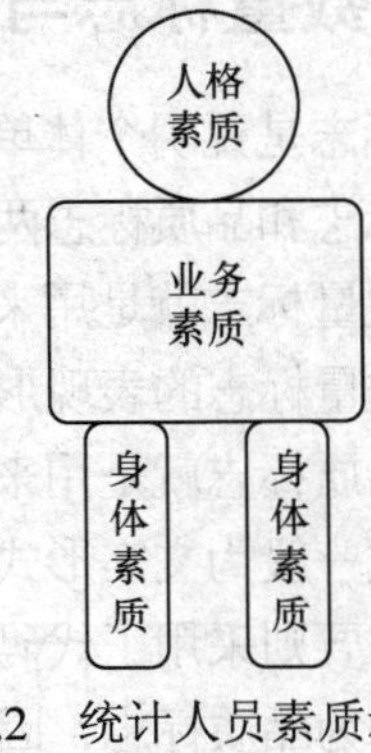

图 1.2　统计人员素质示意图

小常识

德智体什么都不能缺

没有人格素质的人谁都不敢用；没有业务素质的人想用也不好用；没有身体素质的人也许根本就没有人会用！年轻的学生，是不知道，还是不愿去想，或是不用去想？

第二节　统计学中的几个基本概念

一、总体与个体

（一）总体

总体是指统计研究对象的全体。它由客观存在的具有某种共同属性的各个基本单位所构成。

1. 总体的构成条件

作为一个统计总体，必须同时具备三个条件：同质性、大量性和差异性。其中，同质性是构成一个总体的最基本的条件。

2. 总体的分类

总体按所含基本单位数是否有限，可分为有限总体和无限总体。对有限总体既可进行全面调查也可进行非全面调查，对无限总体则只能进行非全面调查。

在实际中，有时为调查和计算等的方便，常常把很大的有限总体当做无限总体来处理，这样可以大大提高工作效率。如对全国人口进行抽样调查等。

（二）个体

个体就是指构成总体的基本单位，也可称为个体单位。如把全国的村办企业作为一个总体，则其中的每一个村办企业即为一个个体。个体是依总体的属性而存在的，所以，统计上也称这样的个体为总体单位。

二、数量标志与品质标志

标志是说明个体单位特征的名称，在统计调查时也常称为调查项目。统计中的标志可分为数量标志和品质标志两种。

数量标志就是用来反映个体单位数量特征的标志，如产品产量、固定资产原值、牲畜头数等。数量标志的表现形式均为数字形式。

品质标志就是用来反映个体单位属性特征的标志，如人的性别、产品品种等，其标志的表现形式一般为文字形式。需要注意的是，有些事物的属性特征，为了便于或适应计算机汇总整理等需要则采用了代码的方式，如人口普查时，把男性赋值为 1，把女性赋值为 2，这时的“性别”仍为品质标志，因为，这里的“1”和“2”是代码而不是数值，它们是不能参与运算的。

把标志区分为数量标志与品质标志，便于安排它们的表格设计形式、调查时确定对方的回答形式等，亦可事先安排统计汇总整理和分析等形式。

三、指标与指标体系

指标是指反映总体数量特征的名称和具体数值。指标与标志不同，指标均能表现为具体的数字，而标志除数量标志表现为数字形式外，品质标志一般只能表现为文字的形式。

（一）指标的构成要素

一个完整的指标，必须体现出六个构成要素：指标名称（内容）、计量单位、计算方法（常以隐匿的形式出现）、时间范围、空间范围、指标数值。例如，某企业2011年的利润为2 700万元，这里的指标名称为“利润”，计量单位为“万元”，计算方法是“收入-支出-费用-税额”，时间范围为“2011年”，空间范围为“某企业”，指标数值为“2 700”。这里任何一个要素的缺乏，都将使指标无法确定。

（二）指标的分类

统计上的指标多种多样，从不同角度划分则有不同的分类。

1. 绝对指标、相对指标和平均指标

绝对指标、相对指标和平均指标是按指标表现形式进行的分类。

绝对指标也叫总量指标，它是反映现象规模、水平、总量的指标，如工程技术人员的人数、总产值等。总量指标通常是通过汇总（加或减）而获得的。总量指标是最基本的统计指标，是人们认识事物的起点，也是计算相对指标和平均指标的基础。

相对指标是用来反映相关事物之间数量对比关系的指标，如工程技术人员占职工总人数的比重、计划完成百分比等。相对指标通常是通过两个指标的对比而获得的。

平均指标是用来反映事物在一定时空条件下一般水平的指标，如工程技术人员的平均年龄、职工平均工资、工人劳动生产率等。平均指标是平均分析法的结果，平均分析法详见以后有关章节。

2. 数量指标和质量指标

数量指标和质量指标是按指标性质进行的分类。

数量指标是用来说明总数量、总规模的指标，即用来说明数量多少的指标。一般表现为总量指标或绝对量的形式，如产品产量、利润总额、企业数等。

质量指标是用来说明总体内部数量关系和单位水平的指标。一般表现为相对数和平均数的形式，如管理人员占全部职工的比重、劳动生产率等。质量指标是认识总体质量优劣的重要手段，其数值不依总体外延范围的变化而增减，而依总体内部结构的变化而变化。

质量指标与品质标志不同，前者表现为数字形式，后者则表现为文字的形式。

（三）指标体系

指标体系是指由若干个具有一定联系的指标所组成的整体。一个指标常常只能说明一个方面的问题，要从多方面反映较为复杂的问题时就需要用指标体系。

构成指标体系的条件有二：①一系列的指标，一般需要三个以上的指标；②指标间要有一定的联系，这是最根本的条件，它要求所有的指标必须要从不同方面来综合说明同一个问题，否则，就不是指标体系或不是一个指标体系。

四、离散变量与连续变量

统计上的绝对量指标，按其取值的特点可分为离散变量与连续变量。

离散变量亦可叫离散指标，是指仅能表现为整数取值的指标，如人数、工厂数、机器数、总体单位数等。

注意

判断一个标志或指标是离散的还是连续的，是与计量单位有直接关系的。如载重汽车，若用台来计量则为离散变量，若用千瓦来计量则为连续变量。

连续变量亦可叫连续指标，是指可以出现小数的指标，如身高、体重、长度、产值、利润等。一般来说，对连续指标进行统计时需规定精确程度；进行分组时要采取连续分组。

第三节 Excel 的基本操作（一）

Excel 是 Microsoft Office 的一个组成部分，是计算机中最常用的电子表格软件之一。它能够进行统计运算、统计整理和统计分析，完全能满足基层企事业单位人员从事统计工作的需要。其他计算机办公软件中也有类似软件，如 WPS Office 中的 WPS 表格，更为简单直观，功能与之类似。考虑软件的普及程度，为方便教学，本书选用 Excel 电子表格软件作为教学软件。

选用电子表格软件作为教学软件，是基于如下考虑。

（1）非专业性。电子表格对一般的统计工作均能处理，是一个小型的统计软件，它的功能虽与专业的大型统计软件（如 SAS、SPSS 等）相比还差得很远，但对于一般的非统计专业人员来说却足够用了。

（2）灵活方便。通常计算机上均安装有 Excel 或 WPS 表格之类的电子表格软件，它们的使用方法基本相同，使用起来远较专业统计软件灵活方便。

（3）应用广泛。尽管是非统计专业人员的统计软件，但电子表格统计功能还是比较齐全的，它可以进行日常运算、统计制表、统计制图、统计分组、样式储存、统计汇总、统计计算、统计分析等工作。

（4）使用成本低。电子表格软件相较专业统计软件不仅购买成本低，而且学习所需的时间较少费用低。

从目前来看，Office 2003 版本使用得最为普遍，功能也最稳定，下面以 Office 2003 中 Excel 2003 为例，来说明 Excel 的基本操作。至于 Office 2007 版本，其统计运算功能与前者相比基本上没有什么变化，对于使用 Office 2007 又希望实现 Office 2003 操作界面的读者，可在网上下载一个“Office 2003 与 Office 2007 兼容界面”的软件即可。

一、建立工作簿

建立 Excel 工作簿的步骤如图 1.3 所示。在某一个文件夹下右击，就会出现一个备选框，把光标移到“新建”→单击 Microsoft Excel 工作表 后则会出现如图 1.4 所示的图标。

文件夹出现图 1.4 所示的图标，表明一个 Excel 工作簿已经建立。Excel 工作簿，也就是 Excel 文件，它的级别相当于一个 Word 文件。

双击该图标，便可打开这个工作簿，也就打开了一个工作表，如图 1.5 所示。

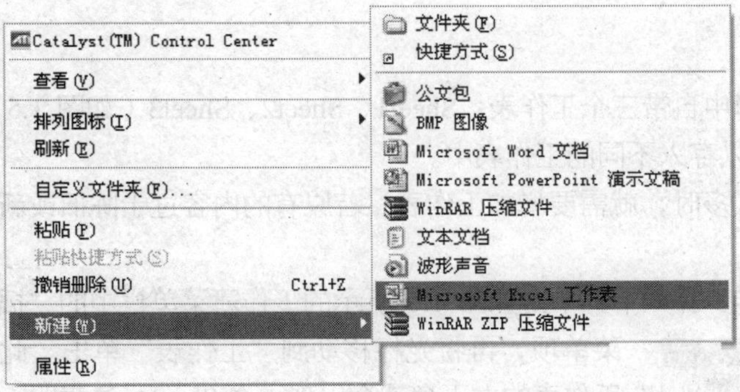

图 1.3 建立 Excel 工作簿

图 1.4 已建成的 Excel 工作簿

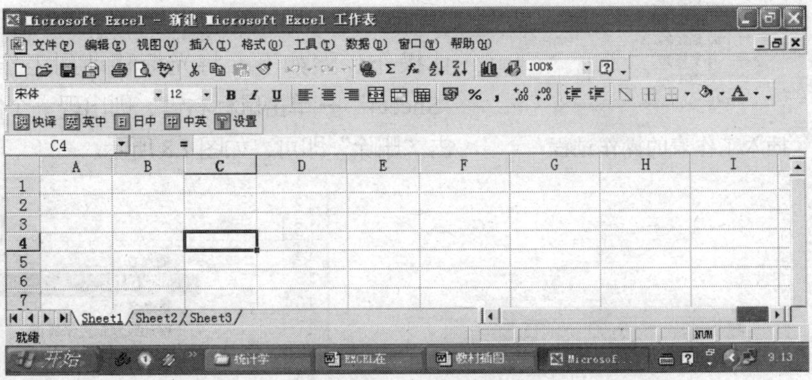

图 1.5 打开的工作表

工作表由许多小格子构成，这些小格子叫单元格，每一个单元格都是相对独立的。在每一个单元格中，可以输入文字，也可以输入数字；每一个单元格，既可以储存文字和数字，也可以进行数字间的各种运算，尤其数字运算的功能特别强大，这也正是 Excel 能够成为统计运算工具的所在。

在 Excel 工作表中，最左端的号码是行代码，用 1、2、3 等表示，如图 1.5 左侧所示；上端的字母是列代码，用 A、B、C 等表示，如图 1.5 上端所示。每一个单元格也可以用相应的代码表示，如 A2 表示第 A 列与第 2 行相交的单元格，B5 表示第 B 列与第 5 行相交的单元格等。

统计小常识

你知道吗？

在 Excel 工作表中，从某种意义上说，每一个单元格，都是一个功能强大的计算器！建立了一个 Excel 工作簿，就相当于拥有了无数个计算器！这些计算器不但可以进行数字运算，还可以进行各种函数运算、简单编程、储存或调用程序等，而且还能进行"分工协作"。

Excel 相对专业统计软件简单易学，没有"阳春白雪"之难，这是专业统计软件不能比拟的！

二、增减工作表

一般来说，一个 Excel 工作簿中自带三个工作表：Sheet1、Sheet2、Sheet3（如图 1.5 的左下角所示）。不同的操作内容，可以存入不同的工作表中。

当具有独立体系的操作内容太多时，就需要增加工作表；若原有的内容过于陈旧或新增内容有错时，又需要减少工作表。

（1）增加工作表。其具体操作步骤如下：单击如图 1.6 所示的工作簿菜单栏中的“插入”菜单项，再将光标移动到“工作表”单击。此时，工作表的左下角就会出现一个 Sheet4，这表明工作表 Sheet4 已被插入，如图 1.7 所示。

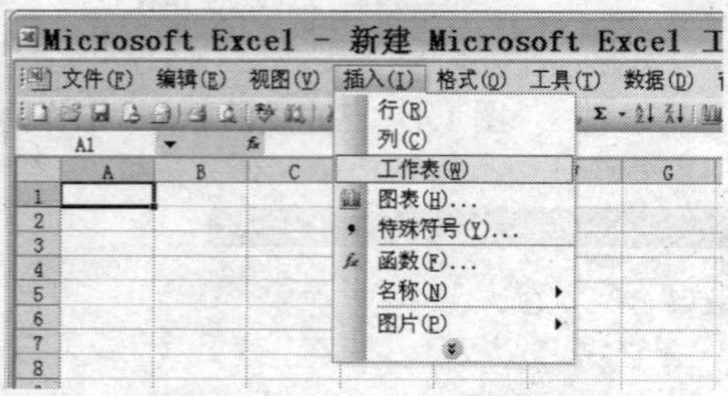

图 1.6 插入工作表的操作过程

（2）减少工作表。若要删除工作表 Sheet4，其具体操作步骤如下：将光标移动到工作表左下角的“Sheet4”→单击鼠标右键，则出现一个快捷菜单，单击“删除”即可，如图 1.8 所示。

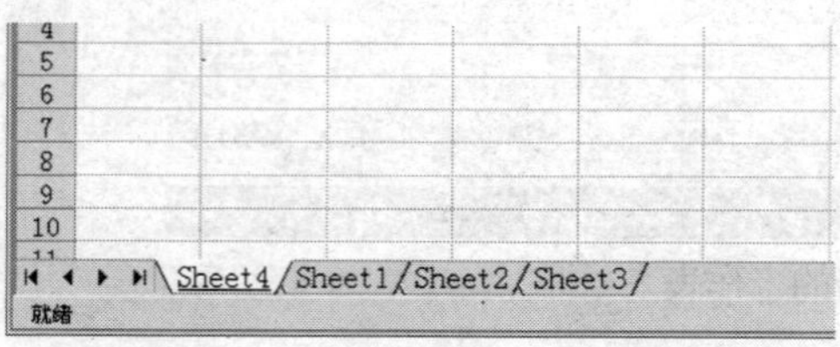

图 1.7 插入一个工作表（Sheet4）后的界面

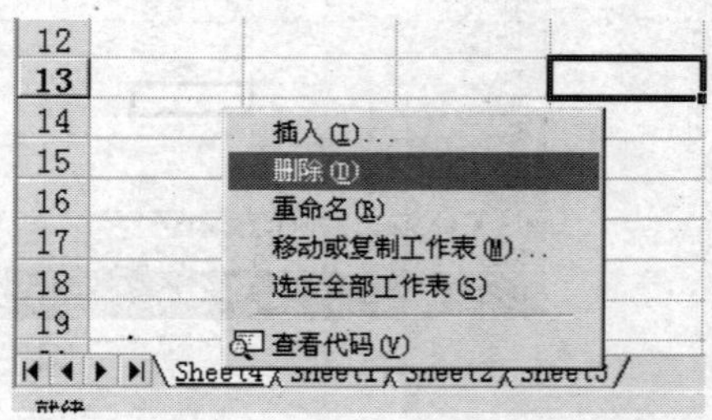

图 1.8 删除工作表 Sheet4 的操作过程

图 1.8 所示的菜单中，还可完成“重命名”、“移动或复制工作表”、“选定全部工作表”等任务；“插入”即增加工作表，较“（1）”中所述方式更为快捷。

三、资料录入

要利用 Excel 对资料进行操作，首先就要把资料录入到工作表中。录入资料的过程，就是建立原始数据库的过程。

（1）录入文字。如录入表格名称、指标名称、分组组别、必要的说明等，都需要有文字的录入。只要使用自己熟悉的输入法录入即可。其相关操作与 Word 文档基本相同。

（2）录入数字。一个独立的数字应该占用一个单元格，以便于将来的运算操作。每个单元格中的数字，可以选择不同的表现形式。常用的形式有常规、数值、货币、会计专用、日期、时间、百分比等。常规是指在单元格中直接录入的形式，如“234”；货币形式如“￥234”；百分比形式如“234%”。

单元格内的数字形式设置方法如图 1.9 所示，选中要设置的单元格→右击鼠标，出现快捷菜单→单击“设置单元格格式”菜单项，出现“单元格格式”对话框（见图 1.10），在“数字”选项卡中进行相应的设置后，单击“确定”按钮即可。其中，值得一提的是“文本”形式特别有用，当录入诸如 01、02 等序号或 2.20、5.30 等金额时，一般情况下是录不进去的。这时就需要先把有关的单元格设置成“文本”的形式，之后再录入就可以了。

图 1.9 设置单元格格式

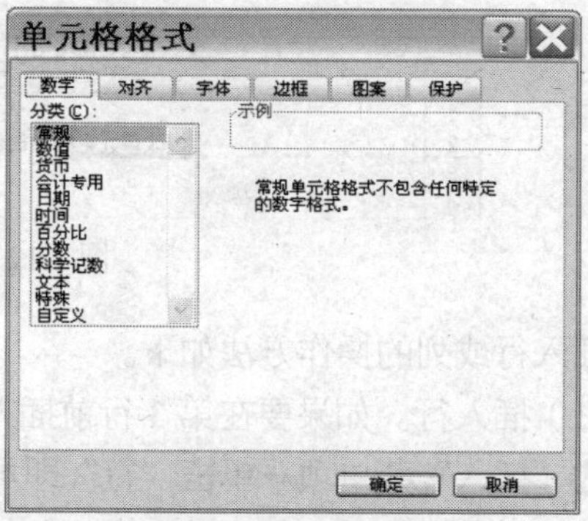

图 1.10 设置“常规”等数字形式

四、选中

要对文字或数字进行修改等操作，首先就要选中这些文字或数字。

（1）选中一个单元格。只要把光标移入该单元格并单击即可。单元格被选中的标志是：该单元格的四周有黑框，如图 1.11 所示的 C11 单元格。

（2）选中一行。把光标移入该行最左端的行代码处，单击即可。行被选中的标志是：该行上下有两条黑线，黑线中间呈浅蓝色。

（3）选中一列。把光标移入该列最上端的列代码处，单击即可。列被选中的标志是：该列左右有两条黑线，黑线中间呈浅蓝色。

（4）全选。即选中整个工作表。把光标移入该工作表的左上角（即第 1 行之上与第 A 列左侧的交叉点处），单击即可。整个工作表被选中的标志是：该工作表全部呈浅蓝色。

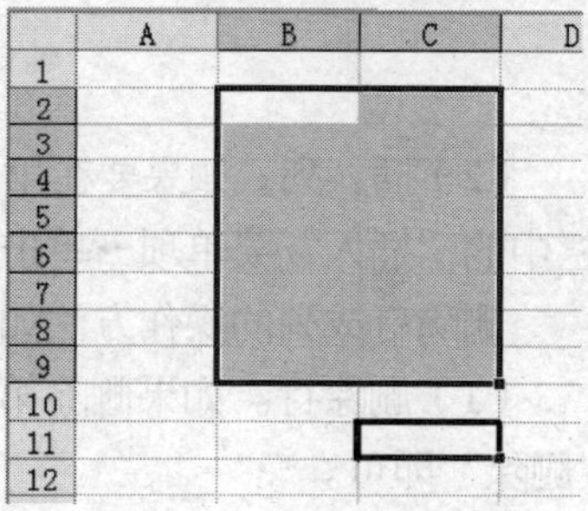

图 1.11 选中一个区域

（5）选中一个区域。把光标移入该区域的左上角，按住鼠标左键往右、往下拖动，直至把整个区域选完后再放开鼠标左键。区域被选中的标志是：该区域四周有黑框，黑线中间呈浅蓝色，如图 1.11 所示的 B2:C11。

五、对工作表进行修改

1. 基本操作

使用电子表格时，对单元格行或列的操作是最基础的操作。

修改单元格中内容的操作方法如下。

（1）删除整个单元格的内容。选中要删除的单元格，按 Delete 键。

（2）替换整个单元格的内容。选中要替换的单元格，然后录入新的内容，录完后再单击其他单元格。

（3）修改单元格中的部分内容。选中要修改的单元格，此时，该单元格中的内容都会显示在工作表上端的“编辑栏”（即“=”后面的空白行）中，单击编辑栏中要修改的部位，进行相应的修改操作即可。如删除 C2 单元格中多余的一个“中”字（见图 1.12），或插入一个其他的字符等，此时的操作基本与 Word 文档相同。双击该单元格，也可直接在单元格内进行编辑。

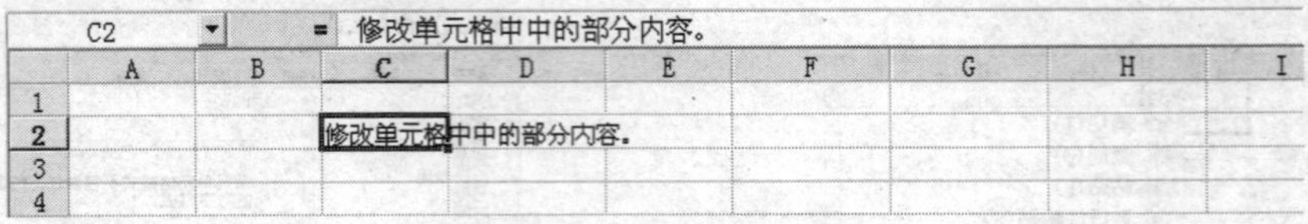

图 1.12 利用编辑栏进行修改

插入行或列的操作方法如下。

（1）插入行。如果要在第 3 行前插入一行，则其具体操作步骤为：选中第 3 行→单击菜单栏中的“插入”菜单项→单击“行”即可，如图 1.13 所示。

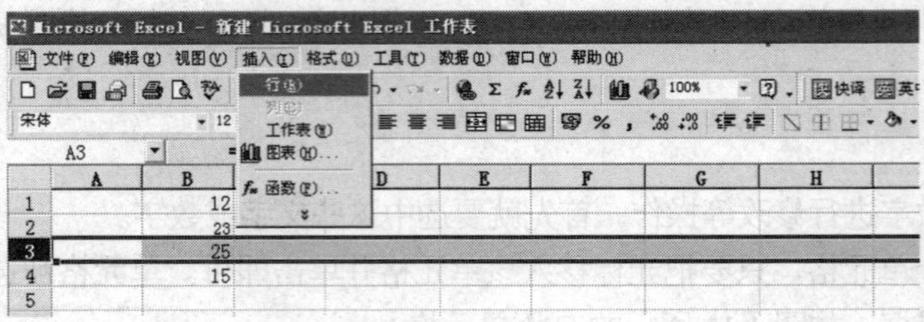

图 1.13 插入行的操作

（2）插入列。如果要在第 C 列前插入一列，则其具体操作步骤为：选中第 C 列→单击菜单栏中的“插入”菜单项→单击“列”即可。

删除行或列的操作方法如下。

（1）删除行。如果删除第 2 行，则先选中第 2 行；单击菜单栏中的“编辑”菜单项；单击“删除”即可。

（2）删除列。如果要删除第 B 列，则先选中第 B 列；单击菜单栏中的“编辑”菜单项；单击“删除”即可。

2. 给工作表命名

系统中默认的工作表名称为 Sheet1、Sheet2、Sheet3 等形式，但当工作表较多或较长时间不用时，各工作表中的内容就很难记得清楚，所以需要给工作表重新命名。如把 Sheet1 更名为“总产值情况”，只需右击工作表左下角的 Sheet1→在出现的菜单中单击“重命名”→录入“总产值情况”即可。

六、保存

以上的操作，如果不进行保存，若突然断电或有误操作时就会丢失数据，所以，我们要养成随时保存数据的好习惯。

（1）平时保存。单击工具栏中的“保存”按钮，或执行“Ctrl+S”命令即可对文件进行保存，菜单栏中也有“保存”命令。

（2）另存为。如拟将 Excel 文件另存为其他文件，则可单击菜单栏中“文件”→单击“另存为”，则出现图 1.14 所示的“另存为”对话框。在“保存位置”下拉列表框中确定存放的

位置，如 D 盘；在“文件名”文本框中录入需要命名的工作簿名称。如录入“学期成绩情况”；按“保存”按钮即可。如果未按本节所述步骤先建立 Excel 文件，而是直接从开始菜单中

打开 Excel 软件，则执行“保存”命令时也会出现“另存为”对话框。

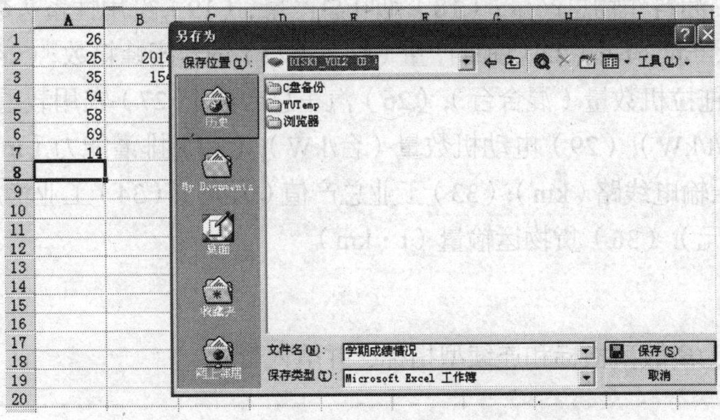

图 1.14　第一次保存和给工作簿命名

复习思考题

1. 如何理解统计工作的全过程？

2. 统计人员应具备哪些基本素质？

3. 如何判别数量标志和品质标志？

4. 构成指标的六要素是什么？为什么其中的“计算方法”也算做一个要素？统计表中的指标也都具备这六要素吗？

5. 如何判别数量指标和质量指标？

6. 如何建立 Excel 工作簿？如何增减工作表和给工作表命名？

7. 如何对工作表进行修改？如何对数据资料进行保存？

技能实训

【技能目标】

能够具备统计人员的基本素质，能够利用 Excel 进行基本操作。

熟练掌握数量标志与品质标志的区别、离散变量与连续变量的区别，能正确区分三种指标体系。

一、统计指标的分类和鉴别

（一）离散型指标和连续型指标的鉴别

1. 实训材料

某地统计报表中所涉及的有关指标如下：（1）现有股份制企业的个数；（2）流通企业的个数；（3）技术培训机构的个数；（4）总户数；（5）总人口（万人）；（6）年内出生人口数；（7）年内死亡人口数；（8）土地总面积；（9）耕地总面积；（10）果园面积；（11）可养殖水面面积；

（12）当年受灾面积；（13）总播种面积；（14）粮食播种面积；（15）油料作物播种面积；（16）粮食总产量；（17）油料作物总产量；（18）烟叶总产量；（19）役用牲畜头数；（20）出栏肥猪头数；（21）牛奶总产量（t）；（22）鹿茸产量（kg）；（23）饲养蜜蜂箱数；（24）拖拉机总量（标准台）；（25）轮式拖拉机数量（混合台）；（26）汽车总台数；（27）农用载重汽车（kW）；（28）渔业用船数量（艘/t/kW）；（29）电动机数量（台/kW）；（30）排灌能力（m^3/s）；（31）水电厂数（座）；（32）高压输电线路（km）；（33）工业总产值（万元）；（34）工业增加值（万元）；（35）上交利税总额（万元）；（36）货物运输量（t · km）。

2. 实训要求

将以上指标分为离散型指标和连续型指标，并填入下表。

离散型指标	
连续型指标	

注意：①其中第（5）应为离散型，尽管有时可能出现 5.3 万人的数字，也仍为离散型，这是因为在判断前应先把单位化成最小单位，再看是否有可能出现小数；②其中第（28）和（29），应按不同的单位分别进行判断，这是因为计量单位不同，其数值表现也会不同，因而会有不同的分类；③其中第（30）双重单位。

（二）数量指标和质量指标的鉴别

1. 实训材料

某企业汇总报表时涉及的有关指标如下：（1）职工人数；（2）工资总额；（3）劳动生产率；（4）单位产品成本；（5）设备利用率；（6）设备台数；（7）原材料利用率；（8）主要产品产量；（9）工业增加值；（10）新产品数量；（11）单位产品工时消耗量；（12）废品量；（13）利润额；（14）原煤产量；（15）彩电产量；（16）营业收入；（17）单位价格；（18）计划完成百分比；（19）人均收入；（20）用电总量。

2. 实训要求

1）将以上指标按其不同的表现形式分为绝对指标、相对指标和平均指标，并填入下表。

绝对指标	
相对指标	
平均指标	

2）将以上指标按其不同性质分为数量指标和质量指标，并填入下表。

数量指标	
质量指标	

3. 简略答案

1）相对指标包括：（5）、（7）、（18）；平均指标包括：（3）、（4）、（11）、（17）、（19）。

2）质量指标包括相对指标和平均指标两类。

二、Excel 的基本操作

1. 实训材料

某年 1 月份牡丹江市地方财政收入情况见表 1.1。

表 1.1　某年 1 月份牡丹江市地方财政收入情况

指　　标	本月实际	本月累计	比同期 ± %	指　　标	本月实际	本月累计	比同期 ± %
地方财政收入	12 433	12 433	24.8	2. 县（市）小计	6 753	6 753	68.3
1. 市区	5 680	5 680	−4.5	绥芬河	3 599	3 599	66.3
市直单位	3 765	3 765	−5.5	宁安市	975	975	122.8
东安区	621	621	53.1	海林市	577	577	24.4
西安区	431	431	−35.8	穆棱市	513	513	271.2
爱民区	350	350	−7.4	东宁县	392	392	15.2
阳明区	513	513	0.8	林口县	697	697	48.9

2. 实训要求

1）建立一个工作簿，并将其命名为“牡丹江市财政收入”。

2）把表 1.1 中的资料全部录入到工作表 Sheet1 中，并将 Sheet1 改名为“1 月份财政收入”。

3）先在 D 盘的根目录下建立一个自已的文件夹，再把该资料保存到自已的文件夹中。

4）以上操作，应在 7 分钟内完成。

提示

本次操作的结果应该保存，以备后用。

第二章

统计记录与统计调查

【学习目标】

通过本章学习，应当掌握统计记录的原则和方法，能够正确地进行统计记录，并能正确运用统计记录的成果；掌握基本统计单位的条件和基本情况记录的内容，并会自行设计基本情况记录；熟练运用统计调查的各种方式和方法，并能利用Excel进行基本的操作。

【案例导入】

下文摘自某市某区的一篇题为《××区统计人员现状分析》的报告。

在2011年年底，对全区统计人员的现状做了全面的调查，分析如下。

一、统计人员现状

（一）总体情况

（1）从文化程度看：全区共有统计人员8 884人，初中及以下1 122人，占总数的12.6%；高中3 239人，占总数的36.5%；大专3 400人，占总数的38.3%；大学及以上1 123人，占总数的12.6%。

（2）从任职情况看：专职统计人员2 502人，占总数的28.2%；兼职统计人员6 382人，占总数的71.8%。

（3）从统计从业资格证书持证率看：持有统计从业资格证书4 558人，占总数的51.3%；未考取统计从业资格证书4 326人，占总数的48.7%。

（4）从统计人员考取统计职称情况看：全区具有初级统计职称904人，占总数的10.2%；中级统计职称114人，占总数的1.3%；高级统计职称3人，仅占总数的0.03%；而没有统计职称的统计人员为7 863人，占总数的88.5%。

……

启发思考

（1）以上这些数据，可采用什么调查方法获得？

（2）从以上资料看，基层统计队伍的现状如何？它会保证基层数据的质量吗？基层数据的质量会影响全国统计数据的质量吗？

（3）基层的统计记录、统计整理及统计分析工作，什么样的人都能做好吗？

统计记录与统计调查，是统计工作的第一个阶段，不同层次的机构应有不同层次的内容。一般来说，基层单位常常从事的工作就是统计记录，而综合统计机关常常从事的工作则是统计调查。

第一节 统计记录

一、统计记录活动

统计记录活动，是指基层单位为反映经济活动的过程和成果而进行的资料积累工作，是对统计对象的数量描述和数量反映。

统计记录活动是基层统计工作的基本活动，也是主要活动。但统计工作绝不仅仅是统计记录。实际上，统计记录是最简单、最初级的统计工作，它不需要特别高深的统计理论，也不必非用特别高级的统计人员，但是，它对统计人员的人格素质要求特别高。

基层的统计记录活动，是一项非常琐碎、繁重，而又复杂的工作。然而这一工作特别重要，其主要原因在于以下两点。

（1）统计记录是统计工作的基础。没有统计记录，也就谈不上统计整理、分析、预测、信息服务等。

（2）统计记录是统计工作质量的保证。有真实、可靠、完整的基层统计记录，才会有正确、科学的结论，否则，无论统计整理、分析等方法多么科学，也不会得出正确的结论。

统计记录活动的前提条件是必须要有基本素质高的基层统计人员和好的统计工作基础。

一般来说，统计记录的成果包括原始统计记录、统计台账和统计报表三种形式。这也是基层统计人员主要从事的工作内容。

二、原始统计记录

原始统计记录是指基层统计人员为反映经济活动的过程和成果而做的最初记载或简单的归类。原始统计记录是统计工作的基础，是填制统计台账和统计报表的最初依据，也是进行统计整理和统计分析、预测等工作的前提，是统计工作质量的最初保证。

原始统计记录有以下几个特点。

（1）形式比较灵活。它没有统一的格式，只要真实、可靠，能满足统计整理和分析的需要即可。

（2）内容无统一规定。记录的内容无所不包，也无法做出统一规定，只要能按照指标的六个要素记录清楚即可。

（3）没有严格的手续要求。它与会计不同，在原始统计记录上很少必须要求有领导人、审批人或经手人签名盖章等严格的手续。事实上，它是以统计人员的人格素质和信誉作保证，而在实际工作中也有相应的部门予以佐证。

（4）没有严格的归档要求。这也是与会计有着明显区别的地方，会计上的原始记录一般要保留十几年或几十年，但原始统计记录在把它整理出来以后，就具有与原始统计记录同等的作用。而作为记录基础的原始统计记录可以由会计部门或其他部门归档，有的原始统计记录也可以不归档。

原始统计记录的依据或说数据来源通常有以下两种。

（1）经济活动的现场。原始统计记录通常都是直接根据经济活动的现场来做记录的，这是第一手资料，常常是最值得信赖的统计资料。

（2）各业务部门的原始记录。统计上的原始记录可以建立在会计核算和各部门的业务核算基础之上，如根据会计上的出库单整理成统计上的某种材料消耗记录等，这在会计上一般不能作为原始记录，而在统计上是可以的。

这里值得注意的是：有很多会计资料，当它分散在会计凭证或账簿中时仍然是会计资料，但它一旦被按照某一种标志系统地整理出来后就变为统计资料了。这些工作，即使是由会计人员来做的，实际上它也是统计工作。

原始统计记录的形式有以下三种。

（1）现场记录的灵活形式。它是指在经济活动的现场，用各种不太规范的记录形式所作的最初记载，如土地丈量记录、市场调查记录等。

（2）系统化了的统计数据形式。它是指对大量同类经济活动所作的规范化记录或粗略整理后的数据形式，如设备维修情况记录、加班情况记录、使用原材料的分项记录等。

（3）灵活多样的统计表格形式。这是在实际中最常见的一种原始统计记录形式，如表 2.1 和表 2.2 所示。

表 2.1 ××企业 3 月份产品生产情况 单位：件

产　品	一 级 品	二 级 品	三 级 品	合　计
甲	×××	×××	×××	×××
乙	××	××	××	×××
丙	×××	×××	××	×××

表 2.2 ××企业 4 月份用工情况统计

车　间	工 时 数
第一车间	××××
第二车间	××××
第三车间	×××××
合　计	×××××

建立健全原始统计记录的原则和要求有以下几点。

（1）记录要及时。及时才能准确。

（2）记录要真实、全面、系统。原始统计记录是一切后续统计工作的基础，所以，它要求基层统计人员必须具备良好的人格素质。

（3）记录的内容要能满足“指标六要素”的要求。

（4）要便于汇总整理和提供信息。原始统计记录不是统计的最终工作，因而，在进行原始统计记录时，必须要考虑便于汇总整理、便于提供信息的问题。

三、统计台账

统计台账是根据统计报表和统计核算工作的需要，将分散的原始记录资料，按时间顺序进行系统登记的表册。它是介于原始统计记录和统计报表之间的一种汇总形式。

（一）统计台账的作用和特点

统计台账有以下几项作用。

（1）可弥补原始统计记录的丢失。

（2）可满足报表的需要，并提高报表的及时性。填报统计报表，常常需要对大量平时资料进行汇总，而这些大量的汇总工作均可利用统计台账的形式，在平时的闲暇时间将其处理完毕，从而大大缩短填报报表的时间。

（3）可满足领导了解情况的需要。

（4）有利于及时发现差错并更正，保证资料的准确性。统计台账是对日常资料的集中与汇总，因而便于比较分析，便于发现问题并进行更正。

（5）统计台账是重要的统计档案。从统计档案的要求来看，可以没有原始统计记录，但不能没有统计台账。

统计台账相较原始统计记录和统计报表有以下几个特点。

（1）表册形式。统计台账是由若干张表格所形成的一个表册，这样便于保管和填写。

（2）内容系统、规范。

（3）按时间顺序连续记录。统计台账的记录周期，要小于报表的报送周期，并要求连续记录。

（4）具有一定的法律效力。统计台账与原始统计记录具有相同的法律效力。

（5）有严格的归档要求。因为统计台账与原始统计记录具有相同的法律效力，而且它又比原始统计记录全面系统，易于查找、易于管理，因而统计档案中不能缺少统计台账。

（二）统计台账的分类

统计台账按不同的标志可分为不同的种类，这里主要是从便于基层统计人员自设台账和记录台账的角度而进行的分类。

1. 按级别分类

企业台账大体上可分为班组统计台账、车间或部门统计台账、全厂或公司统计台账等。一般来说，规模小的企业或单位只有一级台账，对于规模大的单位，由于内部层次多，除设各级台账外还设有内部报表。

农村统计台账，基本上可分为两级：村级统计台账和乡级统计台账。

2. 按记录指标是否固定分类

企业台账可分为定指标台账和不定指标台账两类。

定指标台账指根据统计报表和统计主管部门的要求，必须按规定统一印制指标的台账，也可称为定长台账。定指标台账的样式如表 2.3 所示。

表 2.3　畜牧业统计台账（定长台账）

	单　位	一 季 度	二 季 度	三 季 度	四 季 度
（一）期末大牲畜存栏	头				
#马	〃				
黄牛	〃				
（二）期末生猪存栏	〃				
#能繁殖母猪	〃				
（三）期末山羊存栏	只				

不定指标台账指根据本单位的实际情况和需要，自行安排记录指标的台账，也可称为不定长台账。其特征是指标栏为空白栏。不定指标台账的样式如表 2.4 所示。

表 2.4 工业企业主要经济效益指标台账（不定长台账）

指标名称	一月	二月		三月		…	十二月	
	本月	本月	累计	本月	累计	…	本月	累计

3. 按是否反映指标计算过程分类

工业台账可分为指标记录台账和指标计算台账。

指标记录台账是指台账中所记录的指标数值，仅是现象表现出来的结果或经计算后所获得的结果，如表 2.5 所示。

表 2.5 农村基层组织、户数、人口及劳动力情况

	单位	年末实有数
一、村民小组（原生产队）	个	
二、乡村总户数	户	
三、乡村总人口	人	
四、乡村实有劳动力	人	
1. 农林牧渔业劳动力	人	
2. 工业劳动力	人	
3. 建筑业劳动力	人	
五、乡村劳动力资源	人	

指标计算台账是指台账中所记录的指标数值之间，反映了一定的计算关系或计算过程。在指标计算台账中的指标，应是具有完整"因素体系"和"平衡体系"的指标体系；仅有"累计"数者，不是指标计算台账。

指标计算台账的明显特征是，表中或表下常常带有计算公式或用指标代码标注的运算关系式。指标计算台账的样式如表 2.6 所示。指标计算台账具有"附表"的作用，便于计算检查和发现问题。

表 2.6 工业产品生产、销售总值台账（指标计算台账） 单位：万元

指标名称	代码	一月	…	十二月	
		本月	…	本月	累计
工业总产值（不变价）	1				
工业总产值（现价）（3+7+10）	2				
1. 本年生产成品价值（4+5+6）	3				
#已销、预销成品半成品价值	4				
对内非工业部门提供成品价值	5				
自制设备价值	6				
2. 对外加工费收入（8+9）	7				
#对外承接的工业品加工	8				
对外承接的工业品修理	9				
3. 半成品在制品期末期初额	10				
工业产品销售产值（12+13）	11				
#销售成品价值	12				
对外加工费收入	13				

（三）建立健全统计台账的原则和要求

建立健全统计台账需遵循一定的原则并满足一些具体的要求。

（1）记录要及时。

（2）记录要真实、准确。

（3）台账的设计要反映出时间的渐移性。

（4）台账资料要满足报表的需要。

（5）台账资料要满足本企业领导了解情况及决策的需要。

（6）必要时，要反映某些重要的计算过程。

（7）台账的设计要体现精简的原则。

（8）要有专人记录、专人保管，并按时归档。

四、统计报表

统计报表，就是按照统计报表制度要求严格填报的统计表。实际工作中常常简称为“报表”。

（一）统计报表的填报依据

基层单位的统计报表，其主要填报依据有以下三种形式。

（1）原始统计记录。

（2）统计台账。这是最基本的填报依据。

（3）会计资料及其他业务部门的资料。这些资料与统计资料相比，都是基础资料，而统计资料则属于高层汇总资料。

（二）统计报表的格式结构

统计报表的表现形式就是统计表，但又不同于一般的统计表，它有自己的特殊格式（见表 2.7）。

（1）表名，即报表的名称。表 2.7 的表名为“信息化情况主要指标”。

表 2.7　信息化情况主要指标

法人单位名称：　　　　表　　号：606 表
组织机构代码：　　　　制表机关：国家统计局
□□□□□□□□□—□　　　　2008 年　　　　文　　号：国统字（2008）105 号

指标名称	计量单位	代码	本年实际
甲	乙	丙	（1）
1．年末在用计算机数	台	01	
2．年末拥有网站数	个	02	
3．全年电子商务采购额	千元	03	
4．全年电子商务销售额	千元	04	

单位负责人：　　　　统计负责人：　　　　填表人：　　　　报出日期：

（2）表衔，是统计报表和普查表区别于一般统计表的部分，它包括表号、制表机关、文号等，如表 2.7 所示。“表号：606 表”，即该表的代号，它的使用常常是专业人员的“专利”。“制表机关：国家统计局”，用来反映制表机关的级别。“文号：国统字（2008）105 号”，用来说明该报表的严肃性和出处。

（3）表体，即表的主体，包括格线、行标目、列标目（表额）。

（4）表注（表脚），一般包括单位负责人、统计负责人、填表人、报出日期，或对表中某些指标的特殊说明和规定等。

（三）统计报表的分类

统计报表按所依据的标准不同可有不同的分类。

1. 按报表内容和实施范围分类

统计报表按报表内容和实施范围可分为国家统计报表、部门统计报表和地方统计报表。

（1）国家统计报表，是最基本的统计报表。它的主要标志体现在表衔上。如国家统计报表的制表机关是“国家统计局”，文号是“国统字（××××年）×××号”。

（2）部门统计报表，是对国家统计报表的重要补充。它的表衔形式为：制表机关一般为“××部统计司”、“××省××厅”等形式，文号也有相应改变。

（3）地方统计报表，也是对国家统计报表的重要补充。其表衔形式一般表现为：制表机关为“××省统计局”等省级统计局的字样，文号也有相应改变。

2. 按报送周期分类

统计报表按报送周期可分为月报、季报、年报等。其中除年报外，其他报表均称为定期报表。

3. 按报送方式分类

统计报表按报送方式可分为网上直报和其他方式报送两大类。

（1）网上直报，即用统计部门统一规定使用的特殊软件和规定的级别与方式报送的报表。网上直报已成为目前统计报表的主要报送方式。它方便、快捷、实用。

（2）其他方式报送，包括使用电话、传真、电子邮件、寄送等方式报送的报表。具体的报送方式由各地市统计局或部门统计机构具体规定。

另外，把统计报表按其要求填报的范围分，又可分为全面统计报表和非全面统计报表两种。这也是实际工作中常用的一种分类。

（四）填报统计报表时应注意的问题

填报统计报表时应注意以下几个问题。

（1）要如实填报。统计资料的准确性，是对统计人员最基本的要求，也是统计法的最高要求。

（2）要注意报送时间。统计资料的及时性，是对统计人员全局观念的要求。

（3）要注意报送方式。尤其要注意特殊标出者，如“软盘”、“传输”等。

（4）要注意学好指标解释。千万不能凭自己的理解，否则，就失去了统计的“高度的集中统一性”，使资料无法汇总和分析，使历尽辛苦而得来的资料变成毫无意义的垃圾。

对于指标解释应该理解并熟记，这是“业务能力”的体现。

（5）要注意表内和表间的指标关系。一般来说，只要认真填报、如实填报，指标关系就能满足！

统计小常识

报表制度与报表的关系

报表制度，是一种统计调查的方式，是要求以报表形式上报统计资料的严格制度规定。这一方式是具有“高度的集中统一性”的，包括表号、表名、报告期别、统计范围、报送日期、报送方式、表式、指标解释等，都有严格的规定。

报表，就是一种统计表，但它又不同于一般的统计表。它是完全符合报表制度的统计表。它与一般统计表的明显不同在于：它有表衔。报表的表衔包括：表号、制表机关、文号等。

不能把报表制度理解为报表。报表制度是指导统计报表填报的文件，报表只是不同于一般统计表的统计表。

五、统计记录的原则和方法

进行统计记录时应遵循以下几项原则。

（1）尽量获取“第一手资料”。统计人员应亲自记录，亲临现场数数、测量，尽量获取第一手资料，这是统计人员认真负责精神的体现。

（2）坚持工作原则，讲究工作艺术。工作原则是资料质量的保证，而工作艺术是开辟工作通途的重要手段。能保证资料质量的“工作艺术”可以称为工作艺术，也可称为坚持原则；但保证不了资料质量的“工作艺术”不可以称为工作艺术，只能称为放弃工作原则。

（3）要做到手勤、腿勤、眼勤、嘴勤、记勤、算勤。勤则及时，及时才能准确。懒则误时，追记容易出错。

（4）多制表，尽量形成台账。统计表是最方便、简捷的资料记录形式，统计台账则是保存资料的最好方法，自制台账也更能适合本单位的实际情况。

（5）如有缺漏数字，尽早用科学方法补记。不可弃之不管，也不可随便估算。

（6）边记边审。把工作做在平时，把误差减少到最低限度。

（7）静态记录求全，动态记录求连（续）。总的原则是以求资料的全面、系统。

统计记录的方法有以下几种。

（1）连续记录。连续记录即按时间的顺序，没有缺漏地进行记录。这种方法适用于对时期数的记录，它有以下要求。第一，尽量缩短记录周期。一日一记，或几日一记。第二，边记边累。累计数字是一个很大的工作量，平时把它做好了以免填表时忙乱出错。

（2）定期记录。定期记录即每隔一定时间记录一次。这种方法适于对时点数的记录。运用定期记录的方法应当适当确定记录周期。实际中记录周期多为一个月。

（3）定期计算。这种方法，一可帮助查错；二可帮助发现规律性的问题。需要注意的是：对于必要的计算过程也应记录下来。这对以后的检查、核实、发现问题等都有很大帮助。

（4）要心里装数。统计人员绝不能“兜里有数，心中无数”。“心中有数”可增加许多发现问题和规律的机会，因而它是工作能力或工作水平的最好体现。

第二节　基本统计单位与基本情况记录

统计记录是基层统计单位的主要工作，作为基本统计单位的基层单位，理应做好本单位的基本情况记录。

一、基本统计单位

基本统计单位包括单位法人和产业活动单位两大组成部分。

单位法人即具有法人资格的独立核算单位。一般来说，单位法人包括：①企业法人；②事业法人；③机关法人；④社团法人；⑤其他法人，如居民委员会和村民委员会。作为单位法人必须同时具备以下条件。

（1）依法成立，有自己的名称、组织机构和场所，能够承担民事责任。

（2）独立拥有和使用资产，承担负债，有权与其他单位签订合同。

（3）独立核算盈亏，能够编制资产负债表。

产业活动单位也称附营业务活动单位，应同时具备以下条件。

（1）具有一个场所、从事一种或主要从事一种生产经营业务活动。

（2）单独组织生产、经营或业务活动。注意："单独"不同于"独立"。

（3）在企业（单位）内部单独核算收支。注意："单独核算"也不同于"独立核算"。

二、基本情况记录

基本情况记录是"落笔现在，着眼历史"的工作，基层单位必须做好这些工作。

1. 个人基本情况记录

企业的主体是职工，所以对个人基本情况进行记录是企业的一项重要工作。它对于领导了解情况、指挥生产、进行历史比较等都有很重要的作用。

个人基本情况的内容，可因基层单位具体情况而异，但大体项目如表 2.8 所示。对表中各项情况进行汇总、整理即可得到关于职工情况的各种有关资料，这对于反映企业规模、职工素质、人力资源、科研基础等都是非常难得的资料，统计人员必须做好这些工作。

表 2.8　×××单位职工基本情况表

<table>
<tr><td>姓　名</td><td></td><td>性　别</td><td></td><td>民　族</td><td></td></tr>
<tr><td>职务/职称</td><td></td><td>出生日期</td><td></td><td>籍　贯</td><td></td></tr>
<tr><td>学　历</td><td></td><td>学　位</td><td></td><td>工资级别</td><td></td></tr>
<tr><td>家庭成员及经济情况</td><td colspan="5"></td></tr>
<tr><td>主要社会关系</td><td colspan="5"></td></tr>
<tr><td>有何业务专长和重大发明</td><td colspan="5"></td></tr>
<tr><td>何时何地受过何种奖励</td><td colspan="5"></td></tr>
</table>

当某些项目发生变动时，就应及时更新表格。

2. 单位基本情况记录

单位基本情况记录常常被人忽视，所以时间一长、人员一换，就谁也说不清楚了。单位基本情况记录包括有关人、物、机构、生产条件等内容的记录。对于有关人员情况的记录，可以通过对个人基本情况的项目进行整理而获得；其他方面的单位基本情况，也可通过不同途径而获得。单位基本情况记录，可半年一填，或一年一填，如表 2.9 所示。

表 2.9　××单位人员基本情况表

	2008 年	2009 年	2010 年	2011 年	2012 年
一车间					
二车间					
三车间					
机修车间					
销售科					
财务科					
储运科					
技术科					
合　计					

表中还可根据具体情况进一步反映工人人数（其中高级工人数）、工程技术人员（其中高职人数）、管理人员（其中本科以上学历人数）、厂龄不足 5 年的人数、55 岁以上的人数等，如表 2.10 所示。

表 2.10　×××单位生产基本情况

	计量单位	2008 年	2009 年	2010 年	2011 年	2012 年
生产品种数	个					
年内新投产品种数	个					
年内淘汰品种数	个					
上缴税金	万元					
年创利润	万元					
年工资总额	万元					
新增生产资金	万元					
贷款总额	万元					
年内新增贷款额	万元					
年内还贷数额	万元					

这些情况，只有把它们放在一起，连续反映、比较，才更有价值。值得注意的是：不要因为这些数字在会计账上都能找到而认为“就不用记录了”，有很多数字不放在一起进行比较是看不出规律和本质的。这些数字不整理出来只能是会计数字，整理出来之后才是统计数字。在很多情况下，统计数字更加重要，尤其是基本情况统计数字越保留越有价值。

第三节　统计调查

统计调查，是根据统计核算的要求，运用科学的方法有组织、有计划地搜集资料的过程。统计调查是开展一系列统计工作的前提。统计调查是高层统计机关所从事的工作，它与统计记录有着明显的不同。对于基层单位来说，虽然其主要工作是统计记录，但统计调查也应多少了解一点。

统计小常识

统计调查与统计记录的区别

统计调查，有“对下”的含义，其主体应是非基层单位的统计机构和人员，其工作性质应是“专题性”的。所以，其对主体的业务素质要求也较高，应是具有一定研究能力的人员。

统计记录，有“对内”的含义，其主体应是基层单位的统计机构和人员，其工作性质应是“常规性”的。所以，其对主体的业务素质要求也相对较低，只要人员素质好，工作认真负责，又能正确理解指标体系即可。

一、统计调查方式

统计调查的方式，也可称为统计调查的种类。《统计法》第十条中规定：统计调查应当以周期性普查为基础，以经常性抽样调查为主体，以必要的统计报表、重点调查、综合分析等为补充，搜集、整理基本统计资料。据此，我们把统计调查的方式分为五种：抽样调查、普查、重点调查、典型调查、统计报表制度。

（一）抽样调查

抽样调查，是在所要研究的总体中，按照随机原则抽取一部分单位作样本进行调查，并根据调查结果推算总体数量特征的一种调查方式。抽样调查是统计搜集的主体，也是国际上公认并普遍采用的一种调查方式。

抽样调查的基本特点就是遵循随机原则，所获得的指标可以从数量上推算总体，并且在推算总体时可事先控制误差。所以，抽样调查是既高效又经济的一种统计调查方式。

抽样调查的基本组织形式包括以下五种。

1. 简单随机抽样

简单随机抽样也叫纯随机抽样，它是依据总体的原始状态直接从总体中随机抽取样本单位来组成样本总体的抽样方式。

简单随机抽样又可具体分为直接抽选法、抽签法和随机数表法。

2. 分类抽样

分类抽样也叫分层抽样或类型抽样，即对总体中的所有个体单位先划类型（或层）后抽样的方法。比如在住户经济抽样调查中，按人均收入分为高、中、低三类，然后再在各类中分别抽选住户组成样本。分类抽样适用于个体单位标志差异比较大，以及个体单位数目较多的情况。其优点是能降低抽样误差，提高样本的代表性。

3. 等距抽样

等距抽样是把总体各单位按某一标志进行排队，然后依固定的顺序和间隔抽出样本单位的方法。等距抽样也称机械抽样、系统抽样。等距抽样适用于个体单位数量多，变异程度大，而实际工作中又不可选取更多的单位进行调查的总体。

目前比较常用的一种等距抽样法—随机起点对称等距抽样法，在城市住户调查和农产品抽样调查中都是最常用的抽样法，具体抽样方法如下。

（1）确定抽样距离 k。若总体容量为 N，样本容量为 n，则抽样距离 $k = N/n$。

（2）确定第一个样本单位 u_1。为了保证所有样本点的随机性，第一个样本点一定是随机的，若用 r 表示随机起点，则 $u_1 = r$（$0 < r < k$）。

（3）确定 u_2～u_n 的样本位次。样本位次的确定公式，如表 2.11 所示。

表 2.11　随机起点对称等距抽样公式表

样本位次	n为偶数	n为奇数								
		n=5	n=7	n=9	n=11	n=13	n=15	n=17	n=19	n=21
u_1	r	r	r	r	r	r	r	r	r	r
u_2	$2k-r$	$2k-r$	$2k-r$	$2k-r$	$2k-r$	$2k-r$	$2k-r$	$2k-r$	$2k-r$	$2k-r$
u_3	$2k+r$	$N/2$	$2k+r$	$2k+r$	$2k+r$	$2k+r$	$2k+r$	$2k+r$	$2k+r$	$2k+r$
u_4	$4k-r$	$3k+r$	$N/2$	$4k-r$	$4k-r$	$4k-r$	$4k-r$	$4k-r$	$4k-r$	$4k-r$
u_5	$4k+r$	$5k-r$	$5k-r$	$N/2$	$4k+r$	$4k+r$	$4k+r$	$4k+r$	$4k+r$	$4k+r$
u_6	$6k-r$		$5k+r$	$5k+r$	$N/2$	$6k-r$	$6k-r$	$6k-r$	$6k-r$	$6k-r$
u_7	$6k+r$		$7k-r$	$7k-r$	$7k-r$	$N/2$	$6k+r$	$6k+r$	$6k+r$	$6k+r$
u_8	$8k-r$			$7k+r$	$7k+r$	$7k+r$	$N/2$	$8k-r$	$8k-r$	$8k-r$
u_9	$8k+r$			$9k-r$	$9k-r$	$9k-r$	$9k-r$	$N/2$	$8k+r$	$8k+r$
u_{10}	$10k-r$				$9k+r$	$9k+r$	$9k+r$	$9k+r$	$N/2$	$10k-r$
u_{11}	$10k+r$				$11k-r$	$11k-r$	$11k-r$	$11k-r$	$11k-r$	$N/2$
u_{12}	$12k-r$					$11k+r$	$11k+r$	$11k+r$	$11k+r$	$11k+r$
u_{13}	$12k+r$					$13k-r$	$13k-r$	$13k-r$	$13k-r$	$13k-r$
u_{14}	$14k-r$						$13k+r$	$13k+r$	$13k+r$	$13k+r$
u_{15}	$14k+r$						$15k-r$	$15k-r$	$15k-r$	$15k-r$
u_{16}	$16k-r$							$15k+r$	$15k+r$	$15k+r$
u_{17}	$16k+r$							$17k-r$	$17k-r$	$17k-r$
u_{18}	$18k-r$								$17k+r$	$17k+r$
u_{19}	$18k+r$								$19k-r$	$19k-r$
u_{20}	$20k-r$									$19k+r$
u_{21}	$20k+r$									$21k-r$

查表方法：

1. n 为偶数时：n 为几就取前几项公式。如：n=4 时，就取 u_1、u_2、u_3、u_4 即可。
2. n 为奇数时：n 为几就取相应栏中的所有公式。

【例 2.1】 某公司有 200 人，欲抽 5 人调查其家庭支出情况。请用随机起点对称等距抽样法确定被抽取职工的样本位次。

首先，计算抽样距离 $k = N/n = 200/5 = 40$（人）；其次，确定随机起点，如用随机数表法或用随机器确定出 $r = 30$；最后确定样本位次：从表 2.11 中可知，在“n 为奇数”各栏中查得与“$n = 5$”一栏所对应的 u_i 的计算公式为

$$u_1 = r = 30$$

$$u_2 = 2k - r = 2 \times 40 - 30 = 50$$

$$u_3 = N/2 = 200/2 = 100$$

$$u_4 = 3k + r = 3 \times 40 + 30 = 150$$

$$u_5 = 5k - r = 5 \times 40 - 30 = 170$$

即第 30 号、50 号、100 号、150 号和 170 号为本次抽样调查的样本。

4. 整群抽样

整群抽样即对总体中所有个体单位“先分群后抽样”。它是把总体各单位划分为若干个内部

结构相似的群组，然后以群组为单位进行抽选，对中选的群组进行全面调查，再推算总体的一种抽样组织方式。整群抽样适用于对各群内部的单位变异较大，而群间差异较小的总体进行抽样调查。例如，人口抽样调查中，统一以城市的街区为群进行抽样调查。

5. 多阶段抽样

多阶段抽样又叫分级抽样，它是把抽样的过程按一定级别分成若干个阶段，再按阶段从上到下一级一级地抽取样本。其中从最上一级抽取的样本叫初始样本，从初始样本中再抽取的样本叫二级样本，在多级抽样的最后一次抽取的样本叫最终样本。多阶段抽样适用于个体单位数量很大，分布甚广，难以直接从总体中直接抽取样本的总体。例如，为指导农业生产的农药供应，某农药厂对棉区的病虫害进行抽样预测，把某棉区划分为 20 个大区，每个大区再划分为 10 个小区，从 20 个大区中抽取 40%的大区（20×40% = 8 个），再从中选的大区中抽取 50%的小区（10×50% = 5 个），这就形成了“两阶段抽样”。

（二）普查

普查，是专门组织的一次性的全面调查，是统计调查体系中的一种基础方式。国内外的统计学界和统计机构对普查都很重视，这是因为，借助于普查，可以全面、系统地掌握社会经济现象的资料，这对于了解国情国力和“厂情厂力”，从实际出发制定国民经济计划与社会发展的长远规划，安排人民的物质和文化生活等，都具有重要的意义。

一般来说，普查具有一次性和全面性的特点。然而，现代普查与传统普查相比又具有一些新的特点：①法制化，如用法律形式规定人口普查逢“0”进行（即在年份的末位为“0”时进行普查）、第三产业普查逢“3”进行、工业普查逢“5”进行、农业普查逢“7”进行、基本统计单位普查逢“1”、“6”进行等；②周期化；③内容多样化；④安排协调化；⑤手段现代化。

普查的组织方式，按是否为专门组织普查机构一般可分为有专门机构的普查和无专门机构的普查。

有专门机构的普查即通过组织专门的机构和人员，对调查单位直接进行登记。如我国的人口普查，就是采用这种组织方式。

无专门机构的普查即利用现有的统计机构和人员，通过发放一定的调查表格，由填报单位进行填报。如我国的物资库存普查、第二次工业普查、第三产业普查就是采用这种组织方式。

为能获得准确、及时、全面的普查资料，普查时必须注意做好以下几项工作：①规定标准时点；②规定普查登记的统一程序和期限；③规定普查项目；④做好充分准备，包括组织准备、方案设计、试点工作等，以保证普查工作的顺利进行。

（三）重点调查

重点调查，是指在调查总体中选取少数重点单位进行调查，以了解总体基本情况。所谓重点单位，是指其标志值在被调查的标志值总量中占有很大比重的少数单位。例如，调查我国少数几个大型钢铁企业就可以大概了解全国所有钢铁企业生产经营基本情况。

重点调查的适用范围：当调查任务只要求掌握基本情况，而在总体中客观上又存在重点单位时，则采用重点调查比较适宜。对于客观上不存在重点单位的情况，就不能使用重点调查的方式。

组织重点调查，关键是要选好重点单位。根据调查任务的不同，重点调查可以是一些企业、行业，也可以是一些地区和城市。在考虑重点单位时要注意：在某一问题上是重点单位，在另一问题上不一定是重点单位；这一时期是重点单位，另一时期不一定是重点单位。

（四）典型调查

典型调查就是根据调查的目的和要求，在对总体进行全面分析的基础上，有意识地选择少数有代表性的典型单位进行调查，以揭示现象特征或变动规律的调查方式。

典型调查与抽样调查相比，最显著的区别就是选择典型的能动性。典型调查单位的选择，决不能遵循随机原则，它必须按照特定的目的，充分发挥调查者的主观能动性，在对总体进行全面分析的基础上，有意识地选择具有普遍发展意义的典型，进行深入细致地分析研究，有利于实现从个性到共性，从特殊到一般的认识事物的目的。

典型调查可用来研究社会经济现象的新情况、新问题，探索其发展的一般规律和趋势，并可以对问题进行深入具体的分析。由于典型调查范围小，单位数少，可以集中精力对事物进行深入细致的调查研究，具体了解事物的发生和发展过程与各方面的联系，从而做到有情况、有联系、有原因、有结果，全面深刻地认识问题，及时总结经验、吸取教训、查出原因、找出规律、提出解决问题的办法。

（五）统计报表制度

统计报表制度是统计调查的一种方式，是关于统计报表的填报范围、计算方法、统计口径、填报目录等的指导性文件。即统计报表制度是指导如何填报统计报表的文件，是指导者用以指导如何填报统计报表的依据。

一般来说，统计报表制度包括以下内容。

1. 总说明

统计报表制度的总说明一般包括：制表目的；填报报表的总体性要求；对年报和定期报表进行综合范围的说明；资料来源和调查方法的总体说明；汇总上报的要求；规定报表的解释权等。

2. 报表目录

报表目录是指说明应报送报表的一览表，包括表号、表名、报告期别、编报范围、受表单位、报出时间、报送方式、页码等。报表目录可以使填报单位对于在什么时间报送、向谁报送、用什么方式报送等一目了然，既有利于下级填报，也有利于上级综合整理。

3. 表式

表式即是报表的具体格式和要求填报的指标。它包括表头、表体、表脚的设计形式，必要时也标注相应的填表说明、补充资料等。

报表制度中的表式与报表并不完全一样，其主要区别在于：报表制度中的表式只标出报表的主要部分，如表体中的格线一般是不画的，常用由此而节约下来的“空白部分”标注填表说明及要求等，如表 2.12 所示。

表 2.12　乡及乡以上工业企业和生产单位数及工业总产值

表　　号：B301 表
制表机关：国家统计局
文　　号：国统字（1994）234 号

单位名称：　　　　　　　　　　20　年　　　　标　　　　计量单位：万元

<table>
<tr><td rowspan="2"></td><td rowspan="2">代码</td><td rowspan="2">企业及单位数（个）</td><td colspan="2">工业总产值</td><td>工业销售产值</td></tr>
<tr><td>按 1990 年不变价格计算</td><td>按当年价格计算</td><td>按当年价格计算</td></tr>
<tr><td>甲</td><td>乙</td><td>1</td><td>2</td><td>3</td><td>4</td></tr>
<tr><td>甲栏分组及代码见综合目录(一)</td><td colspan="5">说明：1. 本表综合范围是全部乡及乡以上独立核算工业企业和附营工业生产单位。
2. 本表工业总产值指标保留两位小数。</td></tr>
</table>

单位负责人：　　　　填表人：　　　　　　　　报出日期：　　年　月　日

表式部分，是统计报表制度的主体部分。这部分的设计非常重要，无论是对填表人员还是指导人员来说都是如此。表式部分的重要性主要体现在两个方面：一是在进行表格印刷时，必须以此为依据，不可走样；二是表式中的填表说明部分是报表中所没有的，填报时必须以它为指导或根据。如果统计指导人员不熟悉统计报表制度，那就无法指导报表的填报。

4. 填表说明

这是辅助说明部分。它与表式中的填表说明不太一样，表式中的填表说明常常是仅针对一张表来说的，而报表制度中的填表说明则是针对总体状况来说的。一般包括：指标间的平衡关系、表与表间的平衡关系、系统的指标解释，以及总体的注意事项等。

二、统计调查方法

统计调查的方法，也就是统计资料的搜集方法，它是指在统计调查中与各种统计调查方式相配合获取资料的具体做法。常用的方法有：观察法、访问法、报告法、问卷法、查阅资料法等。

统计调查的目的就是要获取真实可靠的统计资料，从统计资料的来源渠道上看，可有第一手资料和第二手资料之分。第一手资料就是通过实际调查而直接获取的统计资料，第二手资料则为通过基层单位的统计记录、网络、年鉴、杂志等而获取的统计资料。无论是第一手资料还是第二手资料，都要通过不同的统计调查方法而获取。

1. 观察法

观察法也叫做直接观察法，是指调查者深入到现场，运用感观或借助于仪器设备，直接观察、计量以获取原始资料的方法。例如，商品库存量的盘点、农产品产量的实收实测等，都是采用观察法进行调查。

相对其他统计调查的方法，观察法具有以下四个特点：

（1）能获取第一手资料。

（2）获取的资料针对性强。

（3）只能对“现场”进行观察。注意：要核实历史资料是无法使用这种方法的。

（4）费时费力。这里所说的“费力”包括人力、物力和财力。

实施观察法的过程与技巧有以下几点

（1）制订观察计划和提纲。在调查之前制订一个计划，明确观察的地点、时间、对象、范围等。

（2）进入观察现场。有时在进入观察现场前可不通知被观察者，但一般均需征得被调查单位的同意，并出示证件，说明调查的目的和意义。

（3）通过调查，与被调查者建立友好关系。这是直接观察法调查中最关键的环节，通过共同生活、工作，体会被调查者的习惯，也可帮助被调查者解决一些困难和问题，或提出解决问题的建议。结束调查撤离观察现场时，应注意向被观察者致谢，尽量从此建立并保持更密切的联系，以备今后信息的沟通或再次调查的连贯性。

（4）及时、准确、详细地做好记录。随时随地做好各种记录，包括同步记录、事后追记等。

2. *访问法*

访问法，是调查者通过向被调查者提出问题，由被调查者进行答复来搜集信息资料的一种调查方法，如居民消费调查、市场价格调查等，也是获取第一手资料的方法。

访问法的主要特点在于：调查者与被调查者采用对话、讨论的交流方式进行调查活动；访问法由于是事后通过访问获得资料，有时会存在失察的现象。

访问法可以按多种方式分类，常见的分类有以下几种。

（1）按一次访问对象的数量分类，可分为个别访问法和集体访问法。个别访问法，容易了解被调查现象的真实情况，不受他人意见和其他因素的干扰；集体访问法即开调查会法。一般调查会的人数以5～7人为宜，事先制订提纲，说明调查目的，启发被调查者自发地踊跃发言。

（2）按所借助的工具分类，可分为口头访问、书信访问、电话访问、网上访问等。

（3）按访问有无统一的内容分类，可分为结构性访问和非结构性访问。结构性访问，是根据事先准备好的标准化问题和标准化答案，按一定的程序逐项向被调查者询问，通过被调查者按提纲项目的逐项回答，以获取资料。这种方法增强了资料的可靠性、规范性和可比性。非结构性访问，是按照一个粗略的提纲去询问调查。这种方法比较灵活，有利于发挥访问双方的积极性、主动性，可了解到更深层或更广泛的信息资料。

实施访问法的过程与技巧有以下几点。

（1）准备。访问前要做好以下准备工作：①要了解与访问对象有关的各方面知识；②设计访问提纲；③选择并了解被访问对象；④确定访问的时间、地点和是否提前通知被访问者；⑤准备必要的工具。如笔、纸、本、调查表、音像设备、介绍信、身份证、工作证及交通工具等。

（2）设计好初访的方式。首先进行自我介绍，说明来意，请求协助，找准介入的时机和条件，并尽量融洽与对方的关系。

（3）控制访问过程。即通过语言、表情来掌握、控制、引导访谈的主题内容。在访问实施过程中应把握好以下两个方面的技巧：谈话技巧，包括声调和气，称呼恰当，语言通俗，地方化，针对被访者的身份正确选择介入话题；记录技巧，应注意边谈边记录，有时不便当场记录的可事后抓紧时间追记。

（4）设计好结束访问的方式。如表示不好意思占用时间，表示感谢等，建立良好的关系，便于以后的联系。

3. 报告法

报告法，就是被调查者以原始记录和其他材料为基础，经过加工整理后，向有关单位报送统计资料的一种调查方法。如统计报表制度和普查等多采用报告法搜集资料。

报告法有以下两个特点：

（1）高度的统一性。报告法的指标体系、表格形式、报送程序、报送周期和报送时间等都必须有统一的规定。

（2）数据的相对可靠性。由于报告法是建立在最基层单位原始记录及核算资料的基础上，并且都是由专业人员呈报，因此数据资料应该较为可靠。另外，报告法受填报人或单位领导人的诚实度影响较大，因而其数据的可靠性在某些方面来说是相对的。私有化观念越强的填报人或单位领导人，其数据就越不可靠。

报告法因其自身特点，适用范围受到一定的限制：

（1）原始记录健全的单位。

（2）公有制程度高的单位。

（3）有利于显示个人或单位成绩的项目及非“探密性”的项目。

4. 问卷法

问卷法，是调查人员将预先拟定的问卷发给被调查者，由被调查者如实填写的一种调查方法。问卷法一般是标准化的调查，即填表要求、填表内容都是一致的。问卷法也是获取第一手资料的方法，目前比较常用。

问卷法具有“高度自愿”的特点。即当问卷向社会公众发放后，被调查者根据自已的意愿可以回答也可以不回答，不存在任何强制性，因此，用这种方法所搜集来的资料可信度较大。问卷法还具有个人性、分散性、经济性的特点。调查对象往往是社会公众，数量之大、范围之广，是其他方法不可比拟的。

问卷法可以按以下两种方式分类。

（1）按问卷的规范化程度可分为开放式问卷、封闭式问卷和混合式问卷。开放式问卷只提出问题，不给出固定的标准化答案；封闭式问卷在提出问题的同时，列出若干可供选择的标准答案；混合式问卷，即在问卷中既有开放式提问也有封闭式提问，或在封闭式答案后加上“其他”。

（2）按照问卷的填写方式可分为自填问卷和访问问卷。自填问卷是由被调查者自行填写的问卷调查。自填问卷可以通过散发、邮寄、报刊、网络等渠道使用。访问问卷直接面对访问者，根据被调查者的答复，由调查者代填问卷。它可以通过个别询问、集体询问、电话询问、网络等方式取得资料。

调查问卷的构成要素主要有四个部分。

（1）说明信。说明信是在问卷首页上写给被调查者的短信，用来交代调查者的身份、调查目的、意义、内容、要求等。对说明信的要求：要让被调查者感兴趣，或产生责任感、自豪感、满足感，但也不要让人感觉到“捧得太过分”，使人产生反感。

（2）指导语。指导语是用来说明被调查者如何填写问卷的填写说明。

（3）调查内容。调查内容是问卷的主体，它由全部的调查项目（或问题）所构成。

（4）问题编码。问题编码是指规定的每个问题、每种答案的数字代码，以便汇总整理。

实施问卷法的过程和技巧有以下几点。

（1）精心设计调查问卷。设计过程中应注意：①问卷的项目要适合研究目的、理论假设及被调查者的基本情况；②提问的问题要规范、准确、易懂；③问卷的表格设计要结构合理、简明扼要、说明细致；④设计和表达应尽量使被调查者产生兴趣。

（2）正确选择被调查者。调查问卷的回收率和有效率的高低，与选择的对象有密切的关系。因此应选择对问卷内容感兴趣、对问题理解较深入，并有一定观点和表达能力的人。

（3）问卷的发放和回收。问卷的发放可通过散发、邮局寄出，也可在报纸、杂志或互联网上发布。问卷回收可通过邮局或网上回收，有时为了提高回收率，还可采取有奖参与的办法。为了提高回收率，应在填写时间、填写难度、回收方式、回收资金等方面给被调查者提供方便，尤其不能让对方在资金上有所付出。

（4）对问卷的审查整理。对于回收到的问卷都要进行审查清理，剔除不符合要求的无效问卷，然后对有效问卷进行整理和分析，得到调查结果。

5. 查阅资料法

查阅资料法，就是调查人员按照预先拟定的调查提纲，对各种媒介上已经记录和存储的被调查者的有关资料进行搜集的调查方法。这一方法，越来越被现代社会所认可。

现代社会所供查阅的资料多种多样，大体可分为以下几种。

（1）企业单位的会计资料。包括原始凭证、会计账簿、会计报表等。

（2）企业单位的统计资料。包括原始统计记录、统计台账、统计报表等。

（3）企业单位的业务过程资料。包括各种会议记录、上报材料、出于各种目的编辑发行的材料等。

（4）上级有关部门和机关的材料。这部分材料有时企业根本不留存，而这往往是核实问题的最好依据。

（5）上级的有关文件。若将其与实施记录结合起来则更有价值。

（6）网上资料。网络发展到今天，已经形成无所不包的巨型档案，许多资料都可以在网上获得。

（7）年鉴、杂志等。年鉴包括国家及地方的统计年鉴和经济年鉴。

查阅资料法的优点如下。

（1）客观性强。它是面对物而不是面对人来搜集资料，这就会减少许多的人为干扰。

（2）几乎为第一手资料。这些资料常常都是当事人形成的第一手资料。调查时所需资料，可在调查开始时一次性地找齐、封存，这样当事人想在这时改变资料是很困难的。因而这样的资料是很准确的，几乎不次于第一手资料。

查阅资料法的缺点如下。

（1）要求对方存有系统的资料。如果对方的基础工作没有做好，各种记录都不健全，就很难采用查阅资料法来进行调查了。

（2）要求对方能够如实提供资料。如果存在“两套账”或非法毁掉有关资料的情况，也就无法采用查阅资料法来进行调查了。

启发思考

调查方法是否有好坏之分

一个个的调查方法就像一件件的工具，它们各有不同的适用对象和用途。要评价一种调查方法的好坏，必须要与调查对象、调查时间、调查场合、调查条件和手段等联系起来。最好的调查方法，就是能用最短的时间、最少的人力和财力而能获得最准确资料的调查方法。

第四节 Excel 的基本操作（二）

本节主要介绍合并或拆分单元格、资料的复制或移动、填充、排序和随机抽样法等。

一、合并或拆分单元格

当一个单元格中文字太多，或在表格中“一栏对应几个分栏”时，都需要用到合并或拆分单元格的操作。应先把合并单元格的按钮拖到常用工具栏上来，以备后用。

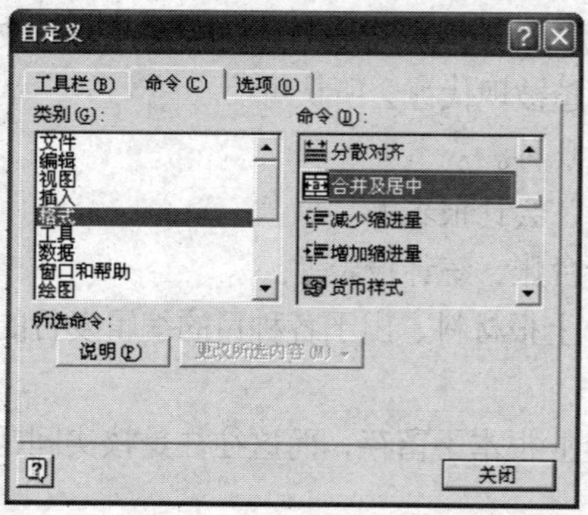

图 2.1 拖放“合并及居中”单元格按钮

1. 拖放“合并及居中”按钮

如工具栏中尚无“合并及居中”按钮，则按以下步骤将其拖放到工具栏中。其具体操作步骤如下：单击菜单栏“视图”→展开“工具栏”→单击“自定义”，打开“自定义”对话框（见图 2.1）→在“命令”选项卡“类别”栏中选中“格式”，在“命令”栏中选择“合并及居中”→将“合并及居中”按钮拖放到工具栏中合适的位置。

2. 合并单元格

合并单元格的具体操作步骤是，选定要合并的几个单元格，如选定 A1～A3，单击工具栏中“合并及居中”按钮即可。

3. 拆分单元格

实际上“合并及居中”按钮本身也是一个拆分单元格的按钮。拆分已合并过的单元格的操作步骤是，选中已合并过的单元格区域，单击“合并及居中”按钮即可。

二、复制或移动

1. 复制表中数据

复制表中数据的具体操作步骤为：选中要复制的单元格；单击常用按钮中的“复制”按钮；

把光标定位在目标区域的左上角；再单击常用按钮中的“粘贴”按钮即可。

这里需要注意的是，目标区域应没有任何数据，否则会把原有数据覆盖掉。

2. 移动表中数据

移动表中数据的具体操作步骤为：选中要移动的单元格；单击“剪切”按钮；把光标定位在目标区域的左上角；再单击“粘贴”按钮即可。

复制与移动的区别是：粘贴后，源区域中没有数据者为移动，源区域中仍保留原数据者则为复制。

三、填充

填充时，要用到一个非常重要的工具——填充柄。在选中一个区域时，该选中区域的右下角有一个小方黑点，这个小方黑点就叫填充柄，如图 2.2 所示。

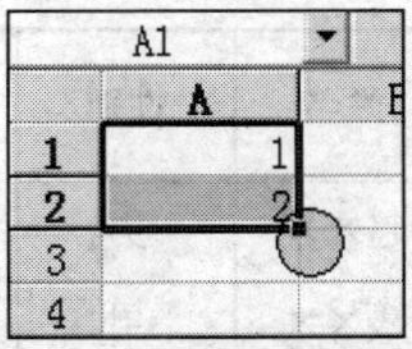

图 2.2　填充柄示意图

1. 填充的操作

填充主要用于对有规律的数据进行自动赋值的操作，如要求在单元格 A1～A100 中分别填入 1～100 的数据，若用手工录入就很麻烦，但用填充的办法就会变得非常简单。若用填充的办法，则填充步骤为：在 A1 中录入 1；在 A2 中录入 2；选中 A1 和 A2（见图 2.2）；将光标（原为空心十字形）指向填充柄，使光标变为实心十字形；拖动鼠标直至 A100，松开鼠标即可。

再如，若在 A1～A12 中填入月份数，则填充步骤为：在 A1 中录入“1 月份”；用鼠标单击其他单元格；再选中 A1 单元格，将光标指向填充柄，使光标变为实心十字形；拖动鼠标直至 A12，松开鼠标即可。

2. 填充范围的扩展

在进行填充时，我们会发现“一般情况下它只认阿拉伯数字”，即对“1 月份、2 月份”的形式能进行填充操作，但对“一月份、二月份”的形式就不奏效了。若让它“也认”其他形式的数据，就需要扩展填充范围，即增加新的自定义序列。

如增加新的自定义序列：“一月份；二月份；……，十二月份”，则步骤为：单击“工具”；单击“选项”；单击“自定义序列”；录入新的序列（即“一月份，二月份”等，见图 2.3）；单击“添加”；单击“确定”。

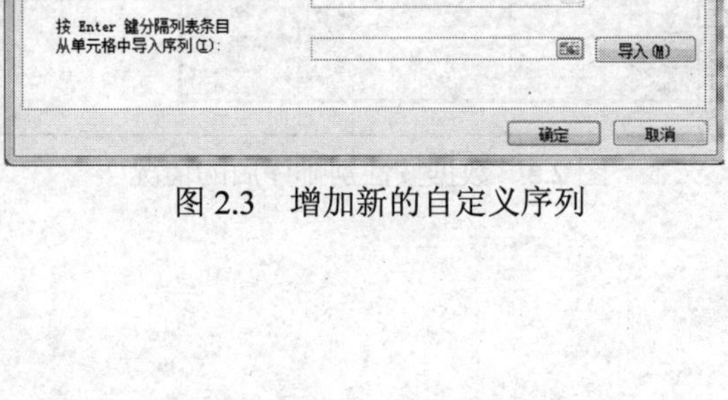

图 2.3　增加新的自定义序列

注意

在增加新的自定义序列时，“一月份，二月份”直到“十二月份”之间，要用英文状态下的逗号分开。

以后，就可以对“一月份”的形式进行填充了。这种“增加新的自定义序列”的功能很有用处，如管理部门常常用本单位的人员名单制表，就可以通过增加新的自定义序列的方式把本单位的人员名单填加进去，以备后用。

四、排序

排序主要用于基本数据不变，当分组标志改变时需要重新整理资料的情况。

【例 2.2】 某学院会计专业 091 班 16 名同学的基本情况如表 2.13 所示。若将本表资料，分别按性别、年龄、数学成绩、英语成绩进行排序，就应先将这些资料录入到 Excel 工作表中，这是排序的前提。

表 2.13 会计专业 091 班的基本情况

姓名	性别	年龄（岁）	数学成绩（分）	英语成绩（分）	姓名	性别	年龄（岁）	数学成绩（分）	英语成绩（分）
赵××	男	20	87	68	冯××	女	21	85	77
钱××	男	22	98	85	陈××	男	23	84	63
孙××	女	22	85	89	褚××	男	22	81	61
李××	男	23	75	92	魏××	男	18	72	95
周××	男	19	79	91	蒋××	男	19	78	96
吴××	男	19	67	99	沈××	男	23	82	87
郑××	女	18	93	97	韩××	女	21	65	78
王××	女	20	86	76	杨××	女	21	78	74

（1）将表 2.13 中的资料按性别进行排序。该项工作的具体操作步骤为：选中全部数据（见图 2.3）；单击“数据”；单击“排序”，则出现“排序”对话框（见图 2.4）；在“主要关键字”的下拉菜单中选择“性别”，可默认性别后面的递增排序（也可以选择递减）；单击“确定”按钮即可。排序后的情况如图 2.5 所示。

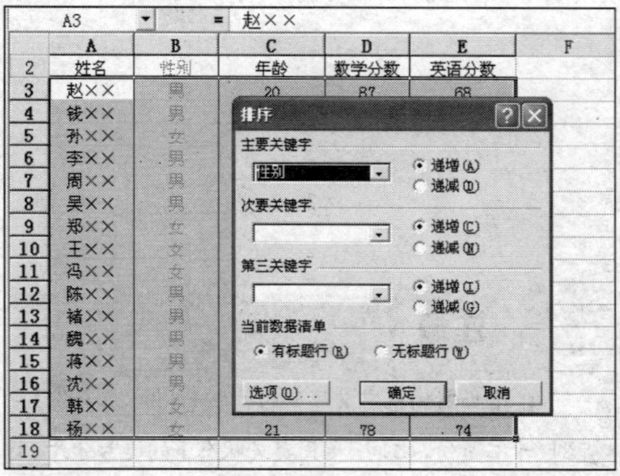

图 2.4 数据排序对话框

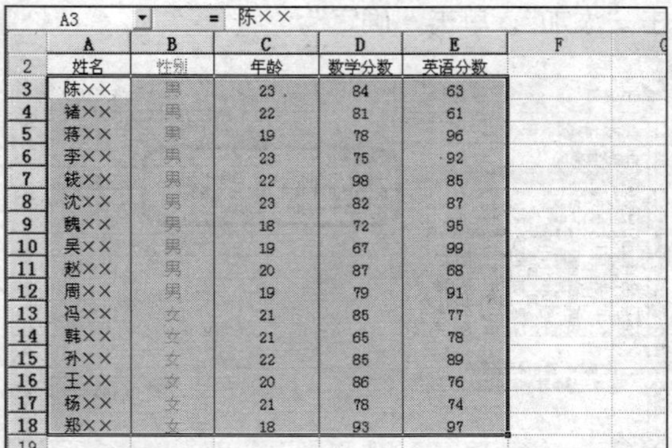

图 2.5 数据按性别排序后的情况

（2）将表 2.13 中的资料按性别和年龄两个标志进行排序。在用多标志排序时，需指定排序的主要标志和次要标志。本例规定以性别为主，以年龄为次，操作步骤与按“性别”排序相同，在图 2.4 所示的“排序”对话框中，“主要关键字”仍选择“性别”，“次要关键字”选择“年龄”即可。排序后的情况如图 2.6 所示。排序后的资料，可用于编制简单分组表和复合分组表。

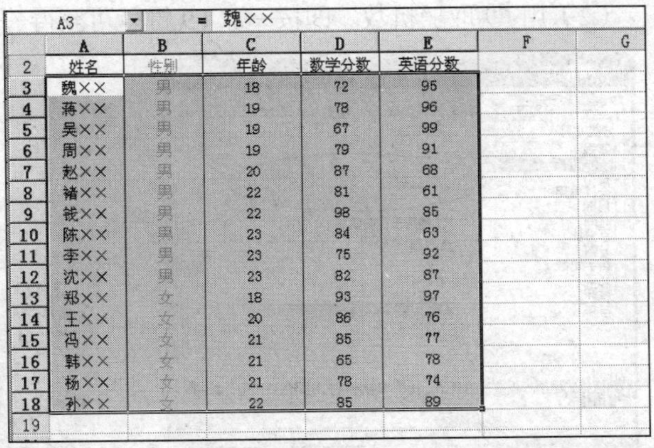

A3 = 魏××

	A	B	C	D	E	F	G
2	姓名	性别	年龄	数学分数	英语分数		
3	魏××	男	18	72	95		
4	蒋××	男	19	78	96		
5	吴××	男	19	67	99		
6	周××	男	19	79	91		
7	赵××	男	20	87	68		
8	褚××	男	22	81	61		
9	钱××	男	22	98	85		
10	陈××	男	23	84	63		
11	李××	男	23	75	92		
12	沈××	男	23	82	87		
13	郑××	女	18	93	97		
14	王××	女	20	86	76		
15	冯××	女	21	85	77		
16	韩××	女	21	65	78		
17	杨××	女	21	78	74		
18	孙××	女	22	85	89		
19							

图 2.6　多标志排序后的结果（先按性别分组，再按年龄分组）

五、随机抽样法

纯随机抽样，是最基本的抽样方式。随机器的使用也是非常重要的一种技能。

1. 随机器的制作

若要抽取 *A* 与 *B* 之间的数值作为随机数，则应在工作表中确定一个合适的位置，把光标定在该单元格（如 A2）上；录入“= RANDBTEEN（A, B）”；按 Enter 键。这就制成了“随机器”，它就相当于一个随机数表。如果要获取一个 50～200 的随机数，则录入“= RANDBTEEN（50, 200）”后按 Enter 键即可。或用“=RAND()*(B−A)+A”的形式亦可，如上例则录入“=RAND()*(200-50)+50”后按 Enter 键即可。

注意

①该随机器单元格，可长期保存，以备后用。所以，在该随机器之前的单元格中，最好标明如“50～200 的随机器”的字样，以为日后提示之用。②随机器中的数字是一个带小数的随机数，使用时只取整数部分即可。

技巧点滴

随机器可自动产生整数

Excel 默认单元格数字为数值型，只要在“单元格格式设置”中将“数值”的“小数位数”设为“0”，随机器显示的即为整数随机数，如图 2.7 所示。其具体操作步骤为：单击要设置小数位数的单元格→右击，在出现的备选菜单中单击“设置单元格格式”，则出现图 2.7 所示的“单元格格式”备选框→单击“分类”下的“数值”→把“小数位数”后的数值调为“0”→单击“确定”按钮。

2. 随机器的使用

（1）选中该随机器单元格（如 A2）。

（2）用 F9 取随机数。即按一次 F9 键就可获得一个随机数，直到取足所需数字为止。

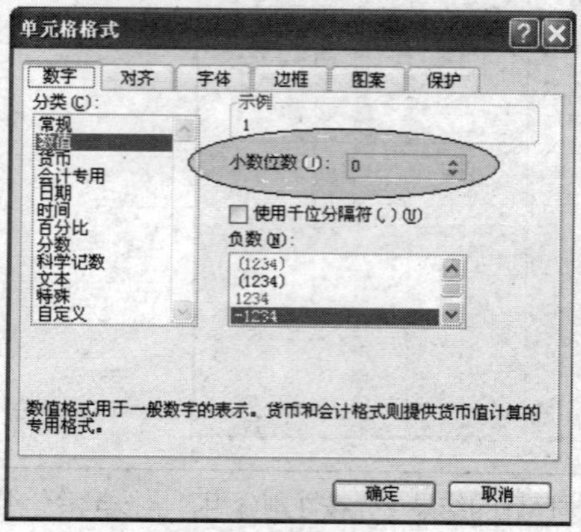

图 2.7 设置小数位数

注意

在所取得的随机数中，有时会出现相同的数字，在不重复抽样下就应把重复数字去掉。

【例 2.3】 若某总体 50 人，要求用不重复抽样法随机抽取 10 人为样本。

注意

每人抽取或每次抽取的样本都会不一样，这是正常的。否则就不是随机数了。

其抽样过程如下。

（1）给个体单位编号。因为总体共有 50 人，即 $N=50$。所以可用 2 位数码进行编号：01，02，03，…，50。

（2）制作随机器。从以上编码可知，其随机数的范围应为 0～50。所以录入“=RANDBTEEN（0, 50）”或录入“=RAND()* 50”，按 Enter 键即可。

（3）确定本次所抽样本。利用该随机器所确定的样本编号为：10；40；6；45；34；42；32；25；42（重复，应去掉）；16；27。

复习思考题

1. 统计记录的成果包括哪些内容？它们之间是什么关系？
2. 原始统计记录有什么特点？它们具有哪些基本形式？
3. 建立健全原始统计记录的原则和要求是什么？
4. 统计台账有什么作用？对统计台账应如何分类？它们各有什么优缺点？
5. 统计报表具有什么样的格式结构？它区别于一般统计表的部分体现在哪里？
6. 单位法人和产业活动单位有何不同？
7. 基本情况记录包括哪两个部分？为什么说它们是“落笔现在，着眼历史”的工作？它们应包括哪些内容？
8. 统计调查与统计记录有何区别？统计调查包括哪些方式和方法？何为最好的统计调查方式和调查方法？
9. 统计报表和统计报表制度有何区别？
10. 如何合并或拆分单元格？如何复制或移动数据资料？什么样的资料适合于填充操作？如何创建 Excel 文档上的随机器？

技能实训

【技能目标】

能够正确地进行统计记录，并能正确运用统计记录的成果。

能够运用统计调查的各种方法。

能够自行设计基本情况记录、统计台账和必要的厂内报表。

能够利用 Excel 进行基本的操作。

一、设计调查问卷

实训目的：规范学生的学习习惯和生活习惯。

实训任务：调查在校学生的学习和生活情况。

二、模拟调查

深入企业或农村，搞一次实际调查。

每人收集并模拟回来三种以上的原始统计记录、五种以上统计台账和三种以上统计报表的样式。

三、随机抽样

某企业有职工 800 人，欲从全厂职工中随机抽取一个样本来了解职工的业余生活情况。

（一）用简单随机抽样方式抽取样本

1）用重复抽样方法，从中随机抽取 30 人组成一个样本，并写出该样本的构成情况。

2）用不重复抽样方法，从中随机抽取 25 人组成一个样本，并写出该样本的构成情况。

提示：（1）按某一标志对 800 人进行排队；（2）利用 Excel 的随机器来进行随机抽样。

（二）用随机起点对称等距抽样方式抽取样本

1. 实训要求

1）从中抽取 20 人组成一个样本，并写出该样本的构成情况。

2）从中抽取 25 人组成一个样本，并写出该样本的构成情况。

提示：（1）按某一标志对 800 人进行排队；（2）利用 Excel 的随机器来确定随机起点；（3）利用《随机起点对称等距抽样公式表》进行样本位次的确定。

2. 简略答案

1）$k = 800/20 = 40$（人）；若随机起点 $r = 9$，则样本位次 u_i（其公式见表 2.11 中“n 为偶数”

栏）为：$u_1=r=9$、$u_2=2k-r=71$、$u_3=2k+r=89$、$u_4=4k-r=151$、$u_5=169$、$u_6=231$、$u_7=249$、$u_8=311$、$u_9=329$、$u_{10}=391$、$u_{11}=409$、$u_{12}=471$、$u_{13}=489$、$u_{14}=551$、$u_{15}=569$、$u_{16}=631$、$u_{17}=649$、$u_{18}=711$、$u_{19}=729$、$u_{20}=791$。

2）$k=800/25=32$（人）；若随机起点 $r=5$，则样本位次 u_i（其公式参照表 2.11 中"n 为奇数"栏的公式）为：$u_1=r=5$、$u_2=2k-r=59$、$u_3=2k+r=69$、$u_4=4k-r=123$、$u_5=4k+r=133$、$u_6=6k-r=187$、$u_7=6k+r=197$、$u_8=8k-r=251$、$u_9=8k+r=261$、$u_{10}=10k-r=315$、$u_{11}=10k+r=325$、$u_{12}=12k-r=379$、$u_{13}=N/2=400$、$u_{14}=13k+r=421$、$u_{15}=15k-r=475$、$u_{16}=15k+r=485$、$u_{17}=17k-r=539$、$u_{18}=17k+r=549$、$u_{19}=19k-r=603$、$u_{20}=19k+r=613$、$u_{21}=21k-r=667$、$u_{22}=21k+r=677$、$u_{23}=23k-r=731$、$u_{24}=23k+r=741$、$u_{25}=25k-r=795$。

四、Excel 的基本操作

（一）资料录入与格式调整

1. 实训材料

某年 1 月份牡丹江市地方财政收入情况见表 1.1。

2. 实训要求

1）用合并单元格的办法录入该表的标题"某年 1 月份牡丹江市地方财政收入情况"。

2）录入该表的全部资料（"本月累计"一栏的资料先不录入）；再把"本月实际"一栏中的所有数字复制到"本月累计"一栏中。

3）操作后的结果与格式等必须与表 1.1 完全相同。

4）以上操作，应在 5 分钟内完成。

3. 简略答案

见表 1.1。

（二）排序

1. 实训材料

某企业招聘出纳员，目前有 15 名同志来应聘，基本情况见表 2.14。

表 2.14 应聘人员基本情况统计表

姓名	性别	年龄	学历	笔试成绩	面试成绩	姓名	性别	年龄	学历	笔试成绩	面试成绩
张波	女	23	本科	76	65	袁枚	女	22	专科	65	67
李思	女	25	本科	82	78	罗成	男	25	本科	86	70
赵丽	女	24	专科	67	72	赵伟	男	23	本科	79	72
王亮	男	21	中专	69	60	刘海	男	29	专科	75	69
钱东	男	27	专科	52	62	杨梅	女	22	中专	62	78
孙浩	男	28	本科	78	86	柳絮	女	31	中专	58	56
周爽	女	30	专科	89	90	白雪	女	24	本科	81	77
田琦	女	32	中专	72	67						

2. 实训要求

1）把该表资料按年龄进行重新排序，指出其中年龄最大和最小的同志。（提示：表 2.14 中 15 人的姓名必须录到同一栏中，其他相应资料也需如此。）

2）把该表资料按笔试成绩进行重新排序，指出笔试前五名的同志都是谁。

3）把该表资料先按性别排序，在此基础上再按学历排序。

4）以上操作，应在 12 分钟内完成。

3. 简略答案

1）按年龄排序后，可明显看出：王亮最小，田琦最大。

2）按笔试分数排序后，可明显看出笔试成绩前五名者分别是：周爽、罗成、李思、白雪、赵伟。

3）把该表资料先按性别排序，在此基础上再按学历排序情况见表 2.15。

表 2.15　应聘人员基本情况统计表（按性别和学历排序）

姓名	性别	年龄	学历	笔试成绩	面试成绩	姓名	性别	年龄	学历	笔试成绩	面试成绩
孙浩	男	28	本科	78	86	李思	女	25	本科	82	78
赵伟	男	23	本科	79	72	柳絮	女	31	中专	58	56
罗成	男	25	本科	86	70	杨梅	女	22	中专	62	78
王亮	男	21	中专	69	60	田琦	女	32	中专	72	67
钱东	男	27	专科	52	62	袁枚	女	22	专科	65	67
刘海	男	29	专科	75	69	赵丽	女	24	专科	67	72
张波	女	23	本科	76	65	周爽	女	30	专科	89	90
白雪	女	24	本科	81	77						

（三）填充

用填充的技能录入以下内容。

1）某一表格有 200 行，但无序号，请给该表格添加序号。

2）某一数字需要按月份纵向排列，请在该表格的第 1 列中录入 1～12 月份的名称。

3）请写出能用填充技能提高录入效率的常用项目，并在 Excel 工作表中进行实际操作，然后根据操作情况写出自己的体会。

第三章

统计分组与统计编码

【学习目标】

通过本章学习应当理解统计分组的含义、作用和形式，掌握统计分组标志的选择条件，掌握统计分组的方法。能够掌握统计分组技术和统计编码技术，正确选择统计分组标志，能给各个级别进行合适的级别编号。掌握 Excel 中数据透视表技术，能较熟练地运用数据透视表技术来编制品质分组表、单项式分组表和组距式分组表。

【案例导入】

某县在一次企业调查中，采取了报告法的形式进行调查，当时设计了一张调查表。当所有的调查表返回来以后，由某站负责把数字进行汇总，由于这次负责汇总工作的两个年轻人都是刚来本站工作的新同志，对本站的业务还不算太熟，结果只是把各项指标进行了简单地加总，之后把结果呈报给站长“交差”。该站长很不满意，说：“没有分门别类的数字呀？”，年轻人答：“没有。”站长说：“回去，再分门别类地汇总出来。”年轻人回去了，但如何分门别类，两个年轻人谁也不知道，可又不敢再去问站长，只好问身边的一位老同志，可这位老同志却说：“我也不知道，你们还是去问站长本人吧。”

结果，两个年轻人真的是不知道该怎么办了！

启发思考

（1）站长所说的“分门别类”是什么意思？

（2）汇总统计数字应该“分门别类”吗？

（3）应该如何“分门别类”地进行汇总？

（4）那位老同志说“我也不知道，你们还是去问站长本人吧”，这话说得有道理吗？为什么？

统计分组是一项非常重要的统计工作，也是统计整理的重要内容。统计分组是门“很有学问”的技术！同样一个资料，通过不同的分组竟然能够获得完全不同的结论。

一般来说，通过统计调查所收集来的统计资料已经蕴藏了丰富的信息，但不通过统计整理，其规律性还很难充分地反映出来。通过统计分组以后的资料，如果组数或指标很多，则常常需要给各组编号或给指标编码。所以，统计分组与统计编码是常常联系在一起的。

第一节　统 计 分 组

人们在日常生活及科学研究中，常会遇到或听到一个词汇——分门别类。其词意为按事物的特征进行分类，如果按统计的术语来说，它就是一种分析方法——统计分组法。

统计分组是统计整理的第一步，它是根据研究目的和资料特点按一定标志把总体各单位划分成性质不同的若干部分的工作过程。

一、统计分组的作用

1. 把复杂的现象分为不同的类型

把复杂的现象分为不同的类型就是“分门别类”的工作，以便于针对不同的类型进行详细研究。如产品按用途分为生产资料和消费资料；企业按经济类型分为内资企业、港澳台投资企业、国外投资等经济类型。

不同的分组，就可能有不同的结论。

分组是一项非常科学的工作，也是一项极为复杂的工作。对于基层统计工作人员来说，在报表时必然要用到这些分组或代码，而且在一些自己组织的经济活动分析中也必然要进行一些简单的分组，所以，我们必须要学会统计分组。

提示

统计分组可是要动脑的哟！

分组不是唯一的。对于同一个资料来说，就可能有多种分组。一个目的，就可能需要一种分组，一个任务，也可能需要一种分组；反过来，一种分组就可能达到一个目的，换一种分组又可能达到另外一个目的。实际上，这就是“分组标志”的选择问题。

分组标志的选择，一定要与所研究的目的、任务联系起来。否则就无法判断这一分组是否合适，也无法判断这一分组的好坏。

分组“神奇”吗？但不要把它“当成游戏”哟！

2. 研究现象的内部结构

社会经济现象的内部结构，决定着事物的性质。将社会现象总体的各个单位，按照一定的标志分成若干组之后，计算各组单位在总体中所占的比重，可以具体表明总体的内部结构及其在不同时期内的发展变化情况。现象的内部结构是表明现象本质特征的一个重要方面。

结构的研究就是在分组的基础上进行的。

实际中，经常分析研究的结构有经济类型结构、产业类型结构、产品类型结构、投资类型结构、消费类型结构、技术类型结构、人才类型结构等。

3. 分析现象之间的联系和制约关系

社会经济现象的存在和发展都是相互联系和相互制约的，如产量与利润之间的关系，人均收入与总收入之间的关系等。但这些现象由于受随机因素的影响，其关系的表现往往不太确定，如果对其进行分组，就会把它们的关系表现得非常明确。

二、统计分组的形式

统计分组的依据是分组标志。一种事物或一种社会现象，其标志会有若干个，只有其在分组时所使用的标志才是分组标志。

统计分组的结果，会形成一系列具有一定内在关系的各个组别，把与各个组别相对应的指标数值计算出来，就会形成一个统计分组表。统计分组表的一般形式见表 3.1，统计分组表的具体形式见表 3.2。

表 3.1 统计分组表的一般形式

分组栏	指标栏
（各个组别）	（与各个组别相对应的指标数值）

表 3.2 科技人员分布情况

地区	人数
牡丹江地区	
佳木斯地区	
…	

按分组栏的不同情况，可将统计分组表分为品质分组表和变量分组表两种。

（一）品质分组表

品质分组表也可称为品质数列，即分组栏的分组标志为品质标志的统计分组表。在品质分组表中，对组别的分组形式也叫品质标志分组。实际中，品质分组的情况也不少见，如对人口按性别、民族、职业、婚姻状况等标志分组；工业企业按经济类型、行业隶属关系、地区等标志进行分组等，如表 3.2 所示。

品质数列能直接反映总体的性质差别，给人以明确具体的印象。

按品质标志分组，其组别只能用文字表述，若出现组间界限不易确定时应明确规定。如企业分为大型、中型、小型时，就要有一个明确的界限规定。

统计小常识

统计分组后，对组别的要求

分组的结果，必然形成若干组别，但这些组别必须要满足下列要求。

（1）组别的完备性。即对于一个分组标志所形成的所有组别，必须能容纳所有的调查对象。

（2）组别的互斥性。即总体中任一单位都只能归属于一组，而不能同时属于多组。

以上“两性”结合在一起，也叫“不重不漏”的要求。

（3）内外有别性。即必须保证组内统计资料的同质性和组间资料的差别性。或者说，组内资料要“大同小异”，组间资料要“差异显著”。

（二）变量分组表

变量分组表也可称为变量数列，即分组栏的分组标志为数量标志的统计分组表。在变量分组表中，对组别的分组形式也叫数量标志分组。实际中，变量分组的情况是非常普遍的，如对人口按年龄、身高、体重等标志分组；工业企业按职工人数、生产能力、增加值、上缴利税等标志分组。

在变量分组表中，按组别表现形式的不同，又可分为单项式分组表和组距式分组表。

1. 单项式分组表

单项式分组表即以每一个标志值作为一个组别的分组表（见表 3.3）。

单项式分组，适用于对离散变量且标志值变动范围不大情况下的分组。

2. 组距式分组表

组距式分组表就是以标志值的一定范围作为一个组别的分组（见表 3.4）。

表 3.3　单项式分组表

家庭人口数	户　数
1	
2	
3	
4	
5	
合　计	

表 3.4　组距式分组表

计划完成程度（%）	企　业　数（个）
100 以下	
100～110	
110～120	
120～130	
130 以上	
合　计	

组距式分组，适用于连续型变量及变动范围比较大的离散变量的分组。

组距式分组表中的常用概念有以下几个。

（1）上限和下限。某组最大的变量值为上限，最小的变量值为下限。如表 3.4 中“100～110”的组，其上限为 110，其下限为 100。

（2）开口组与闭口组。上下限齐全的组是闭口组，否则为开口组。如表 3.4 中“100 以下”和“130 以上”这两组就是开口组，其余都为闭口组。

（3）组距与组中值。某一组的上限与下限之差为组距，上限与下限的中点为组中值。组距 = 上限−下限，如“100～110”组的组距 = 110−100 = 10。组中值 =（上限+下限）/2 = 下限+组距/2 = 上限−组距/2。如“100～110”组的组中值 = 105。由于开口组的组限不完整，计算组中值时一般做以下假定：开口组的组距 = 邻组的组距。所以，缺上限时组中值 = 下限+邻组组距/2；缺下限时组中值 = 上限−邻组组距/2。仍以表 3.4 为例，其组中值的计算过程见表 3.5。

表 3.5　组中值计算过程示意

计划完成程度（%）	组中值（%）	组中值的计算过程
100 以下	95	= 100−10/2（其中“10”为下组组距）
100～110	105	= 100+10/2（其中“10”为本组组距）
110～120	115	= 110+10/2（其中“10”为本组组距）
120～130	125	= 120+10/2（其中“10”为本组组距）
130 以上	135	= 130+10/2（其中“10”为上组组距）

（4）连续分组与不连续分组。相邻两组的上下限相同者（即上组上限 = 下组下限）为连续分组，否则为不连续分组。例如，对某企业工人日产量情况进行分组时，组别的两种形式如下：

连续型分组	不连续型分组
40～50	40～49
50～60	50～59
60～70	60～69

在一般情况下，连续变量应采用连续型分组，而离散变量既可采用离散型分组，也可采用连续型分组。

统计小常识

统计的默认情况

（1）在连续分组时，上限不包括在内。这样，不论哪种形式的分组，对于资料的归组来说就都一样了。如上例中，若某人日产量为 50 件，不论按照“连续型分组”还是按照“不连续型分组”都应归入第二组。

（2）在不连续型分组情况下，组中值的计算方法有所不同。这时，先把上组限加 1 再进行计算：即不连续型分组时的组中值 =（上限+下限+1）/2。这样，不论按照哪种形式的分组，对于组中值来说就都一样了。

（5）等距分组与异距分组。各组组距都相同的分组为等距分组，否则为异距分组。具体应该采用哪种分组，应该根据有关规定、人们的习惯、事物所处的历史条件等来确定，而不是“愿意怎么分组就怎么分组”。

三、统计分组的方法

统计分组方式确定之后，还有一个如何安排组别的问题，这就是统计分组方法问题。按选择的分组标志多少不同，可分为单标志分组法和多标志分组法。

（一）单标志分组法

单标志分组法是指对总体只按一个标志进行的分组。它经常按时间、空间、某一特征或某一指标进行分组。

按时间分组，其组别均为时间，形成时间分组表，也叫动态数列（见表 3.6）。

按空间分组，则形成空间分组表，也叫分布数列或分配数列（见表 3.7），所形成的组别为地区、国家名称、行政区划、单位名称等。

按某一特征或指标分组，则形成特征分组表（见表 3.8）。特征分组表是最常见的单标志分组表，如按所有制分组、按计划完成程度分组等。它的分组标志是除了表示时间和空间以外的所有标志。

表 3.6 时间分组表

年　份	产值（万元）
2009	
2010	
2011	
2012	

表 3.7 空间分组表

地　区	企业数（个）
宁安市	
海林市	
穆棱县	
林口县	

表 3.8 特征分组表

经济类型	企业数（个）
内资企业	
港澳台投资	
外商投资	

（二）多标志分组法

多标志分组法是指对总体按两个或两个以上的标志进行的分组。它又可以分为单向分组法和双向分组法。

1. 单向分组法

单向分组法就是在分组表的左侧或上端分出若干个组别的分组方法。但多数情况下都在统计表的左侧设计分组栏（见表 3.9 和表 3.10）。单向分组法根据分组标志的排列方法不同，又可分为平行分组法、复合分组法和不规则分组法。

表 3.9　平行分组表

组别		职工人数
性别	男	
	女	
年龄	25 岁以下	
	26～59 岁	
	60 岁以上	

表 3.10　复合分组表

组别		职工人数
男	25 岁以下	
	26～59 岁	
	60 岁以上	
女	25 岁以下	
	26～59 岁	
	60 岁以上	

（1）平行分组法。平行分组法即各分组标志之间呈并列关系的分组方法。与平行分组法相对应的分组表为平行分组表（见表 3.9）。

（2）复合分组法。复合分组法是指在对组别的处理上，先按一个标志进行分组，在此基础上再按另一标志重叠起来进行分组，即分组标志之间呈复合关系（或重叠关系）。与复合分组法相对应的分组表为复合分组表（见表 3.10）。在复合分组法中，第一次分组时所依据的分组标志为主要分组标志，第二次分组时所依据的分组标志则为次要分组标志，等等。但一般情况下，复合分组不能超过三个分组标志。

注意

选择分组法的原则是“能简则简”。

一般来说，单标志分组表反映的问题单一，多标志分组表反映的问题就更全面，复合分组表又比平行分组表更能详细地反映问题。但在选择分组法时，能以最简单的分组法解决问题时，就一定选择最简单的分组法。同理，在设计或使用统计表时也应该是：能用单标志分组表时就不用多标志分组表，能用平行分组表时就不用复合分组表。

统计小常识

如何判别平行分组与复合分组

（1）看分组标志是否分主次。平行分组表中的分组标志不分主次；而复合分组表中的分组标志则有主次之分。

（2）看组别名称是否出现分组标志。平行分组表中的组别会有分组标志出现；而复合分组表中的组别则不会有分组标志出现。如按性别分组，在平行分组表中应有“性别”字样出现，而在复合分组表中不会有“性别”字样出现，只有“男”、“女”所构成的组别出现。

（3）看指标栏的数字反映了几个分组标志的特征。平行分组表中的任意一个指标数值，只能反映出一个分组标志的特征；而复合分组表中的任意一个指标数值，都能反映出多个分组标志的特征。

（4）看所分出来的组别数。平行分组表中，组别数 = 各分组标志所分组数之和；复合分组表中，组别数 = 各分组标志所分组数之积。

（3）不规则分组法。在多标志分组中，除了平行分组和复合分组外，实际中还有一种“不规则”分组法，这种分组法就是从多种需要的实际出发，把多种分组标志的分组综合到一个统计分组表中（见表 3.11）。此种分组表，也可称为“不规则分组表”，这种分组表在实际工作中是最为常见的。实际上，在这种分组表中，既有平行分组也有复合分组，既有完全分组（即列出某一分组标志所分出的全部组别）也有不完全分组。

表 3.11　不规则分组表（工业普查主要指标增减变动计算表）

项　　目	计 量 单 位	××年	××年	年增长率（%）
资产总计	千元			
#流动资产合计	〃			
#产成品存货	〃			
固定资产合计	〃			
#固定资产净值	〃			
负债合计	〃			
所有者权益合计	〃			
产品销售收入	〃			
#产品销售税金及附加	〃			
利润总额	〃			
工业增加值率	%			
主要工业产品生产量				
（1）				
（2）				
（3）				

2. 双向分组法

双向分组法，就是在分组表的左侧和上端同时分出若干个组别的分组方法，又可称为交叉分组法（见表 3.12 和表 3.13）。双向分组法根据分组标志的数量不同，又可分为二标志交叉法、三标志交叉法等。

表 3.12　二标志交叉分组表

性别 年龄	男	女	合　计
25 岁以下			
26～59 岁			
60 岁以上			
合　计			

表 3.13　三标志交叉分组表

组　　别		汉族	少数民族	合　计
男	25 岁以下			
	26～59 岁			
	60 岁以上			
女	25 岁以下			
	26～59 岁			
	60 岁以上			

（1）二标志交叉法。即在分组表的左侧和上端各用一个分组标志进行交叉分组的分组方法（见表 3.12）。

（2）三标志交叉法。即在分组表的左侧和上端共用三个分组标志进行交叉分组的分组方法。在表 3.13 中，表格左侧采用了二标志复合分组的方式，也可以采用二标志平行分组的方式。在三标志交叉分组表中，也可以在表格的上端采取二标志分组（平行或复合）的形式。

注意

交叉分组表中的分组标志数量，一般不能超过四个。这是因为分组标志多，反映的问题就会详细。这应该是好事，但如果分组标志过多，反映的问题就会过细，其后果就是“规律被细节所淹没”，就更不利于分析现象的规律和实质。

四、组别编号

组别编号，就是对统计分组所形成的组别，按其层次的不同而赋予不同的数码代号。它一般位于组别的前面。组别编号的作用有：①确定位次；②区分层次；③便于过录和汇总。

组别编号分为单标志分组的组别编号和多标志分组的组别编号。

单标志分组时，其组别按顺序进行编号即可（见表 3.14）。

一般来说，时间分组表中的组别不用编号（见表 3.6）；空间分组表和特征分组表中的组别，若组数不多也可不编号（见表 3.7、表 3.8）；若组数较多时可按顺序进行编号。

对于多标志分组一般应按不同层次进行编号（见表 3.15、表 3.16）。但若组数不多又较规则的分组，也可不编号（见表 3.9、表 3.10）。

表 3.14　空间分组表

地　区	工业增加值（万元）
1. 宁安市	
2. 海林市	
3. 穆棱县	
…	

表 3.15　某乡农业总产值情况

分　类	总产值（万元）
一、农业	
（一）种植业	
1. 主产品	
（1）谷物	
（2）豆类	
⋮	
2. 副产品	
（1）谷物副产品	
（2）其他副产品	
（二）其他农业	
（三）采集野生植物	
二、林业	
三、牧业	
四、渔业	

表 3.16　某地企业的分布情况

分　类	企 业 个 数
一、国有企业	
（一）大型	
（二）中型	
（三）小型	
二、私营企业	
（一）大型	
（二）中型	
（三）小型	
合　计	

第二节　统 计 编 码

统计编码，就是简单化、阿拉伯数字化的组别编号。一般位于组别的右面，并单占一栏的位置。统计编码除具有组别编号的作用外，还具有便于机器识别和计算的作用。当分组特别多的情况下，统计编码就更能显示其优越性。

实际上，统计编码在日常工作中也常有应用。如分章节的法规、章程、论文、科技书刊等的排序与编号，也都常用统计编码的形式进行编号。

一、统计编码的种类

统计编码，一般可分为顺序码、类型码、层次码和不规则编码等。

1. 顺序码

顺序码是指仅能说明指标在表中排列顺序的编码。它又有不等位码和等位码之分（见表3.17）。有了顺序码，读指标时就会非常方便。

顺序码的编码应遵循以下规则。

（1）从小到大顺序编码。

（2）中间无空码。

（3）编制等位码时，若有效数字的位数不够，应在前面用“0”补位。

顺序码有以下几个缺点。

（1）分不清层次。即从编码上看不出来该指标处于整个分组的哪一层次上。

（2）追加新码时，会改变原码。因而，顺序码多用于临时性的编码。

2. 类型码

类型码也可叫区段码，即通过规定不同的码段来区分指标大致类型的编码。它也有不等位码和等位码之分（见表3.18）。

表3.17 顺序码的编码示意表（某县农业总产值情况）

分　类	不等位码	等位码	总产值（万元）
一、农业产值	1	01	
（一）种植业	2	02	
1. 主产品	3	03	
（1）谷物	4	04	
（2）豆类	5	05	
…	…	…	
2. 副产品	16	16	
（1）谷物副产品	17	17	
（2）其他副产品	18	18	
（二）其他农业	19	19	
（三）采集野生植物	20	20	
二、林业产值	22	22	
三、牧业产值	26	26	
四、渔业产值	40	40	

表3.18 类型码和层次码的一般形式

组　别	类型码		层次码	
	不等位码	等位码	不等位码	等位码
一、×××	1	001	1	100
（一）×××	2	002	11	110
1. ×××	3	003	111	111
2. ×××	4	004	112	112
（二）×××	5	005	12	120
1. ×××	6	006	121	121
2. ×××	7	007	122	122
3. ×××	8	008	123	123
（三）×××	9	009	13	130
二、×××	51	051	2	200
（一）×××	52	052	21	210
（二）×××	53	053	22	220
1. ×××	54	054	221	221
2. ×××	55	055	222	222
三、×××	101	101	3	300
（一）×××	102	102	31	310
1. ×××	103	103	311	311
2. ×××	104	104	312	312
（二）×××	105	105	32	320
四、×××	151	151	4	400

实际上，类型码是以不同的数码段来区分类型的，编码前必须要事先规定码段，如 50 以内为第 1 段，51～100 为第 2 段，等等。

类型码的编码应遵循以下规则。

（1）对不同类型的指标规定不同的数码段。

（2）在每一类型中多按顺序进行编码，但不是严格意义上的顺序码，中间可以根据不同的需要留出空码，可以在中间留，也可以在后面留。

类型码比顺序码进了一步，它在编码时给不同类型的指标留出了空码，以备后续增加指标时进行赋码，这是它的优点。同时类型码也有其缺点，主要体现在以下两方面。

（1）某一类型中若有追加指标，仍有可能影响本类指标的原有编码。

（2）如果组别较多，编码后不知道共有多少个组别。

3. 层次码

层次码是指能说明指标在表中排列层次的编码。它又有不等位码和等位码之分（见表 3.18）。

层次码的编码应遵循以下规则。

（1）不等位码，它以位数区分层次：层次越高，位数越少；层次越低，位数越多。

（2）等位码，它用特征码来区分层次：□00 为第 1 层，□□0 为第 2 层，□□□为第 3 层，等等（其中：□表示除“0”以外的阿拉伯数字）。在等位层次码中，一般称各位都是有效数字的这一层次为“真小类”。

应该说层次码是一种比较理想的编码方法，它的优点是当追加新码时，不会改变原码。这就可以在较长时间内把指标代码与某个指标的联系固定起来。所以，层次码是可用于“永久性分组”的编码。但是，层次码也有以下缺点：如果组别较多，则用层次码编码后也不知道共有多少个组别。

4. 不规则编码

不规则编码是指在以“方便使用”为原则的指导下，采取灵活多样的编码规则而进行的编码。不规则编码常用于对特别复杂的总体，针对不同部分的特点采取不同形式的编码，或多种编码形式的结合使用等。如在我国第三次工业普查时，在 B605（乙）表的部分指标中，其指标编号如表 3.19 所示。

表 3.19 工业产品生产、销售、库存总值（节选）

指标名称	指标代码	本年实际（千元）
甲	乙	（1）
直接材料	V11	
制造费用中的中间投入	V12	
管理费用中的中间投入	V13	
销售费用中的中间投入	V14	
利息支出	F74	
工业总产值（现行价格、原规定）	V16	
工业总产值（1990 年不变价格、新规定）	V17	
工业总产值（1990 年不变价格、原规定）	V18	

从表 3.19 可以看出，表中指标的编号应是以 V 开头的等位顺序码，但其中应在 V15 的位置上却变为了 F74。这是因为“利息支出”这一指标在《财务状况》表已出现，其编号即为 F74，在一次普查中又不能把一个指标编出两个代码，所以，只好在本表中打破了原有编码规则，形成了表中不规则编码的情况。

二、常用的几种统计编码

1. 经济成分分类与代码

2001 年国家统计局《关于统计上划分经济成分的规定》中的经济成分分类与代码，属于不等位层次码（见表 3.20），其编码规则如下。

表 3.20　经济成分分类与代码

经济类型	代　码
公有经济	1
国有经济	11
集体经济	12
非公有经济	2
私有经济	21
港澳台经济	22
外商经济	23

（1）第一层次，用一位数字的顺序码。

（2）第二层次，用双位数码且分前后两段，前一段保留上层代码，后一段为本层顺序码。

（3）适当留出“空位码”以备后用。如非公有经济中现有三组，若再增加一组可编为 24。

2. 国别（地区）统计代码

国别（地区）统计代码属于等位层次码（见表 3.21），其编码规则如下。

表 3.21　国别（地区）统计代码（节选）

国家（地区）名称	代　码	国家（地区）名称	代　码	国家（地区）名称	代　码
亚洲	100	斯威士兰	257	北美洲	500
阿富汗	101	非洲其他国家	299	加拿大	501
巴林	102	欧洲	300	美国	502
中国香港	103	英国	303	北美洲其他国家	599
日本	116	德意志	304	大洋洲	600
中国	142	俄罗斯	344	新西兰	601
中国台湾	143	欧洲其他国家	399	大洋洲其他国家	699
亚洲其他国家	199	拉丁美洲	400	国别不详的	701
非洲	200	巴西	410	联合国及所属机构和其他国际组织	702
阿尔及利亚	201	墨西哥	429		
安哥拉	202	拉丁美洲其他国家	499		

（1）洲代码为□00。

（2）国家或地区代码为□□□。

（3）洲内其他国家或地区代码为□99，即为收容类代码。

（4）两个特殊代码为 701、702，分别用来表示“国别不详的”和“联合国及所属机构和其他国际组织”。

3. 县级行政区划代码

行政区划代码，是指行政单位及个人所在地区的行政区划代码（不是邮政编码）。这一级的行政区划代码属于等位类型码，其形式为六位数代码：

□□ □□ □□
省级 地级 县级

其编码规则如下。

（1）前两位数字是省级（包括省、直辖市和自治区）代码，均为等位类型码形式（见表3.22）。每10个数码为一个码段，段内按顺序码排列，如第一个码段（华北地区）为11～20共十个数码，但目前只用了前五个数码；第二个码段（东北地区）为21～30共十个数码，但目前只用了前三个数码；等等。

表3.22 全国省级行政区划代码一览表（2006.12.31）

行政区	代码	行政区	代码	行政区	代码	行政区	代码
北京	11	上海	31	湖南	43	陕西	61
天津	12	江苏	32	广东	44	甘肃	62
河北	13	浙江	33	广西	45	青海	63
山西	14	安徽	34	海南	46	宁夏	64
内蒙古	15	福建	35	重庆	50	新疆	65
辽宁	21	江西	36	四川	51	台湾	71
吉林	22	山东	37	贵州	52	香港	81
黑龙江	23	河南	41	云南	53	澳门	82
		湖北	42	西藏	54		

（2）中间两位数字是地区级（包括地区、省辖市、州、盟及直辖市所属的市辖区和县等）代码。如牡丹江市为10，亦为等位顺序码的形式。

（3）后两位数字是县级（包括县、省辖市的辖区、地辖市、省辖的县级市、旗等）代码。如宁安市为牡丹江市所辖的县级市，其代码为84，所以，宁安市的完整代码为231084。

个人身份证的前六位数字，就是所在省、地、县的行政区划代码。

4. 乡镇级区划代码

乡镇级区划代码见《县以下行政区划代码编码规则（GB 10114-88）》。乡镇级区划代码属于等位类型码。其形式为九位数代码（实际上是后三位），并分成两段，前一段为省地县的行政区划代码共六位，后三位才是该乡镇的区划代码。其全码形式为

□□□□□□—□□□
第一段 第二段

其编码规则如下。

（1）第一段代码。即该乡镇所在省、地、县的区划代码。

（2）第二段代码。即该乡、镇的区划代码。该代码是按不同类型分段赋码的（见表3.23）。

表3.23 乡镇级区划代码的分段

乡镇级行政单位	代码的区段
街道	001～099
镇	100～199
乡	200～399
政企合一单位	400～599

5. 国民经济行业分类与代码

《国民经济行业代码（GB/T 4754-2011）》，共分20个门类，96个大类，它属于不等位层次码（见表3.24），其编码规则如下。

表 3.24 国民经济行业分类与代码（节选）

编 码	行 业	备 注	编 码	行 业	备 注
A	农、林、牧、渔业	门类，用英文字母排序，A～T 共 20 个门类。本门类包括 01～05 共五个大类	0141	蔬菜种植	
01	农业	大类，用二位数字排序，01～96 共 96 个大类	0142	食用菌种植	
011	谷物种植	中类，用三位数字排序，设收容类（第三位数字为 9 者）	0143	花卉种植	
0111	稻谷种植	小类，用四位数字排序，设收容类（第四位数字为 9 者）。在小类中，第四位数字为 0 者为假小类，否则为真小类	0149	其他园艺作物种植	小类中的收容类
0112	小麦种植		015	水果种植	中类
0113	玉米种植		0151	仁果类和核果类水果种植	
0119	其他谷物种植	小类中的收容类	0152	葡萄种植	
012	豆类、油料和薯类种植	中类	…	…	…
0121	豆类种植		0163	香料作物种植	
0122	油料种植		0169	茶及其他饮料作物种植	小类中的收容类
0123	薯类种植		017 0170	中药材种植	017 为中类代码；0170 为假小类，表明“中药材种植”不再有小类的划分
013	棉、麻、糖、烟草种植	中类	019 0190	其他农业	019 为中类中的收容类；0190 为假小类
0131	棉花种植		02	林业	大类
0132	麻类种植		021	林木育种和育苗	中类
0133	糖料种植		0211	林木育种	小类
0134	烟草种植		0212	林木育苗	
014	蔬菜、食用菌及园艺作物种植	中类	…	…	…

（1）门类代码。用一位字母顺序码 A，B，C，…，T，共有 20 个门类。

（2）大类代码。用两位数字顺序码 01～96，共有 96 个大类。

（3）中类代码。用三位数字顺序码 011～099（中间留出若干空码）。

（4）小类代码。用四位数字顺序码 0110～0990（中间留出若干空码）。在小类代码中，形如□□□□（即大中小类各位码均不为“0”）者为真小类；形如□□□0 者为假小类，即中小类合计。如：“017 0170 中药材种植”，表明 017 为中类，而 0170 为小类，但因最后一位为 0，所以为假小类，也就是说在 017 这个中类组中，不再分小类了。

（5）在中类和小类中，末位逢“9”者为收容类，即“其他……”项。如：“0119 其他谷物种植”，“0159 其他水果种植”、“019　0190 其他农业”、“109 石棉及其他非金属矿采选”等。

6. 全国企事业单位和社会团体代码

这一代码属于等位类型码。它由 9 位数码所构成，分成八位本体码和一位校验码两段，其全码形式为

□□□□□□□□—□

本体码　　　校验码

其中，本体码仍为等位区段码；校验码是设计了一个与代码数字有直接关系的计算项，检验机关和人员可据此来判断该代码是否有误。

（1）本体码的区段规定。八位本体码，由国家统一分配区段；若需自行赋码，其区段应在以下范围内：80000000～99999999。

（2）校验码的使用。若把单位团体代码表示为 $\boxed{C_1}\boxed{C_2}\boxed{C_3}\boxed{C_4}\boxed{C_5}\boxed{C_6}\boxed{C_7}\boxed{C_8}$ — $\boxed{C_9}$ 的形式，则校验码的检验公式为

$$C_9 = 11 - \mathrm{MOD}\,(\Sigma C_iW_i;11)$$

其中，MOD 为求余函数。式中 MOD（ΣC_iW_i；11）表示把 ΣC_iW_i 除以 11 后而取其余数。W_i 为第 i 位置上的代码加权因子（见表 3.25），应熟记。

表 3.25　企事业单位和社会团体代码的加权因子

C_i	C_1	C_2	C_3	C_4	C_5	C_6	C_7	C_8
W_i	3	7	9	10	5	8	4	2

【例 3.1】 某企业营业执照上的法人代码为 24793766-3，问该代码是否正确？

因为：

$$C_9 = 11-\mathrm{MOD}\,(2\times3+4\times7+7\times9+9\times10+3\times5+7\times8+6\times4+6\times2;11)$$
$$= 11-\mathrm{MOD}\,(294;11) = 11-8 = 3$$

可见该代码是正确的。

但 C_9 的填写方法不是这样简单，即 C_9 的计算值与填写值有时是不一样的。这是因为 C_9 的计算值可能出现 10 或 11，而校验码只能填写一位数字，所以，C_9 的填写方法另有规定。如表 3.26 所示。

表 3.26　校验码的填写方法

C_9 的计算值	1～9	10	11
C_9 的填写值	1～9	×	0

注：具体的编码规则见《全国企事业单位和社会团体代码编制规则（GB 11714-89）》。

第三节　Excel 中的分组整理

统计分组的最终结果是形成统计分组表。从统计分组到形成统计分组表，是统计整理中的一项非常重要的工作，也是一项很繁重的工作。然而，利用 Excel 的分组整理功能，数据整理工作就会变得简单快捷得多。

一、分组整理的工具

在 Excel 中，用来进行分组整理的工具是“数据”菜单中的“分类汇总”命令。

【例 3.2】 某企业 2009 年 10 月份的部分销售记录如图 3.1 所示，要求利用“数据”菜单，按销售员分类汇总商品的销售量与销售额，汇总步骤如下。

	A	B	C	D	E	F	G
1	日期	销售员	产品编号	产品类别	单价（元/台）	数量（台）	金额（元）
2	2009-10-20	胡小华	330KB	影碟机	840	30	25200
3	2009-10-20	李鹏飞	330KB	影碟机	840	20	16800
4	2009-10-20	张友平	C2919PK	彩电	2200	12	26400
5	2009-10-20	赵玉梅	720KB	影碟机	1000	28	28000
6	2009-10-20	郑海燕	C2919PK	彩电	2200	37	81400
7	2009-10-21	胡小华	720KB	影碟机	1000	8	8000
8	2009-10-21	李鹏飞	C2919PK	彩电	2200	22	48400
9	2009-10-21	张友平	C2919PV	彩电	2800	17	47600
10	2009-10-21	赵玉梅	810KB	影碟机	1250	25	31250
11	2009-10-21	郑海燕	C2919PV	彩电	2800	11	30800
12	2009-10-22	胡小华	C2919PK	彩电	2200	20	44000
13	2009-10-22	李鹏飞	810KB	影碟机	1250	10	12500
14	2009-10-22	张友平	C2919PR	彩电	2600	9	23400
15	2009-10-22	赵玉梅	C2920PV	彩电	2800	22	61600
16	2009-10-22	郑海燕	C2921PR	彩电	2600	13	33800
17	2009-10-23	胡小华	830KB	影碟机	1500	26	39000
18	2009-10-23	李鹏飞	330KB	影碟机	840	18	15120
19	2009-10-23	张友平	720KB	影碟机	1000	24	24000
20	2009-10-23	赵玉梅	810KB	影碟机	1250	20	25000
21	2009-10-23	郑海燕	830KB	影碟机	1500	31	46500

图 3.1　产品销售记录

（1）排序。选中“销售员”列数据区域任意一个单元格，单击“排序”按钮，选“升序”，结果如图 3.2 所示。

（2）分组整理。打开“数据”菜单，选择“分类汇总”命令，弹出“分类汇总”对话框，如图 3.3 所示。

B15　赵玉梅

	A	B	C	D	E	F	G
1	日期	销售员	产品编号	产品类别	单价（元/台）	数量（台）	金额（元）
2	2009-10-20	胡小华	330KB	影碟机	840	30	25200
3	2009-10-21	胡小华	720KB	影碟机	1000	8	8000
4	2009-10-22	胡小华	C2919PK	彩电	2200	20	44000
5	2009-10-23	胡小华	830KB	影碟机	1500	26	39000
6	2009-10-20	李鹏飞	330KB	影碟机	840	20	16800
7	2009-10-21	李鹏飞	C2919PK	彩电	2200	22	48400
8	2009-10-22	李鹏飞	810KB	影碟机	1250	10	12500
9	2009-10-23	李鹏飞	330KB	影碟机	840	18	15120
10	2009-10-20	张友平	C2919PK	彩电	2200	12	26400
11	2009-10-21	张友平	C2919PV	彩电	2800	17	47600
12	2009-10-22	张友平	C2919PR	彩电	2600	9	23400
13	2009-10-23	张友平	720KB	影碟机	1000	24	24000
14	2009-10-20	赵玉梅	720KB	影碟机	1000	28	28000
15	2009-10-21	赵玉梅	810KB	影碟机	1250	25	31250
16	2009-10-22	赵玉梅	C2920PV	彩电	2800	22	61600
17	2009-10-23	赵玉梅	810KB	影碟机	1250	20	25000
18	2009-10-20	郑海燕	C2919PK	彩电	2200	37	81400
19	2009-10-21	郑海燕	C2919PV	彩电	2800	11	30800
20	2009-10-22	郑海燕	C2921PR	彩电	2600	13	33800
21	2009-10-23	郑海燕	830KB	影碟机	1500	31	46500

图 3.2　按销售员排序

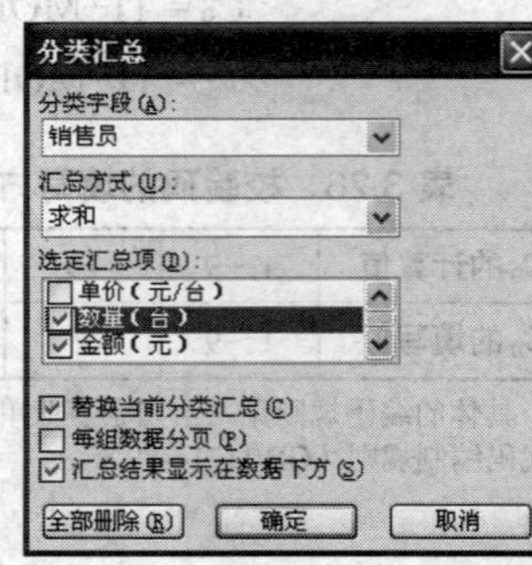

图 3.3　“分类汇总”对话框

在“分类字段”的下拉列表框中选定“销售员”，在“汇总方式”中选定“求和”，在“选定汇总项”中选定“数量”和“金额”，选定“替换当前分类汇总”和“汇总结果显示在数据下方”项，单击“确定”按钮即可。这时，在每一名销售员的下面都会自动加出一个“××汇总”行，以便显示其本组的汇总数字（即该销售员的总销售量和销售额），并在这些数字前自动加上相应的文字（如“胡小华汇总”的字样）。其分组整理的结果如图 3.4 所示。

在图 3.4 中，Excel 自动在数据区域的左侧建立了分级显示符号，左上角为横向排列的级别按钮“1”、“2”、“3”。其中“1”代表总计（即一级汇总结果），“2”代表各组的小计（即二级汇总结果），“3”代表明细数据（即原始数据）。单击不同的级别按钮，可显示相应级别的汇总结果。

（3）显示分组数据。单击图 3.4 中左上角的级别按钮“2”，就会显示第二级的汇总结果，如图 3.5 所示。同理，也可单击图 3.4 中左上角的级别按钮“1”，这时就只会显示一个“总计”的数字。

	A	B	C	D	E	F	G
1	日期	销售员	产品编号	产品类别	单价（元/台）	数量（台）	金额（元）
2	2009-10-20	胡小华	330KB	影碟机	840	30	25200
3	2009-10-21	胡小华	720KB	影碟机	1000	8	8000
4	2009-10-22	胡小华	C2919PK	彩电	2200	20	44000
5	2009-10-23	胡小华	830KB	影碟机	1500	26	39000
6		**胡小华 汇总**				84	116200
7	2009-10-20	李鹏飞	330KB	影碟机	840	20	16800
8	2009-10-21	李鹏飞	C2919PK	彩电	2200	22	48400
9	2009-10-22	李鹏飞	810KB	影碟机	1250	10	12500
10	2009-10-23	李鹏飞	330KB	影碟机	840	18	15120
11		**李鹏飞 汇总**				70	92820
12	2009-10-20	张友平	C2919PK	彩电	2200	12	26400
13	2009-10-21	张友平	C2919PV	彩电	2800	17	47600
14	2009-10-22	张友平	C2919PR	彩电	2600	9	23400
15	2009-10-23	张友平	720KB	影碟机	1000	24	24000
16		**张友平 汇总**				62	121400
17	2009-10-20	赵玉梅	720KB	影碟机	1000	28	28000
18	2009-10-21	赵玉梅	810KB	影碟机	1250	25	31250
19	2009-10-22	赵玉梅	C2920PV	彩电	2800	22	61600
20	2009-10-23	赵玉梅	810KB	影碟机	1250	20	25000
21		**赵玉梅 汇总**				95	145850
22	2009-10-20	郑海燕	C2919PK	彩电	2200	37	81400
23	2009-10-21	郑海燕	C2919PV	彩电	2800	11	30800
24	2009-10-22	郑海燕	C2921PR	彩电	2600	13	33800
25	2009-10-23	郑海燕	830KB	影碟机	1500	31	46500
26		**郑海燕 汇总**				92	192500
27		**总计**				403	668770

图 3.4　分组整理的结果

	A	B	C	D	E	F	G
1	日期	销售员	产品编号	产品类别	单价（元/台）	数量（台）	金额（元）
6		**胡小华 汇总**				84	116200
11		**李鹏飞 汇总**				70	92820
16		**张友平 汇总**				62	121400
21		**赵玉梅 汇总**				95	145850
26		**郑海燕 汇总**				92	192500
27		**总计**				403	668770

图 3.5　显示第二级的汇总结果

想一想

怎样利用Σ ▾按钮，对一个区域中的各行和各列数据快速计算平均值？

（4）删除“分类汇总”的状态。如果需要恢复整理资料的原始状态，就要用到删除“分类汇总”的操作。删除“分类汇总”状态的方法：选中分类汇总结果全部区域或其中的任意一个单元格，打开“数据”菜单，选择“分类汇总”命令，在“分类汇总”对话框中单击“全部删除”。这时，其汇总资料就恢复到了“分类汇总”之前的状态。

注意

删除“分类汇总”状态时也需慎重

在进行删除“分类汇总”状态的操作之前，一定要看一看这些资料的左右两侧是否有曾添加过的说明、备注，或者新制的表格等，若有，在删除“分类汇总”状态时，这些内容可能就会受到影响。这是因为，在进行“分类汇总”时，会自动加上相应的“汇总行”，如果后来你把说明等文字或表格建在了这些“汇总行”上，当你删除“分类汇总”状态时，这些东西也会随之被删除，而且再也没有被恢复的可能性了！

二、特殊表格形式的调整

在利用 Excel 进行分组整理时，有时会遇到一些特殊的表格。如按月份排列的数字，现在需要按季度进行“分类汇总”等，这就需要对原有表格进行必要的调整。

1. 对时间分组表的调整

如表 3.27 所示，这个分组的特点是：在表的每一行中，不是所有的数字（上交税金）前面都对应了所属的年份和季度。如 2011 年 2 月份的税金（52 万元），本行前面并没有标出具体的年份和季度，我们看这张表格时能看得明白，也就觉得没有什么问题。但是 Excel 在进行分组整理时，它就不知道这个“52”应归入哪一分组了。所以，我们必须对这一分组进行相应调整（见表 3.28）。

表 3.27　某企业近两年上缴税金情况

年份	季　度	月　份	上缴税金（万元）
2011	一季度	1 月份	52
		2 月份	52
		3 月份	52
	二季度	4 月份	56
		5 月份	56
		6 月份	58
	三季度	7 月份	58
		8 月份	56
		9 月份	59
	四季度	10 月份	60
		11 月份	60
		12 月份	60
2012	一季度	1 月份	60
		2 月份	62
		3 月份	62
	二季度	4 月份	63
		5 月份	63
		6 月份	64
	三季度	7 月份	65
		8 月份	65
		9 月份	65
	四季度	10 月份	66
		11 月份	66
		12 月份	65

调整成

表 3.28　某企业近两年上缴税金情况

年份	季　度	月　份	上缴税金（万元）
2011	一季度	1 月份	52
2011	一季度	2 月份	52
2011	一季度	3 月份	52
2011	二季度	4 月份	56
2011	二季度	5 月份	56
2011	二季度	6 月份	58
2011	三季度	7 月份	58
2011	三季度	8 月份	56
2011	三季度	9 月份	59
2011	四季度	10 月份	60
2011	四季度	11 月份	60
2011	四季度	12 月份	60
2012	一季度	1 月份	60
2012	一季度	2 月份	62
2012	一季度	3 月份	62
2012	二季度	4 月份	63
2012	二季度	5 月份	63
2012	二季度	6 月份	64
2012	三季度	7 月份	65
2012	三季度	8 月份	65
2012	三季度	9 月份	65
2012	四季度	10 月份	66
2012	四季度	11 月份	66
2012	四季度	12 月份	65

2. 对空间分组表的调整

如表 3.29 所示，这个分组的特点是：在表的每一行中，不是所有的数字（工人人数）前面都对应了所属的公司和分厂。其调整方法同时间分组表，见表 3.30。

表 3.29 某地企业规模情况

公司	分 厂	车 间	工人人数
甲公司	一分厂	一车间	52
		二车间	82
		三车间	62
	二分厂	一车间	66
		二车间	87
		机加车间	35
乙公司	一分厂	一车间	36
		二车间	56
	二分厂	一车间	59
		二车间	78
		机加车间	25

调整成

表 3.30 某地企业规模情况

公司	分 厂	车 间	工人人数
甲公司	一分厂	一车间	52
甲公司	一分厂	二车间	82
甲公司	一分厂	三车间	62
甲公司	二分厂	一车间	66
甲公司	二分厂	二车间	87
甲公司	二分厂	机加车间	35
乙公司	一分厂	一车间	36
乙公司	一分厂	二车间	56
乙公司	二分厂	一车间	59
乙公司	二分厂	二车间	78
乙公司	二分厂	机加车间	25

三、组距式分组表的整理

组距式分组表的整理即根据原始数据整理出组距式分组表的技术。

【例 3.3】 仍以表 2.13 的“数学分数”资料为例，来说明组距式分组表的整理过程。

（1）设计如表 3.31 中前两列所示的整理表。表 3.31 中“分组”栏应按照统计整理的任务和要求进行设计；“分隔点”栏的数字，为各个组别的实际上限（只有 90～100 这一组除外）；本例的最终结果是要整理出最后一栏的数字，即表 3.31 中第三栏的“人数（频数）”。

表 3.31 组距式透视表的整理表

分 组	分 隔 点	人数（频数）
60 分以下	59	0
60～70	69	2
70～80	79	5
80～90	89	7
90～100	100	2
合 计	—	16

（2）先求出第一组的频数。把光标定位在第一组频数的位置上（见图 3.6 的 H6 单元格）；输入“= FREQUENCY（D3：D18，G6：G10）”后回车。但回车后只出现第一组的频数，此资料中第一组频数为 0。其中，FREQUENCY 为求“频数”的函数；D3：D18 为原始数据的范围（见图 3.6），它表示从 D3 到 D18 的所有数据；G6：G10 为间隔点的范围（见图 3.6）。

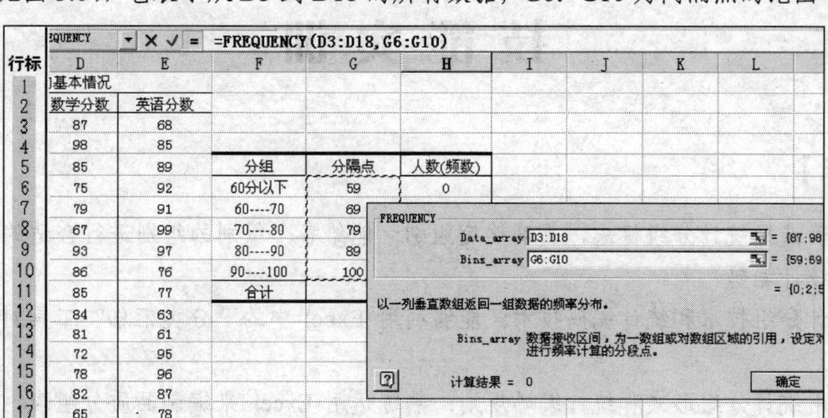

图 3.6 组距数列的整理

表 3.32 会计 091 班数学成绩情况

数学分数	人数
60分以下	—
60～70	2
70～80	5
80～90	7
90～100	2
合计	16

（3）用填充法求出其他各组的频数。选中第一组频数所在的单元格 H6；按住填充柄向下拖，直到最后一组的频数单元格 H10 为止（注意：此时在各组频数位置上所出现的数值并不是真正的频数）；按功能键 F2；同时按住 Ctrl 和 Shift 键，再按 Enter 键即可。其结果如表 3.31 的第 3 栏所示。

（4）编制正规的组距式分组表。在表 3.31 的基础上去掉“分隔点”一栏即可，如表 3.32 所示。

复习思考题

1. 统计分组有何作用？如何选择分组标志？
2. 统计分组表由哪两个部分构成？数字栏只能是一栏吗？
3. 什么样的分组表是品质分组表、单项式分组表、组距式分组表？它们都适用于什么情况下的分组？
4. 在连续分组时，上组限应如何处理？
5. 统计分组的方法有哪些？多标志分组中又有哪些方法？选择分组法的原则应是什么？
6. 如何区分一个分组表是平行分组表还是复合分组表？
7. 什么是统计编码？什么是顺序码、类型码和层次码？它们各自都有什么优缺点？
8. 个人身份证的号码，其前六位是什么代码？你知道你所在的省、地、县的行政区划代码吗？
9. 什么是透视表？在什么情况下用透视表？如何制作透视表？
10. 如何利用透视表来编制品质分组表、单项式分组表、组距式分组表？
11. Excel 制作出来的透视表与正规的统计分组表有何区别？

技能实训

【技能目标】

能够正确选择统计分组标志，正确确定组别；能给各个级别的组别进行合适的编号；能够读懂常用的统计编码。

掌握统计分组技术和统计编码技术；能够利用 Excel 中的“分类汇总”工具对统计资料进行统计整理。

熟练运用统计分组形式和统计编码规则；熟练运用 Excel 来编制品质分组表、单项式分组表和组距式分组表。

一、有关组距式分组表的概念与计算

1. 实训材料

某地各类企业上缴利税的计划完成情况见表 3.33。

表 3.33　某地各类企业的上缴利税完成情况

计划完成程度（%）	企业数
100 以下	4
100～110	18
110～120	134
120～130	37
130～150	12
150 以上	6
合　计	211

2. 实训要求

回答以下问题。

1）哪些组是开口组？

2）各组的组距是多少？该分组是等距分组还是异距分组？

3）各组的组中值是多少？

4）该分组是连续分组还是不连续分组？若某企业的计划完成程度为 120%，则该企业应归为哪一组？

3. 简略答案

1）“100 以下”、“150 以上”两个组是开口组。

2）各组组距分别为：10（开口组，应按邻组确定）、10、10、10、20、20、（也按邻组确定）；可见，表 3.33 中的分组是异距分组。

3）各组组中值分别为：95、105、115、125、140、160。

4）该分组是连续型分组。计划完成程度为 120%的企业应归“120～130”这一组。

二、统计分组的技能

（一）手工编制分组表

1. 根据本系或本班级的情况，选择适当的分组标志进行单标志分组：（1）品质分组表；（2）变量分组表。

2. 根据本系或本班级的情况，选择两个分组标志编制平行分组表。

（二）手工编制单项式分组表

1. 实训材料

若某车间有 27 名工人，看管机器台数分别为：3、4、4、2、4、3、4、3、5、4、2、4、3、4、5、3、2、4、3、2、6、4、4、2、2、3、4。

2. 实训要求

按工人看管机器的台数进行分组，并编制单项式分组表。

（三）手工编制组距式分组表

1. 实训材料

某地有 40 个企业，某年的生产计划完成情况（%）如下。

127、142、118、103、87、115、97、88、108、109、119、127、102、123、115、119、158、112、146、117、108、105、110、107、137、120、136、125、114、117、124、129、138、100、103、96、92、113、126、107。

2. 实训要求

根据上述资料，将该地各企业按生产计划完成情况（%）进行分组，并编制组距式分组表。（其组别规定为：100 以下；100～110；110～120；120～130；130～140；140～150；150 以上）

（四）编制组距式分组表

1. 实训材料

某班 44 名学生的会计上岗证考试成绩见表 3.34。

表 3.34 某班学生会计上岗证考试成绩

学号	成绩（分）	学号	成绩（分）	学号	成绩（分）	学号	成绩（分）
1	95	12	70	23	65	34	93
2	54	13	76	24	71	35	68
3	77	14	78	25	68	36	68
4	80	15	78	26	76	37	93
5	76	16	71	27	72	38	87
6	49	17	81	28	80	39	72
7	65	18	66	29	83	40	82
8	67	19	74	30	72	41	83
9	66	20	70	31	93	42	80
10	69	21	62	32	94	43	84
11	66	22	81	33	87	44	85

2. 实训要求

根据以上资料对该班同学按考试成绩进行分组，并计算各组学生人数、比率。（提示：按考试成绩进行分组时，其组别应为 60 以下、60～70、70～80、80～90、90 以上）

表 3.35 某市工业企业基本情况

	编码	企业数（个）	职工人数（人）	总产值（万元）
国有企业	10	12	28 110	79 380
#大型	11	2	10 300	58 000
中型	12	6	16 800	20 740
小型	13	4	1 010	640
集体企业	20	13	8 545	41 906
#大型	21	1	4 600	38 000
中型	22	1	1 800	2 000
小型	23	11	2 145	1 906
个体企业	30	3	1 548	2 329
#大型	31			
中型	32	1	1 500	2 300
小型	33	2	48	29
合　计	—	28	38 203	123 615

三、统计编码的运用技能

1. 实训材料

资料见表 3.35。

2. 实训要求

对表 3.35 中的组别进行统计编码：

1）编制不等位顺序码和等位顺序码，并写出编码规则；

2）编制不等位类型码和等位类型码，并写出编码规则；

3）编制不等位层次码和等位层次码，并写出编码规则。

3. 简略答案

简略答案见表 3.36。

表 3.36　某市工业企业基本情况（复合分组）

	顺序码		类型码		层次码		企业数（个）	职工人数	总产值（万元）
	不等位	等位	不等位	等位	不等位	等位			
国有企业	1	01	1	01	1	10	12	28 110	79 380
#大型	2	02	2	02	11	11	2	10 300	58 000
中型	3	03	3	03	12	12	6	16 800	20 740
小型	4	04	4	04	13	13	4	1 010	640
集体企业	5	05	11	11	2	20	13	8 545	41 906
#大型	6	06	12	12	21	21	1	4 600	38 000
中型	7	07	13	13	22	22	1	1 800	2 000
小型	8	08	14	14	23	23	11	2 145	1 906
个体企业	9	09	21	21	3	30	3	1 548	2 329
#大型	10	10	22	22	31	31	—	—	—
中型	11	11	23	23	32	32	1	1 500	2 300
小型	12	12	24	24	33	33	2	48	29
合　计	—	—	—	—	—	—	28	38 203	123 615

4. 编码规则（略）

四、识别企业单位代码的技能

1. 实训材料

在某次工业企业普查中，对某乡抽查了三个工业企业的营业执照，执照上的法人代码分别为：64783676-5、64723676-7、44536675-0。

2. 实训要求

对以上三个法人代码进行真实性检验。

3. 简略答案

1）$C_9=5$ √　　2）$C_9=10$ ×　　3）$C_9=11$ √

五、利用“分类汇总”命令进行分组整理的技能

（一）编制时间分组表和空间分组表

1. 实训资料

实训资料见表 3.37 和表 3.38。

表 3.37 某企业 2011 年上缴税金情况

季度	月份	上缴税金（万元）
一季度	1 月份	52
	2 月份	52
	3 月份	52
二季度	4 月份	56
	5 月份	56
	6 月份	58
三季度	7 月份	58
	8 月份	56
	9 月份	59
四季度	10 月份	60
	11 月份	60
	12 月份	60

表 3.38 牡丹江市工业企业及产值情况

牡丹江市各区	市辖区乡镇	企业数（个）	产值（万元）
东安区	市 区	15	13600
	江南乡	8	8900
	兴隆乡	10	9010
西安区	市 区	12	10600
	温春镇	12	8200
爱民区	市 区	15	11500
	北安乡	10	8900
	海浪乡	12	7800
阳明区	市 区	18	15000
	柴河镇	13	10020
	铁岭镇	12	9600
	黑山乡	9	7500

2. 实训要求

1）根据表 3.37 汇总出该企业 2011 年各季度及全年上交税金的情况。（提示：对原表格要进行必要的调整。）

2）根据表 3.38 汇总出牡丹江市所辖各区的工业企业数及其总产值。

（二）编制单项式分组表

1. 实训资料

实训资料见表 3.38。

2. 实训要求

根据表中“企业数”的资料编制单项式分组表，用以反映市辖区乡镇与企业数之间的关系。

（三）编制组距式分组表

1. 实训资料

1）见表 3.38。

2）见表 3.34。

3）见本章技能实训“二、统计分组的技能”中“（三）手工编制组距式分组表”的资料——某地有 40 个企业的生产计划完成情况（%）资料。

2. 实训要求

1）根据表 3.38 中“产值”的资料编制组距式分组表，用以反映市辖区乡镇在不同产值段上的分布状态。（其组别规定为：5 000 万元以下；5 000～10 000 万元；10 000～15 000 万元；

15 000 万元以上）

2）根据表 3.34 中“考分”的资料编制组距式分组表，用以反映该班同学的成绩分布情况。（其组别规定为 60 以下、60～70、70～80、80～90、90 以上）

3）根据这 40 个企业的生产计划完成情况（%）资料编制组距式分组表。（提示：若要从 Word 文档中把这 40 个数字按顺序粘贴到 Excel 工作表的某一列中，最好先在 Word 文档中先把每一个数字后面加一个“回车符”后再粘贴。否则，这 40 个数字只能粘贴到一个单元格中）

第四章

统计汇总

【学习目标】

通过本章的学习，要求掌握统计汇总的概念，理解统计汇总在统计工作中的地位和作用，理解统计汇总的组织形式，掌握统计汇总的步骤，掌握常用的手工汇总技术及 Excel 汇总技术。

【案例导入】

某学院食堂服务满意度调查资料汇总纪实

2011 年 12 月，某职业技术学院 10 级市场营销专业 1 班的学生受后勤集团的委托，针对该院在校生进行了为期一周的食堂服务满意度问卷调查，共发放并收回 1 200 份有效问卷。

该班委决定采用逐级汇总的组织方式，将全班 30 名学生分为 5 个调查小组，每组 6 人，每人负责 40 份问卷的调查、审核及汇总，并将汇总资料交给本组组长；由组长审核后，加总得出本组汇总资料并交给班委；班委审核各组汇总资料，加总得出全部汇总资料。

在汇总方法方面，该班委规定，对于封闭型问题的答案，编码录入后，采用 Excel 进行分类汇总，合并计算；对于开放型问题的答案，采用点线法分类汇总。

启发思考

（1）何为逐级汇总？该班委可采用集中汇总方式吗？若可，具体应怎样操作？

（2）在汇总方法的选择上，该班委的做法恰当吗？

统计汇总，是统计资料整理的重要内容。它是在统计分组的基础上，将各单位或各单位标志值归集到相应的组别，计算出各组单位数或标志值，最后再计算出单位总量或标志总量，使零星、分散的统计调查资料转化为系统综合的统计资料的工作过程。

第一节 统计汇总方式

统计汇总方式，是指按照一定的统计管理体制，将统计资料自下而上进行汇总的组织形式。常用的汇总方式有：逐级汇总、越级汇总、超级汇总。这几种汇总方式可表示为表 4.1 的操作过程。

一、逐级汇总

逐级汇总是最常用的一种汇总形式，它是根据统一的汇总要求，按照一定的领导系统自下而上地、一级一级地进行汇总，直至最高一层的汇总机构。我国现行的统计报表制度就是用这种汇总形式，同时一些专门的调查也常常采用这种形式汇总。

表 4.1　统计汇总方式的操作过程示意图

汇总级	纵向汇总方式				
	逐级汇总	越级汇总	超级汇总		
			国家级组织	省级组织	地区级组织
国　家	◎	◎	◎		
省　级	◎	◎	↑	◎	
地　级	◎	↑	↑	↑	◎
县　级	◎	◎	↑	↑	↑
乡　级	◎	↑	↑	↑	↑
村　级	↑	↑	↑	↑	↑

注："◎"表示在本级进行汇总；"↑"表示越过本级（即在本级不进行汇总）

逐级汇总的优点：①容易发现差错，便于及时更正。因为这是对直接领导的下级单位的资料进行汇总，这在平时的日常工作中已有所了解。②便于各级领导机关掌握自己管辖的全面情况。③便于调动和发挥各级统计机构（人员）的积极性。

逐级汇总的缺点：①汇总时间一般较长。由于汇总层次多，涉及到的汇总人员就多，汇总能力也高低不齐，因而容易出错，常常需要多次反复才能完成。所以，汇总时间就长，花销也大，运用不好就会影响及时性和准确性的发挥。②不适于对保密性资料的汇总。

二、越级汇总

越级汇总即在自下而上的汇总过程中，越过一定中间层次而进行的汇总。具体应越过哪一层次，应根据汇总的目的、任务和当时的具体情况而定。

越级汇总的优缺点，介于逐级汇总和超级汇总之间。

三、超级汇总

超级汇总即在自下而上的汇总过程中，越过一切中间层次，把统计资料由最基层直接报到组织调查的最高层统计机构进行汇总。对于一些时效性特别强或保密性特别强的统计调查，就需要用这种汇总方式。

超级汇总的优点：①时间短，速度快。由于减少了一切中间层次，汇总的时间就短，能提高及时性和准确性。②可减小登记性误差出现的概率。环节越少、经手的人数越少，其登记性误差出现的概率就会越小。③便于利用某级机构的汇总优势。如工具优势、人员优势等。④便于特殊资料的保密。

超级汇总的缺点：①不便于发现原始资料的差错。最高层机构对最基层的了解程度，无论如何也比不上最直接的主管部门。②不便于各级机构掌握自己所辖的全面情况。③不便于调动和发挥各级机构的积极性。

以现代信息技术为平台的联网直报，突破了这种局限，集多种优势于一体，便于提高统计工作的质量及效率，使超级汇总具有了更为广泛的适用性。联网直报对统计工作、统计人员提出了更高的要求，在我国各主要专业统计工作中，要广泛实现联网直报的目标，还需要做大量艰苦细致的工作，任重而道远。

拓展阅读

统计数据联网直报

随着现代信息技术的迅猛发展，网络化已成为我国统计改革工作中的一项重要内容。联网直报，是一种借助计算机网络和统计数据采集及处理业务系统实现企业直接上报统计报表的超级汇总方式。截至 2009 年年底，国家统计局已初步建成工业企业联网直报系统、5 000 家重点房地产企业直报系统及农村统计调查直报系统，2.5 万家大中型企业可通过工业企业联网直报系统报送统计数据。

联网直报系统设定不同的用户群及其相关属性，提供了严格的用户认证机制以及权限许可机制。不同的用户具有不同的属性和权限，可以得到不同的服务。企业经由认证中心（Certificate Authority，CA）认证，其报表可直接上报进入国家统计局数据库系统，各级统计部门根据不同的权限获取所需的统计数据。

联网直报方式使统计工作发生了显著的变化：报表的载体由纸介质报表转变为电子报表；传递手段由过去的邮递、电报、传真或人工报送转变为计算机网络传输；统计汇总方式由逐级上报、层层汇总转变为直接上报、超级汇总；数据计算方式由人工计算、检查转变为计算机程序自动计算、平衡校验。

联网直报具有直接上报、超级汇总、快捷方便、及时准确、各取所需、信息共享的特点，随着其使用范围的逐步扩大及系统功能的日益完善，必将成为未来统计工作的主流方式。

启发思考

（1）联网直报与逐级汇总有何异同？

（2）联网直报是否有可能完全取代逐级汇总？

（3）在采用联网直报的情况下，是否还需要手工汇总技术？

第二节　统计汇总技术

一、统计汇总技术概述

统计汇总技术，是指将同级单位的统计调查资料进行汇总的方法。分为手工汇总技术与计算机汇总技术。

一般情况下统计汇总工作需要按以下步骤进行。

1. 设计汇总方案

汇总方案是根据调查目的与分析要求对统计调查资料的汇总所做的计划和安排。汇总方案的设计包括内容与形式两个方面。

（1）内容设计。包括整个汇总工作的全部组织及计划安排。如汇总工作的组织领导，有关部门的配合、协调与分工，汇总的具体时间安排，汇总的组织形式与技术，资料审核的要求和方法，需汇总的指标、分组标志与分组体系，汇总资料的报送程序和发表方式等。其中以汇总指标及分组体系最为关键。

（2）形式设计。包括一整套空表（内含分组体系和汇总指标名称）与填表说明。

2. 汇总前的审核及处理

对调查取得的原始资料，主要从完整性与准确性两个方面审核。完整性审核主要是检查所调查的单位或个体有无遗漏，所有的调查项目是否填写齐全等。准确性审核主要是检查资料是否客观真实、是否计算正确，常用逻辑检查与计算检查两种方法。对于漏记、错记的数字，必须补齐、更正，一般应通知原单位进行核实并修正。

对调查取得的二手资料，应着重审核资料的适用性和时效性。调查者应弄清楚资料的来源、口径及有关的背景，以确定这些资料是否符合研究的需要，不能盲目照搬。此外，对于时效性较强的问题，要注意审核资料是否已经过时。

3. 数据录入

如果采用手工汇总，则直接进入第四步。在采用计算机汇总的条件下，数据录入的质量直接关系到整个汇总工作的成败。在手工录入的条件下，控制数据录入质量，可采用以下三种方法。

（1）重复录入法。即对每个单位的各项统计资料都重复录入两次或多次，再由计算机进行自动对照，如有不同，由录入人员进行纠正。这种方法工作量大，一般较少采用。

（2）检验平衡项目法。即在报表中设置检验指标的平衡项目，随各指标一并录入，在填报表时一起计算出来，然后命令计算机对有关指标数值进行计算并与平衡项目对照，如果两者相同，说明录入无差错；如果不同，则由录入人员查找原因并纠正。或事先将报表中的各种逻辑关系设计为计算机程序，录入时由计算机程序自动计算，平衡校验。

（3）预值控制法。即对录入的一些编码和指标数值，事先设定一定的控制范围值，当录入的数据超出范围时，计算机不予接受。

4. 归集资料并汇总

根据汇总方案中确定的分组汇总表和汇总技术，将调查资料按照组别进行归集与加总，计算出各组合计数与总的合计数。

5. 汇总后的审核

审核汇总后的资料，改正在汇总中发生的差错，一般采用以下三种方法。

（1）复算审核。即对每一个项目的数值进行重新计算，验证结果是否正确。

（2）表表审核。即对不同表格中出现的同一项目的汇总数值进行对照，确认是否相符；对有关的项目，则可利用项目之间本身存在的关系进行计算检查，如分项指标必须小于或等于总计，某项指标等于某几项指标之和等。

（3）表实审核。即利用调查者已有的经验或已有的统计、会计业务核算资料，进行对照比较，检查汇总结果是否正确。

6. 编制分组汇总表

将审核无误的汇总结果填入正式的分组汇总表。

> **想一想**
>
> 在整理过程中，汇总前后的两次审核有何异同？

二、手工汇总技术

手工汇总技术是指运用笔、纸、算盘或小型计算器作为计算工具，对统计资料进行汇总的方法。手工汇总是最原始的汇总方法，其所需工具简单、方便灵活，但费时费力，主要适用于小规模的数据汇总及无计算机条件下的数据汇总。目前常用的手工汇总技术有四种：点线法、传票法、折叠法和过录法。

1. 点线法

点线法，又称划记法，是以一个点或一条短线等符号代表一个总体单位，根据每个单位所属的组别，在汇总表相应的组别内划一个点或一条短线等记号，最后计算各组中的点或线的数目，加总算出各组的单位数与总体单位数的汇总方法。

表 4.2 某班级民主选举班长意见汇总表

班长候选人	记号（点线栏）	选票数（张）
张晨辉	正正	10
赵晶晶	正正正正正	25
李小田	正	5
合 计	—	40

点线法简便易行，但只能汇总出各组与总体的单位数，而不能汇总出各组与总体的标志总量。最常用的点线符号是“正”字，其汇总实例见表 4.2。

表 4.2 中的记号栏反映了汇总的过程，正式的分组汇总表中不设此栏，只需将汇总结果过录到正式的分组汇总表内即可。

2. 传票法

传票法，又称分票法，是将调查表或报表按照汇总项目的要求进行分类，同一类中的调查表或报表在内容结构、形式、大小上要保持一致，然后将各类调查表或报表按顺序摞好、撴齐、装订或夹住，对调查表或报表中相同位置的标志值，按页“边翻边累加”，算出标志总量，记入汇总表内的汇总方法。

传票法是基层单位最常用的一种汇总方法，主要适用于汇总标志值，也可汇总单位数，清点每类调查表或报表的份数或页数，即得出每类的单位数，加总每类的单位数即得单位总量。其优点是简便，可以根据需要灵活汇总，但在表格大，指标多的情况下，易出差错，若发生差错，需按分类查对。

3. 折叠法

折叠法是将各个调查表或报表中需要汇总的项目和数值全部折在纸的边缘上，依次叠放，露出边缘数值，按相同的指标栏次或行次对齐、压平、加总的方法，如图 4.1 所示。

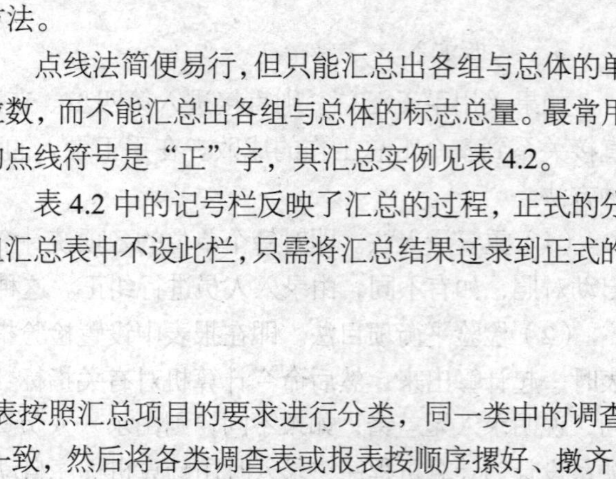

图 4.1 折叠方法

在折叠时，要注意每两行或两列数值折叠一次，因折叠线两边的数值都在边缘上，这样可节省一半的折叠工作量。

折叠法适用于汇总标志值，在指标多、表格大的情况下优于传票法。折叠法简便，无需过录，省时省力，但容易损坏原始表格，不能及时发现并改正错误，一旦出错必须再从头做起。

4. 过录法

过录法是把调查资料全部过录到预先设计的汇总表内，然后对过录后的数值加总得出合计数，再将合计数过录到正式的分组汇总表内的汇总方法。

过录法适用于标志值的汇总。在原始表格需要存档，不能有任何损坏或要求保留汇总过程资料的情况下，可考虑采用过录法。过录法的优点是汇总的项目多；能保留汇总过程资料，便于校对与计算；不会损坏原始表格。其缺点是过录工作量大，费时费力，易出现过录性错误。

统计小常识

传票法、折叠法和过录法的异同

共同点：三种方法都是用来汇总指标数值的；汇总的基本条件是一样的，都要求是“同结构”表格的汇总；实际上它们的汇总程序也是一样的。

不同点：三种方法的层次不同。传票法是最基本的方法；在此基础上，为了解决“中间数字不易马上定位”的问题则创造了折叠法；又在折叠法的基础上，为了解决留存“汇总过程资料”的问题而创造了过录法。

【例 4.1】 某年东北三省的交通运输量资料见表 4.3～表 4.5。

表 4.3 某年辽宁省交通运输量资料

	客运量（万人）	货运量（万吨）
铁路运输	12 004	19 141
公路运输	77 510	92 938
水路运输	598	9 267
合 计	90 112	121 346

资料来源：国家统计数据库.http://219.235.129.58/

表 4.4 某年吉林省交通运输量资料

	客运量（万人）	货运量（万吨）
铁路运输	5 320	7 422
公路运输	50 511	23 558
水路运输	198	125
合 计	56 029	31 105

资料来源：国家统计数据库.http://219.235.129.58/

表 4.5 某年黑龙江省交通运输量资料

	客运量（万人）	货运量（万吨）
铁路运输	10 012	17 795
公路运输	31 379	35 424
水路运输	176	757
合 计	41 567	53 976

资料来源：国家统计数据库.http://219.235.129.58/

要求用过录法汇总某年东北三省的交通运输量，其汇总过程如下。

（1）设计过录汇总表并过录数值，见表 4.6。

（2）加总，见表 4.6 中的合计栏。

（3）将过录汇总表合计栏中的数值过录到正式的分组汇总表，见表 4.7。

表 4.6 某年东北三省交通运输量资料过录汇总表

	客运量（万人）				货运量（万吨）			
	辽宁	吉林	黑龙江	合计	辽宁	吉林	黑龙江	合计
铁路运输	12 004	5 320	10 012	27 336	19 141	7 422	17 795	44 358
公路运输	77 510	50 511	31 379	159 400	92 938	23 558	35 424	151 920
水路运输	598	198	176	972	9 267	125	757	10 149
合 计	90 112	56 029	41 567	187 708	121 346	31 105	53 976	206 427

表 4.7 某年东北三省交通运输量汇总表

	客运量（万人）	货运量（万吨）
铁路运输	27 336	44 358
公路运输	159 400	151 920
水路运输	972	10 149
合 计	187 708	206 427

第三节 Excel 汇总技术

统计汇总技术，就是解决如何求和、分组求和的问题，但在实际工作中也包括如何制表等技术的问题。

统计汇总包括单位数与标志值两个方面的汇总，在 Excel 中，单位数的汇总主要表现为计数，标志值的汇总表现为求和。不管哪种汇总，常常都要形成一个新的汇总表，但这个汇总表是以软件规定的“特有形式”出现的。它不一定符合人们的习惯，更不一定符合“专业统计表格”的要求，所以，最后常常还要把这个“特有形式”的表格转化为正规统计表的形式。这种表格之间的转化，也是一种很有用的技能。

根据汇总的对象不同，又可分为表内汇总和表间汇总。

一、表内汇总

表内汇总，即在一个统计表中对某项指标的数值进行加总或求和。常用的方法有手工输入法、插入函数法、自动求和法、数据透视法等。

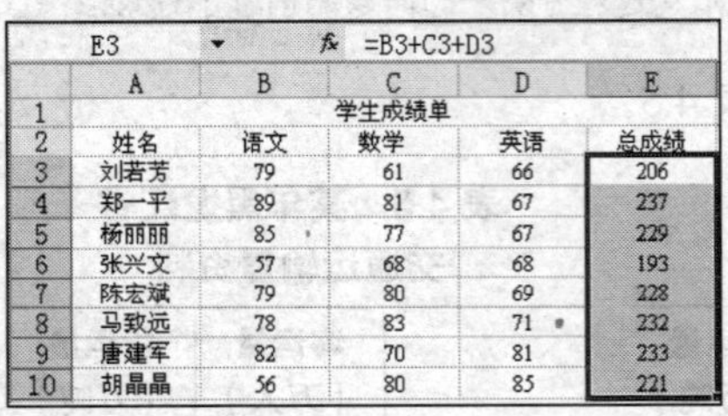

E3 fx =B3+C3+D3

	A	B	C	D	E
1	学生成绩单				
2	姓名	语文	数学	英语	总成绩
3	刘若芳	79	61	66	206
4	郑一平	89	81	67	237
5	杨丽丽	85	77	67	229
6	张兴文	57	68	68	193
7	陈宏斌	79	80	69	228
8	马致远	78	83	71	232
9	唐建军	82	70	81	233
10	胡晶晶	56	80	85	221

图 4.2 公式的相对引用

1. 手工输入法

手工输入法，即用手工输入运算式的方法进行计数或求和。它适合于运算式比较简单的情况。

【例 4.2】 如图 4.2 所示，在工作表“学生成绩单”中，利用手工输入法计算每个学生的“总成绩”，操作步骤如下。

注意

如果运算式中含有乘法、除法、乘方等运算，其运算符见表 4.8。

表 4.8 Excel 中乘法、除法、乘方和开方的运算符

运算方法	运算符	示例	运算结果
乘法	*	5*3	15
除法	/	56/7	8
乘方	^	9 ^ 2	81(= 9^2)
开方	^	81^(1/2)	9(= $\sqrt{81}$)

（1）选中目标单元格 E3。

（2）手工输入运算式。在 E3 单元格中输入“=B3+C3+D3”。或输入“=”号，单击 B3 单元格；输入“+”号，单击 C3 单元格；再输入“+”号，单击 D3 单元格。

（3）确认所录入公式。按 Enter 键（以后将其简记为↙），E3 单元格出现计算结果“206”。

（4）相同运算的填充。即复制 E3 单元格中的运算式至其他目标单元格中：再选中 E3 单元格，拖动填充柄至 E10 单元格。这时，所有人的总成绩就都计算出来了，如图 4.2 中 E 列所示。

【例 4.3】 例 4.2 也可以利用手工输入函数的办法进行汇总。

（1）选中目标单元格 E3。

（2）手工输入运算式。在 E3 单元格中输入“=SUM（B3:D3）”↙。这种方法适合于需要汇总的数字较多的情况，用“=SUM（B3:D3）”可以减少操作次数。

（3）相同运算的填充。同上。

2. 插入函数法

例 4.3 是用输入函数的办法完成的运算式。如果对于函数名称不算太熟的话，上例则可采用插入函数法的办法。

【例 4.4】 接例 4.3，用插数函数法完成计算“总成绩”的操作步骤如下。

（1）选中目标单元格 E3。

（2）用插入函数的办法输入运算式。在 E3 单元格中输入“=”；单击“插入”；单击“函数”；在“选择类别”中选择“常用函数”；在“选择函数”中选择“SUM”（如果需要统计出有多少名学生参加了考试，就需要“计数”，即数出数据的个数，则选择“count”函数）；单击“确定”；在“number1”中输入“B3:D3”↙。

（3）相同运算的填充。同上。

由例 4.2～例 4.4 可见，如果熟悉函数的名称，这种方法不如手工输入法简单。

3. 自动求和法

自动求和法，即是利用 Excel 提供的工具按钮Σ ▾自动求和的方法。该按钮不但可以快捷地调用求和功能，还能快捷地调用计数、平均值、最大值、最小值等功能函数。

【例 4.5】 见图 4.3，利用Σ ▾计算第一个学生的总成绩，操作步骤如下。

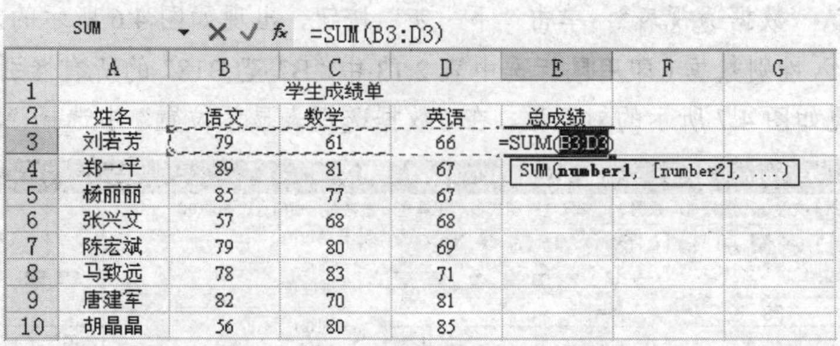

SUM ▾ ✕ ✓ fx =SUM(B3:D3)

	A	B	C	D	E	F	G
1			学生成绩单				
2	姓名	语文	数学	英语	总成绩		
3	刘若芳	79	61	66	=SUM(B3:D3)		
4	郑一平	89	81	67	SUM(number1, [number2], ...)		
5	杨丽丽	85	77	67			
6	张兴文	57	68	68			
7	陈宏斌	79	80	69			
8	马致远	78	83	71			
9	唐建军	82	70	81			
10	胡晶晶	56	80	85			

图 4.3 自动求和

（1）选中目标单元格。即要存放求和结果的单元格，如 E3。

（2）单击自动求和按钮Σ ▾。即单击常用工具栏中的Σ ▾，则 Excel 自动在单元格中插入 SUM 函数，并给出求和范围，生成相应的求和公式。

（3）按 Enter 键或单击编辑栏中的输入按钮“✓”。

如果要对单元格区域数据求计数、平均值、最大值、最小值等函数值，可选中该单元格区域，单击Σ ▾右侧的下拉按钮，在弹出的下拉菜单中选择相应的函数。选择该下拉菜单中的“其他函数”命令，还可以调出“插入函数”对话框。

技巧点滴

利用Σ ▾按钮快速求和

利用Σ ▾按钮对一个区域中的各行（列）数据快速求和，需要选中这个区域及其下方一行（右侧一列）的单元格区域，单击Σ ▾按钮，则各行（列）数据之和就分别显示在该区域的下方一行（右侧一列）中。

4. 数据透视法

数据透视法，是指运用 Excel 数据菜单中的数据透视表和图表报告选项，把原始数据整理成统计分组表的一种技术。数据透视后所形成的统计分组结果叫数据透视表，这时的数据透视表虽然在形式上还不是一个“正规的分组表”，但它已在实质上完成了分组表所需要的主要信息，只要再稍加整理就可以了。

下面例 4.6～例 4.9 以表 2.13 中的性别资料为例，用统计其中的男、女生人数来说明数据透视法的运用（实际上就是品质分组表的整理过程）。

在汇总之前，应做好必要的资料准备。即应首先录入或复制表 2.13 的资料，如果这一资料的形式不能满足汇总的要求还必须进行调整（其调整的方法见第三章第三节中“特殊表格形式的调整”部分）。下面具体说明数据透视法的运用。

【例 4.6】 品质分组表的编制的步骤如下。

（1）确定存放数据透视表的位置。选中原始数据区域外任一个单元格（数据透视表的左上角第一个单元格）。一般来说，与原始数据接近一点为好，以便于操作。

（2）按数据透视表的向导进行操作以完成“数据透视表”。单击图 4.4 所示菜单栏中的“数据”菜单项，打开下拉菜单，单击“数据透视表和图表报告”，出现如图 4.5 所示对话框；在“请指定待分析数据的数据源类型”中默认“Microsoft Excel 数据清单或数据库”；在“所需创建的报表类型”中默认“数据透视表”；单击“下一步”按钮，出现如图 4.6 所示的对话框。在图 4.6“选定区域”中导入性别数据（即用鼠标选中表 2.13 中“B2 至 B18”的所有性别数据）；单击“下一步”按钮，出现如图 4.7 所示的对话框。在“数据透视表显示位置”中选择“现有工作表”（如

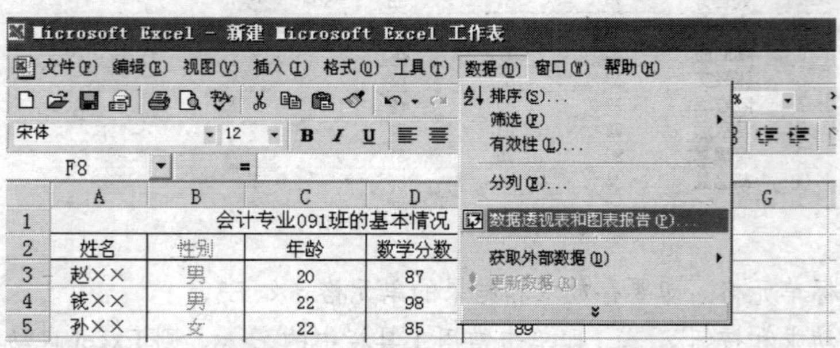

图 4.4 数据透视表的第 1 步

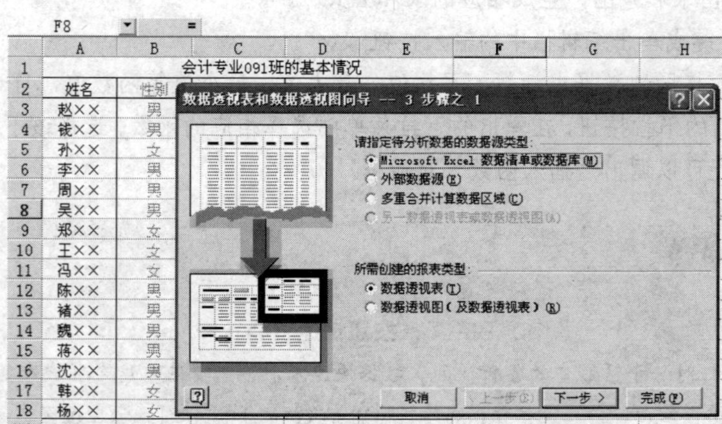

图 4.5 数据透视表的第 2 步

果想要把将来形成的数据透视表与原始数据分开，则也可以选择“新建工作表”)；单击“版式”按钮，出现如图 4.8 所示的对话框。图 4.8 中的主体部分（即标为“行”、“列”、“数据”的方框），就是将来要形成的数据透视表的版式，版式中右边的“性别”按钮，是个活动按钮，拖动“性别”按钮到版式中“行”的位置；再拖动“性别”按钮到版式中“数据”的位置；单击“确定”按钮，出现一个新的对话框；回到图 4.7 所示对话框，单击“完成”按钮即可。其结果如表 4.9 所示。

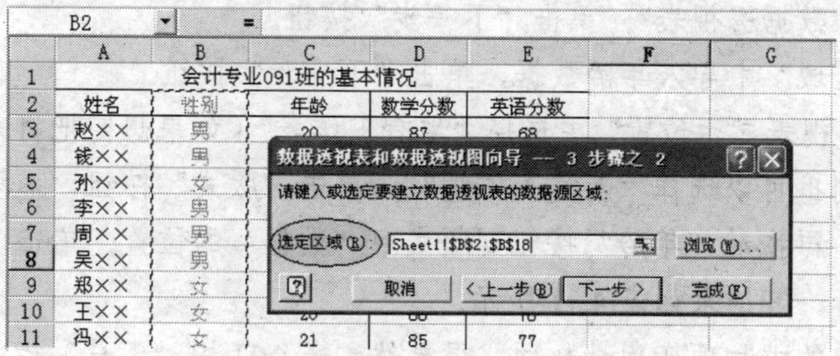

图 4.6　数据透视表的第 3 步

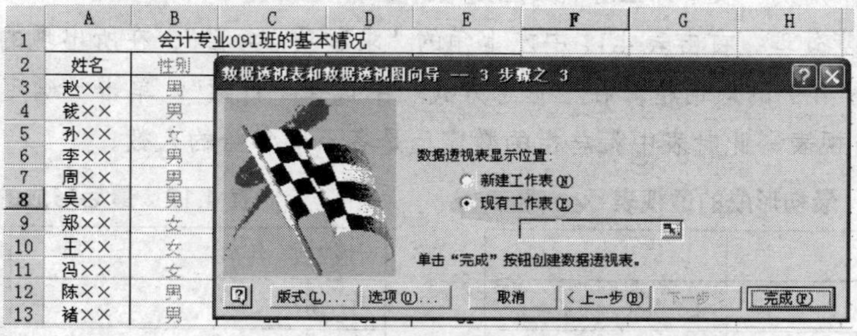

图 4.7　数据透视表的第 4 步

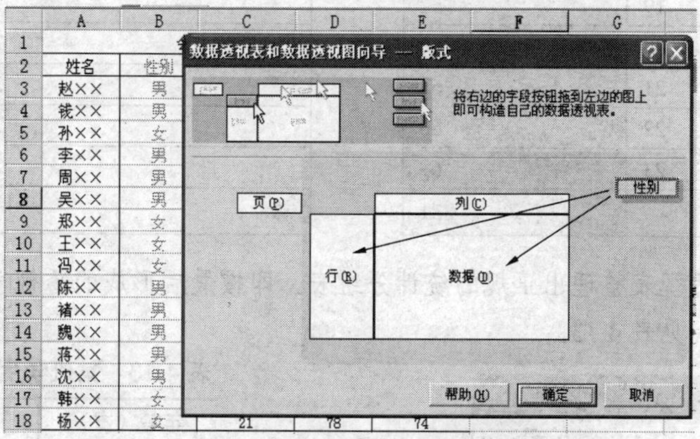

图 4.8　数据透视表的第 5 步

（3）根据数据透视表整理出正规的统计分组表。数据透视表不光在形式上不好看（见表 4.9），有时非专业人员也不一定能看懂，所以还需要进一步整理出一个规范的统计表形式（见表 4.10）。

表 4.9　数据透视表的完成形式

计数项：性别	
性　别	汇　总
男	10
女	6
总　计	16

表 4.10　某班学生的性别情况

性　别	人　数
男	10
女	6
合　计	16

【例 4.7】 单项式分组表的编制（以表 2.13 统计各年龄的人数为例，说明单项式分组表的整理过程。但实际上，其操作过程都与品质分组表的整理过程相同，只是所形成的数据透视表的形式稍有不同而已）。其操作步骤如下。

（1）确定好透视表将来的位置；单击“数据”菜单，单击“数据透视表和图表报告”，在“请指定待分析数据的数据源类型”中默认“Microsoft Excel 数据清单或数据库”；在“所需创建的报表类型”中默认“数据透视表”；单击“下一步”按钮。

（2）在“选定区域”中导入年龄数据，单击“下一步”按钮。

（3）在“数据透视表显示位置”中选择“现有工作表”（如果想要把将来形成的数据透视表与原始数据分开，则也可以选择“新建工作表”）；单击“版式”按钮，拖动“年龄”按钮到版式中“行”的位置；再拖动“年龄”按钮到版式中“数据”的位置；单击“确定”按钮，再单击“完成”按钮即可。其结果如表 4.11 所示。

（4）把透视表中的求和项变为计数项。很显然，表 4.11 中“汇总”栏的数字，是把年龄数加了起来，这是不对的。表中“汇总”数应是“计数项”，即与各个年龄相对应的人数相加才对。所以，需要进一步处理。右击表 4.11 中左上角的“求和项：年龄”；在所出现的菜单中选择“字段设置”，出现图 4.9 的对话框；在“汇总方式”中选择“计数”；单击“确定”按钮即可形成表 4.12 的数据透视表。此时表中汇总栏的数字已是各不同年龄的人数。

表 4.11 最初形成的透视表

求和项：年龄	
年 龄	汇 总
18	36
19	57
20	40
21	63
22	66
23	69
总 计	331

表 4.12 最后形成的透视表

计数项：年龄	
年 龄	汇 总
18	2
19	3
20	2
21	3
22	3
23	3
总 计	16

（5）根据数据透视表整理出正规的统计分组表。即按最后形成的透视表 4.12，再整理成正规的单项式分组表，见表 4.13。

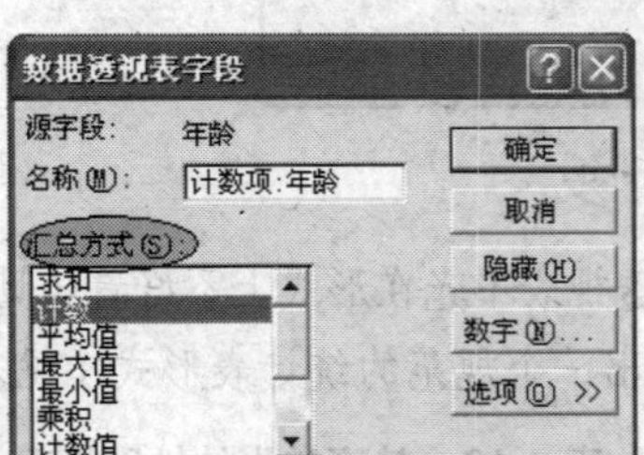

图 4.9 把求和项调整为计数项

表 4.13 某班学生年龄分布表

年龄（岁）	人 数
18	2
19	3
20	2
21	3
22	3
23	3
总 计	16

【例 4.8】 双向分组表的编制，以表 2.13 为例，要求分组表左侧的组别按年龄分组，上端的组别按性别分组编制双向分组表。方法同上，只有在做“版式”布局时略有不同：先把活动

按钮“年龄”拖到“行”的位置，再把“性别”按钮拖到“列”的位置，最后再把“性别”按钮（或“姓名”按钮）拖到“数据”的位置；单击“确定”按钮。这时，所形成的透视表见表4.14。再根据透视表整理出的正规统计表见表4.15。

表 4.14 双向分组的透视表

计数项：性别	性 别		
年龄（岁）	男	女	总计
18	1	1	2
19	3		3
20	1	1	2
21		3	3
22	2	1	3
23	3		3
总 计	10	6	16

表 4.15 某班学生的年龄与性别分布情况

性别 年龄（岁）	男	女	总 计
18	1	1	2
19	3	—	3
20	1	1	2
21	—	3	3
22	2	1	3
23	3	—	3
总 计	10	6	16

【例 4.9】 复合分组表的编制，以表 2.13 为例，要求分组表左侧的组别按两个分组标志作复合分组，即先按性别分组，在此基础上再按年龄分组。方法同上，也只有在做“版式”布局时略有不同：先把活动按钮“性别”拖到“行”的位置，再把“年龄”按钮也拖到“行”的位置，最后再把“性别”按钮（或“姓名”按钮）拖到“数据”的位置；单击“确定”按钮。这时，所形成的透视表见表 4.16。再根据透视表整理出的正规统计表见表 4.17。

表 4.16 复合分组的透视表

计数项：性别		
性 别	年龄（岁）	汇 总
男	18	1
	19	3
	20	1
	22	2
	23	3
男 汇总		10
女	18	1
	20	1
	21	3
	22	1
女 汇总		6
总 计		16

表 4.17 某班学生的年龄与性别分布情况

按性别与年龄分组		人 数（人）
男	18 岁	1
	19 岁	3
	20 岁	1
	22 岁	2
	23 岁	3
	小 计	10
女	18 岁	1
	20 岁	1
	21 岁	3
	22 岁	1
	小 计	6
总 计		16

二、表间汇总

表间汇总是指对多个统计表中的数据进行汇总。在统计汇总中大量使用的是按位置汇总，即对每一个统计表中处于相同位置的数据进行汇总，适用于汇总结构布局完全相同的统计表中的数据。采用 Excel 汇总时，原则上一张统计表匹配一个工作表，这样能保证逻辑清晰，不重不漏，只有在统计表篇幅很小且张数很少的情况下，从方便操作的角度出发，可考虑几张统计表匹配一个工作表。所以，根据统计表是否在同一个工作表中，又分为同一工作表内的表间汇总与不同工作表的表间汇总两种情况，下面举例说明。

【例 4.10】 同一工作表内的表间汇总步骤如下。

（1）数据录入。将需要汇总的多个统计表按一定顺序录入到一个工作表内，如图 4.10 中所示的表 1、表 2。

（2）设计一个结构相同的汇总表。如图 4.10 所示的表 3（此时应为空表）。

（3）汇总。选中图 4.10 中的 B17 单元格，输入公式 “=SUM（B3,B10）” ↙，此时 B17 单元格中显示汇总值“115”；再选中 B17 单元格，拖动填充柄向下至 B20 单元格；再选中 B17:B20 单元格区域，拖动填充柄向右至 D20 单元格，其汇总结果如图 4.10 中的表 3 所示。

【例 4.11】 利用公式在不同工作表的表间汇总的具体操作步骤如下。

（1）数据录入。将需要汇总的各统计表分别录入到不同的工作表中，例如，将图 4.10 中所示的表 1 录入到 Sheet1 中，表 2 录入到 Sheet2 中。

（2）设计汇总表。在工作表 Sheet3 中设计一个结构布局与表 1 相同的汇总表。

（3）汇总。选中 Sheet3 中 B3 单元格，输入 “=SUM（Sheet1!B3,Sheet2!B3）↙”（公式中的工作表标签及单元格名称也可用鼠标录入），此时，Sheet3 中的 B3 单元格显示汇总值 “115”，如图 4.11 所示；再选中 Sheet3 中的 B3 单元格，拖动填充柄至 B6 单元格；最后选中 B3:B6 单元格区域，拖动填充柄至 D6 单元格，汇总结果如图 4.11 所示。

B17 fx =SUM(B3, B10)

	A	B	C	D
1	表1 2009年甲市卫生机构、床位与人员情况报表			
2		卫生机构（个）	床位数（张）	人员数（人）
3	综合医院	63	15392	24789
4	中医医院	38	4200	7238
5	其　他	19	3930	5707
6	合　计	120	23522	37734
7				
8	表2 2009年乙市卫生机构、床位与人员情况报表			
9		卫生机构（个）	床位数（张）	人员数（人）
10	综合医院	52	12700	19431
11	中医医院	40	4813	7396
12	其　他	25	5358	6532
13	合　计	117	22871	33359
14				
15	表3 2009年甲乙两市卫生机构、床位与人员情况汇总表			
16		卫生机构（个）	床位数（张）	人员数（人）
17	综合医院	115	28092	44220
18	中医医院	78	9013	14634
19	其　他	44	9288	12239
20	合　计	237	46393	71093

图 4.10　同一工作表内的表间汇总

B3 fx =SUM(Sheet1!B3, Sheet2!B3)

	A	B	C	D
1	表3 2009年甲乙两市卫生机构、床位与人员情况汇总表			
2		卫生机构（个）	床位数（张）	人员数（人）
3	综合医院	115	28092	44220
4	中医医院	78	9013	14634
5	其　他	44	9288	12239
6	合　计	237	46393	71093

图 4.11　不同工作表的表间汇总

复习思考题

1. 什么是统计汇总？它在统计整理中有何作用？
2. 常用的统计汇总组织形式有哪几种？各有何特点？

3. 统计汇总有哪些步骤?
4. 怎样进行汇总前后的审核?
5. 在计算机汇总（手工录入）的情况下，怎样控制数据录入的质量?
6. 常用的手工汇总技术有哪几种? 它们的适用范围分别是什么?
7. 统计汇总中最常用的函数是 SUM，怎样利用 SUM 函数进行汇总?
8. 什么是表内汇总? 怎样利用“数据”菜单对数据进行分类汇总?
9. 什么是表间汇总? 怎样利用“数据”菜单对数据进行表间汇总?

技能实训

【技能目标】

能够分清统计汇总方式。

熟练掌握手工汇总技术及 Excel 汇总技术。

一、报表汇总的技能

1. 实训目的

1）熟练掌握传票法、折叠法及过录法等手工汇总技术。

2）熟练掌握 Excel 汇总技术。

2. 实训材料

兴隆村共有甲乙丙三个组，2011 年各组的农业生产情况见表 4.18～表 4.20。

表 4.18　2011 年兴隆村甲组的农业生产情况

项　目	投工量（工日）	生产费用（元）	总产值（元）	
			按 2000 年不变价计算	按现价计算
一、种植业	23 154	1 290 178	3 040 804	3 682 680
1. 粮食作物	15 868	879 402	1 839 470	2 227 760
2. 经济作物	5 580	290 678	895 790	1 084 880
3. 其他农作物	1 706	120 098	305 544	370 040
二、林业	524	34 200	26 423	32 000
三、畜牧业	750	132 270	319 333	386 740
四、渔业	5 600	126 934	427 203	517 380
五、其他农业	840	76 500	176 205	213 400
合　计	30 868	1 660 082	3 989 968	4 832 200

表 4.19　2011 年兴隆村乙组的农业生产情况

项　　目	投工量（工日）	生产费用（元）	总产值（元）	
			按 2000 年不变价计算	按现价计算
一、种植业	19 155	1 191 800	3 132 606	3 793 860
1. 粮食作物	13 768	834 327	1 811 463	2 193 840
2. 经济作物	4 320	242 387	1 021 875	1 237 580
3. 其他农作物	1 067	115 086	299 268	362 440
二、林业	438	28 000	26 117	31 630
三、畜牧业	640	121 760	313 660	379 870
四、渔业	730	72 280	187 988	227 670
五、其他农业	7 600	110 932	435 501	527 430
合　　计	28 563	1 524 772	4 095 872	4 960 460

表 4.20　2011 年兴隆村丙组的农业生产情况

项　　目	投工量（工日）	生产费用（元）	总产值（元）	
			按 2000 年不变价计算	按现价计算
一、种植业	24 912	1 340 876	3 090 875	3 743 320
1. 粮食作物	16 458	890 412	1 856 076	2 247 870
2. 经济作物	6 376	310 343	912 188	1 104 740
3. 其他农作物	2 078	140 121	322 611	390 710
二、林业	643	42 178	45 224	54 770
三、畜牧业	884	153 168	346 069	419 120
四、渔业	966	94 500	198 070	239 880
五、其他农业	5 933	144 847	444 097	537 840
合　　计	33 338	1 775 569	4 124 335	4 994 930

3. 实训要求

1）分别用传票法、折叠法、过录法汇总出“2011 年兴隆村农业生产情况统计表”；

2）利用 Excel 汇总出“2011 年兴隆村农业生产情况统计表”。

4. 简略答案

1）手工汇总操作步骤：①实训准备。按表 4.18 至表 4.20 所示资料，手工制作结构、大小都相同的三张纸质统计表。②设计汇总表。对于传票法与折叠法，要设计存放汇总结果的空表（格式同原表）；对于过录法，则除了要设计存放汇总结果的空表外，还要设计过录汇总表（略）。③汇总。汇总结果见表 4.21。

表 4.21　2011 年兴隆村农业生产情况统计表

项　　目	投工量（工日）	生产费用（元）	总产值（元）	
			按 2000 年不变价计算	按现价计算
一、种植业	67 221	3 822 854	9 264 285	11 219 860
1. 粮食作物	46 094	2 604 141	5 507 009	6 669 470
2. 经济作物	16 276	843 408	2 829 853	3 427 200

续表

项　　目	投工量（工日）	生产费用（元）	总产值（元）	
			按2000年不变价计算	按现价计算
3. 其他农作物	4 851	375 305	927 423	1 123 190
二、林业	1 605	104 378	97 763	118 400
三、畜牧业	2 274	407 198	979 062	1 185 730
四、渔业	7 296	293 714	813 261	984 930
五、其他农业	14 373	332 279	1 055 803	1 278 670
合　　计	92 769	4 960 423	12 210 175	14 787 590

传票法。将三张统计表按顺序摆好、撴齐、装订或夹住，左手翻页，右手累加三张表中相同位置的数值，并将结果填在汇总表中相同的位置。

折叠法。将三张统计表相同行（或列）的数字折叠在边缘，对准位置，依次叠放，压平，加总三张表中相同位置的数值，并将结果填在汇总表中相同的位置。

过录法。将三张统计表中的资料抄录到过录汇总表中的相应位置，计算合计数，并将合计数过录到正式汇总表。

2）Excel 汇总步骤。①实训准备。分别将表 4.18 至表 4.20 所示的资料录入到三个不同的工作表 Sheet1、Sheet2、Sheet3 中。②设计汇总表。在新建的工作表 Sheet4 中，设计一个格式同原表的汇总表。③汇总。汇总结果见表 4.21。

利用公式汇总。在第一个目标单元格中输入相应的公式，按 Enter 键，再选中第一个目标单元格，拖动填充柄至其他目标单元格。

利用“合并计算”汇总。选中第一个目标单元格，在“数据”菜单中选择“合并计算”选项，在弹出的“合并计算”对话框中进行相应的设置后，单击“确定”铵钮。

二、数据透视的技能

（一）利用 Excel 编制单标志分组表

1. 实训材料

某企业技术人员的有关情况见表 4.22。

表 4.22　某企业技术人员的有关情况

编号	姓名	性别	技术职务	年龄（岁）	当前年薪(元)
1	×××	男	高级工程师	39	45 000
2	×××	男	工程师	33	35 000
3	×　×	女	工程师	35	21 450
4	×××	女	高级工程师	44	45 000
5	×××	男	工程师	36	21 900
6	×　×	男	技术员	33	28 000
7	×××	女	工程师	35	36 000
8	×××	女	技术员	25	21 900
9	×　×	男	高级工程师	45	40 000
10	×××	男	技术员	35	24 000

2. 实训要求

1）根据表中的性别资料和技术职务资料，利用 Excel 分别编制品质分组表。

2）根据表中的年龄资料，利用 Excel 编制一个单项式分组表。

3）根据表中的当前年薪资料，利用 Excel 编制一个组距式分组表（组别为 20 000 ～ 30 000 、30 000 ～ 40 000 、

40 000～50 000）。

（二）利用 Excel 编制单项式分组表

1. 实训材料

某车间的 27 名工人看管机器台数分别为：3、4、4、2、4、3、4、3、5、4、2、4、3、4、5、3、2、4、3、2、6、4、4、2、2、3、4。

2. 实训要求

按工人看管机器的台数利用 Excel 进行分组，并编制单项式分组表。

（三）利用 Excel 编制组距式分组表

1. 实训材料

某班 44 名学生的会计上岗证考试成绩见表 3.34。

2. 实训要求

利用 Excel 将该班同学按考试成绩进行组距式分组，并计算各组学生人数、比率。

（四）利用 Excel 编制品质分组表和组距式分组表

1. 实训材料

某年某市有 28 家工业企业，其相关资料见表 4.23。

表 4.23 某市 28 家工业企业基本情况

企业编号	经济类型	企业规模	职工人数	全年总产值（万元）	企业编号	经济类型	企业规模	职工人数	全年总产值（万元）
1	国有	中	3 200	3 500	15	集体	小	130	94
2	国有	中	8 500	11 000	16	国有	中	900	2 100
3	国有	中	2 400	2 200	17	个体	中	1 500	2 300
4	国有	小	300	200	18	集体	小	270	300
5	国有	中	800	740	19	集体	大	4 600	38 000
6	国有	小	160	120	20	国有	小	460	220
7	集体	小	80	35	21	国有	大	5 600	30 000
8	集体	小	65	30	22	国有	大	4 700	28 000
9	集体	小	120	80	23	集体	小	300	350
10	个体	小	20	12	24	集体	小	280	300
11	个体	小	28	17	25	集体	小	160	200
12	国有	中	1 000	1 200	26	集体	小	200	170
13	集体	中	1 800	2 000	27	集体	小	140	97
14	集体	小	400	250	28	国有	小	90	100

2. 实训要求

1）利用 Excel 分别按经济类型情况编制品质分组表和按企业规模情况编制品质分组表。

2）利用 Excel 按职工人数情况编制组距式分组表。（组别为：500 以下；500～5 000；5 000 以上）

3）利用 Excel 按总产值情况编制组距式分组表。（组别为：50 以下；50～100；100～1 000；1 000～1 0000；10 000 以上）

3. 简略答案

1）答案（略）。　　2）见表 4.24。　　3）见表 4.25。

表 4.24　企业人数的分布情况

职工人数	分隔点	企业数（个）	比重（%）
500 以下	499	17	60.714 285 7
500～5 000	4 999	9	32.142 857 1
5 000 以上		2	7.142 857 14
合　计	—	28	100

表 4.25　企业年产值的分布情况

全年总产值（万元）	分隔点	企业数（个）	比重（%）
50 以下	49	4	14.285 714 3
50～100	99	3	10.714 285 7
100～1 000	999	11	39.285 714 3
1 000～10 000	9 999	6	21.428 571 4
10 000 以上		4	14.285 714 3
合　计	—	28	100

注：表 4.24 和表 4.25 都不是标准的统计表，而是微机整理的数据透视表；最高一组的分隔点数值可以不注明，它表示“上限不限定”。

（五）编制多标志分组表

1. 实训材料

某年某市有 28 家工业企业，其相关资料见表 4.23。

2. 实训要求

1）根据表 4.23 的资料，按经济类型和企业规模进行平行分组，并计算各组的企业数、职工人数和总产值。（提示：数据透视法不能做平行分组，需要做两个单标志分组，再合到一起成为一个平行分组表）

2）根据表 4.23 的资料，以经济类型为主要分组标志、以企业规模为次要分组标志进行复合分组，并计算各组的企业数、职工人数和总产值。

3）根据表 4.23 的资料，以经济类型为行标目、以企业规模为列标目进行双向分组，分别对企业数、职工人数和总产值进行汇总。

4）根据表 4.23 的资料，以经济类型为行标目、以企业规模为列标目进行双向分组，同时对职工人数和总产值进行汇总。

3. 简略答案

1）按经济类型分组的透视表见表 4.26，按企业规模分组的透视表见表 4.27，最后合成的正规统计表见表 4.28。

表 4.26 透视表（平行分组表 1）

经济类型	数 据	汇 总
个 体	计数项：企业规模	3
	求和项：职工人数	1 548
	求和项：全年总产值	2 329
国 有	计数项：企业规模	12
	求和项：职工人数	28 110
	求和项：全年总产值	79 380
集 体	计数项：企业规模	13
	求和项：职工人数	8 545
	求和项：全年总产值	41 906
计数项：企业规模汇总		28
求和项：职工人数汇总		38 203
求和项：全年总产值汇总		123 615

表 4.27 透视表（平行分组表 2）

企业规模	数 据	汇 总
大	计数项：企业编号	3
	求和项：职工人数	14 900
	求和项：全年总产值	96 000
小	计数项：企业编号	17
	求和项：职工人数	3 203
	求和项：全年总产值	2 575
中	计数项：企业编号	8
	求和项：职工人数	20 100
	求和项：全年总产值	25 040
	计数项：企业编号汇总	28
	求和项：职工人数汇总	38 203
	求和项：全年总产值汇总	123 615

表 4.28 某市工业企业基本情况（平行分组）

		企业数（个）	职工人数（人）	总产值（万元）
经济类型	国有企业	12	28 110	79 380
	集体企业	13	8 545	41 906
	个体企业	3	1 548	2 329
企业规模	大 型	3	14 900	96 000
	中 型	8	20 100	25 040
	小 型	17	14 900	2 575
合 计		28	38 203	123 615

2）透视表见表 4.29，整理出来的正规统计表见表 4.30。

可见，表 4.29 内容，若是非专业人员是很难看懂的，所以必须整理出正规的统计表，见表 4.30。

表 4.29 透视表（复合分组表）

经济类型	企业规模	数 据	汇 总
个 体	小	计数项：企业编号	2
		求和项：职工人数	48
		求和项：全年总产值	29
	中	计数项：企业编号	1
		求和项：职工人数	1 500
		求和项：全年总产值	2 300
个体 计数项：企业编号			3
个体 求和项：职工人数			1 548
个体 求和项：全年总产值			2 329
国 有	大	计数项：企业编号	2
		求和项：职工人数	10 300
		求和项：全年总产值	58 000
	小	计数项：企业编号	4
		求和项：职工人数	1 010
		求和项：全年总产值	640
	中	计数项：企业编号	6
		求和项：职工人数	16 800
		求和项：全年总产值	20 740
国有 计数项：企业编号			12
国有 求和项：职工人数			28 110
国有 求和项：全年总产值			79 380
集 体	大	计数项：企业编号	1
		求和项：职工人数	4 600
		求和项：全年总产值	38 000
	小	计数项：企业编号	11
		求和项：职工人数	2 145
		求和项：全年总产值	1 906
	中	计数项：企业编号	1
		求和项：职工人数	1 800
		求和项：全年总产值	2 000
集体 计数项：企业编号			13
集体 求和项：职工人数			8 545
集体 求和项：全年总产值			41 906
计数项：企业编号汇总			28
求和项：职工人数汇总			38 203
求和项：全年总产值汇总			123 615

表 4.30 某市工业企业基本情况（复合分组）

	企业数（个）	职工人数（人）	总产值（万元）
国有企业	12	28 110	79 380
#大型	2	10 300	58 000
中型	6	16 800	20 740
小型	4	1 010	640
集体企业	13	8 545	41 906
#大型	1	4 600	38 000
中型	1	1 800	2 000
小型	11	2 145	1 906
个体企业	3	1 548	2 329
#大型	—	—	—
中型	1	1 500	2 300
小型	2	48	29
合 计	28	38 203	123 615

3）对职工人数进行汇总的双向分组表见表 4.31 和表 4.32。（对企业数和总产值进行汇总的双向分组表，略）

表 4.31 透视表（双向分组）

求和项：职工人数	企业规模			
经济类型	大	小	中	总 计
个 体		48	1 500	1 548
国 有	10 300	1 010	16 800	28 110
集 体	4 600	2 145	1 800	8 545
总 计	14 900	3 203	20 100	38 203

表 4.32 某市职工的分布情况

经 济 类 型	企业规模			总 计
	大型	中型	小型	
国 有	10 300	16 800	1 010	28 110
集 体	4 600	1 800	2 145	8 545
个 体	—	1 500	48	1 548
总 计	14 900	20 100	3 203	38 203

4）对职工人数和全年总产值进行汇总的双向分组表见表 4.33 和表 4.34。

表 4.33 透视表（双向分组）

		企业规模			
经济类型	数 据	大	小	中	总 计
个 体	求和项:职工人数		48	1 500	1 548
	求和项:全年总产值		29	2 300	2 329
国 有	求和项:职工人数	10 300	1 010	16 800	28 110
	求和项:全年总产值	58 000	640	20 740	79 380
集 体	求和项:职工人数	4 600	2 145	1 800	8 545
	求和项:全年总产值	38 000	1 906	2 000	41 906
求和项:职工人数汇总		14 900	3 203	20 100	38 203
求和项:全年总产值汇总		96 000	2 575	25 040	123 615

表 4.34 某市职工和总产值的情况

经济类型	大 型		中 型		小 型		总 计	
	职工数（人）	全年总产值（万元）	职工数（人）	全年总产值（万元）	职工数（人）	全年总产值（万元）	职工数（人）	全年总产值（万元）
国有	10 300	58 000	16 800	20 740	1 010	1 010	28 110	2 329
集体	4 600	38 000	1 800	2 000	2 145	1 906	8 545	41 906
个体	—	—	1 500	2 300	48	29	1 548	2 329
总 计	14 900	96 000	20 100	25 040	3 203	2 575	38 203	123 615

三、综合实训

1. 实训目的

学习综合运用问卷设计、分组、编码、汇总、编制频数分布表等多种统计技术。

2. 实训材料

针对同学们普遍关心的某类问题或事件，在全校范围内进行问卷调查，运用手工汇总技术与 Excel 汇总技术汇总调查资料。

3. 实训要求

1）设计一份调查问卷。要求既有封闭型问题，也有开放型问题。

2）设计封闭型问题答案编码。要求用层次码。

3）设计汇总的组织形式。可用逐级汇总，也可用集中汇总。

4）审核调查资料。主要是从完整性与准确性方面进行审核。

5）汇总封闭型问题答案频数。录入每份问卷备选答案编码（可采用重复录入法和预值控制法），利用“数据”菜单中的“排序”、“分类汇总”、“合并计算”等选项进行汇总，并编制频数分布表。

6）汇总开放型问题答案频数。将各题答案分类，用点线法汇总每类答案的频数，并编制频数分布表。

7）审核汇总资料。将汇总数据与问卷份数比对，将不同学生重复录入汇总的数据进行比对。

第五章

统计表

【学习目标】

通过本章的学习，要求理解统计表的概念、作用与特点，掌握统计表的构成与种类，熟练掌握统计表的制表规则，能够设计和运用统计表，掌握 Excel 制表技术。

【案例导入】

从恩格尔系数看我国城乡居民生活水平

恩格尔系数是食品支出与总消费支出的比率，常用于衡量一个国家、一个地区乃至一个家庭的贫困或富裕程度。恩格尔系数越大，表明越贫困；反之，则越富裕。近十年来我国城乡居民的恩格尔系数见表 5.1。

表 5.1　我国城乡居民恩格尔系数　　单位：%

项目＼年份	1998	1999	2000	2001	2002	2003	2004	2005	2006	2007	2008	2009	2010
城镇居民	44.7	42.1	39.4	38.2	37.7	37.1	37.7	36.7	35.8	36.3	37.9	36.5	35.7
农村居民	53.4	52.6	49.1	47.7	46.2	45.6	47.2	45.5	43.0	43.1	43.7	41.0	41.1

资料来源：国家统计数据库. http://219.235.129.58/

从表 5.1 可以看出，十多年来，我国城乡居民恩格尔系数总体上呈下降趋势，这表明我国城乡居民的生活水平不断提高，但农村居民恩格尔系数高于同期城镇居民恩格尔系数，这表明城镇居民的生活水平明显高于农村居民的生活水平，城乡差距依然存在。

启发思考

（1）统计表的外观形式有何特点?

（2）从外观形式上看，统计表一般由哪几个部分构成?

（3）统计表在表达数据资料时有哪些显著的优点?

（4）怎样设计美观实用的统计表?

统计表，是用纵横线条交叉所形成的表格，是用来表现统计资料的一种形式。统计表是统计数据与表格形式的有机结合，相比较文字叙述及图形表达，统计表具有如下突出的优点：①简明扼要，比文字叙述更清晰明了，节省篇幅。②是统计图示的基础，比图形表达更为明细。③能合理、科学地组织统计资料，使其规律外在化，便于计算与比较分析，发现问题，了解现象或过程的内在联系。④能够有条理、有系统地组织和安排大量的统计资料，能装订成册，便于存档保管和系统地积累资料。

第一节　统计表的形式与构成

一、统计表的一般形式

统计表一般为开栏式表格，即左右两侧不封口，上下两端画粗一些的实线，表内各行除标题行与合计行必须以细实线区分外，其他行间的细实线可以省略，表内各栏目之间用细实线隔开，表体为比例协调的长方形。

统计表一般由表头、表体和表脚三个部分构成，见表 5.2。

表 5.2　2008 年我国土地状况（←总标题）　　←表头

按用途特征分类	面积（万公顷）	比重（%）	
耕　地	12 172	12.68	←列标题
森　林	17 491	18.22	指标数值
内陆水域面积	1 747	1.82	表体
草　地	40 000	41.67	
#可利用草地	31 333	32.64	
其　他	24 590	25.61	
合　计	96 000	100.00	

行标题

资料来源：国家统计数据库.http://219.235.129.58/　　←表脚

表头是指在表体之上的部分，一般包括表号、总标题、计量单位、填报单位及资料所属的时间等。

表体是指处于上下两端的粗实线内的部分，是统计表的主体部分，包括行与列标题名称和指标数值。

表脚是指在表体之下的部分，一般包括填表说明及必要的指标解释、资料来源、负责人、填表人、审核人、填报日期等。

二、统计表的构成

1. *形式构成*

从外表形式上看，统计表主要由总标题、行标题与列标题、格线、指标数值四个部分构成，见表 5.2。

（1）总标题。总标题是统计表的名称，用以概括说明统计表的内容。它是表头中最重要的内容，一般位于表体上方正中央的位置。

（2）行标题和列标题。在统计表中，行标题通常用以表示各组的名称，它代表统计表所要说明的对象，位于表体左侧。列标题通常用以表示统计指标的名称，位于表体上端。

（3）格线。格线包括横线和纵线。两条相邻横线中间的区域称为横行（或行），两条相邻纵线中间的区域称为纵栏（或列）。

（4）指标数值。指标数值是统计工作的直接成果，位于各行标题与列标题的交叉处，其含义由行标题与列标题共同说明。

2. 内容构成

从内容看，统计表主要由分组体系和指标体系所构成。

（1）分组体系。分组体系即由分组标志及其组别所构成，用来确定指标的承载体。在统计表中，分组体系可位于表格的左侧，也可位于表格的上端，但在单向分组表中一般位于统计表的左侧，俗称统计表的组别，见表 5.2 第一列。

（2）指标体系。指标体系即由指标名称及其指标数值所构成，用来确定表格中数字的内容。实际上，它们才是统计表的中心内容或实质性内容，见表 5.2 中第二列与第三列。

第二节 统计表的种类

统计表按其不同特点，可以分成不同的种类。

一、空表和实表

空表是指没有填写指标数值的统计表，见表 5.3。一般而言，空表是在调查之前根据调查目的、要求及调查对象的特点设计出来的，是调查方案的核心组成部分，对统计工作起指导规范的作用。

表 5.3 主要林产品产、销、存情况统计表

综合机关名称：　　　　　　　　　　　20 年 月

产品名称	计量单位	代码	月初库存量	本月生产量	累计生产量	本月销售量	累计销售量	月末库存量
甲	乙	丙	（1）	（2）	（3）	（4）	（5）	（6）
一、木材	m^3	01						
二、竹材	根	02						
三、锯材	m^3	03						
四、木片	实积 m^3	04						
五、人造板	m^3	05						
#1. 胶合板	m^3	06						
2. 木质纤维板	m^3	07						
#中密度纤维板	m^3	08						
3. 刨花板	m^3	09						
六、松香	吨	10						
七、栲胶	吨	11						
八、紫胶	吨	12						
九、木地板	m^2	13						
合计	—	—						

单位负责人：　　　　统计负责人：　　　　填表人：　　　　报出日期：　　年　月　日

说明： 1）以吨为单位的指标取整数，其余指标保留两位小数。

2）表中关系式有（6）=（1）+（2）-（4）；05≥06+07+09；07≥08。

3）累计生产量=上月累计生产量+本月生产量；累计销售量=上月累计销售量+本月销售量。

实表是指已填写指标数值的统计表，见表5.2。实表是统计工作最终成果的主要体现。

二、定长表和变长表

定长表是指分组栏中的项目或组别名称已固定的统计表。每个单位在填报时只能按表中给定的分组来填写，不得变更，见表5.1至表5.3。定长表的优点是便于汇总，缺点是难以适应每个单位的具体情况。它主要适用于组别名称可以固定的情况。

变长表是指分组栏中的项目或组别名称不固定的统计表。变长表的主要特征是组别栏为空栏，不同的填表单位可根据本单位的实际情况具体地填写组别及其相应的指标数值。对于不同单位来说，表格填写的实际长度是可变的，见表5.4。变长表的优点是能反映填报单位的实际情况，特别适用于组别名称无法固定的情况。缺点是对于组别名称的确定，由于统计人员的专业水平不同可能会有不同或不规范。

表5.4　工业企业主要产品产量统计表

主要产品名称	计量单位	代　码	本年实际		去年同期	
			本　月	累计至本月	去年同月	累计至去年同月
甲	乙	丙	（1）	（2）	（3）	（4）
最大特点： 不事先填写组别!						

三、单标志分组表和多标志分组表

1. 单标志分组表

单标志分组表是指对总体按某一个标志分组形成的统计表，是最简单的分组表形式。

按分组标志所反映的内容不同，单标志分组表可分为时间分组表、空间分组表和特征分组表。时间分组表按时间顺序排列指标数值，形成动态数列，可用于分析现象的发展规律，见表5.5。空间分组表按地区或单位名称排列指标数值，便于计算有关指标，并进行横向比较分析，见表5.6。特征分组表按除时间和空间以外的标志进行分组，形成的统计表可用于分析总体的内部构成或现象之间的依存关系，见表5.7。

表5.5　某年1～6月我国社会消费品零售总额

	1月	2月	3月	4月	5月	6月
社会消费品零售总额（亿元）	10 756.6	9 323.8	9 317.6	9 343.2	10 028.4	9 941.6

表5.6　我国东北三省耕地面积

	辽宁	吉林	黑龙江	合计
耕地面积（千公顷）	4 085.2	5 535.0	11 838.4	21 458.6

表5.7　某年1季度我国国内生产总值

	第一产业	第二产业	第三产业	合计
国内生产总值（亿元）	4 700	31 968	29 077	65 745

注：表中数据按现价计算。

2. 多标志分组表

多标志分组表是指对总体按两个或两个以上标志进行分组形成的统计表。它可以揭示复杂现象的多种特征，深入研究总体内部的复杂构成。

按分组标志之间的关系不同，多标志分组表可分为平行分组表、复合分组表和不规则分组表。在平行分组表中，各分组标志是平行关系，形成的分组体系是独立的，见表 5.8。在复合分组表中，各分组标志是依序递进关系，形成的分组体系是逐步扩展细化的整体，见表 5.9。不规则分组表是多标志分组中平行分组与复合分组结合运用所形成的分组表，不规则分组表因其分组十分灵活方便，在实践中被广泛使用，见表 5.3。

表 5.8 某企业在职职工多标志平行分组表

按性别分组	人数（人）	按年龄分组（岁）	人数（人）	按收入水平分组	人数（人）
男	310	20 以下	26	高收入	60
		20～30	110		
		30～40	120	中收入	200
女	90	40～50	80		
		50～60	58	低收入	140
		60 以上	6		
合　计	400	合　计	400	合　计	400

四、单向分组表和双向分组表

单向分组表是指只按一个方向进行分组的统计表。单向分组表表述简便清晰，容量大，能同时反映一个或多个指标，是常用的一种分组表形式，见表 5.9。

双向分组表是指同时按纵横两个方向进行分组的统计表。双向分组表只适用于反映单一指标的情况，一般用来反映总体单位在不同组别中的分布状况，见表 5.10。

表 5.9 2011 年某地区国有农牧企业的生产经营情况

	单位数（个）	工人数（人）	年产值（万元）	人均年产值（元）
国有农场	24	960	7 680	80 000
赢利	18	760	6 460	85 000
亏损	6	200	1 220	61 000
国有牧场	20	600	3 600	60 000
赢利	16	500	3 100	62 000
亏损	4	100	500	50 000
合　计	44	1 560	11 280	72 308

表 5.10 某地区某年末企业类型双向分组表

单位：个

生产规模 经济类型	大型	中型	小型	合计
国有经济	24	52	80	156
集体经济	14	40	110	164
私营经济	6	26	124	156
合　计	44	118	314	476

第三节　统计表的设计

统计表的设计，是指对统计表的形式与内容进行统筹安排，使其能恰当地表现统计资料。统计表的设计要遵循“科学、实用、简练、美观”的原则，其设计内容一般包括外观形式、主词设计和宾词设计等三个方面。

一、统计表外观形式的设计

1. *开栏式表格*

表体两侧无纵线，这是国际通用表格，也是统计表最为突出的形式特点。

2. *长方形表体*

表体外观一般呈比例协调的长方形，过于狭长或正方形的表体均为不美观表体。过于狭长的表体主要是由于指标项目较少而数据较多所造成，在这种情况下，可根据具体情况将数据均分为几个部分，采用如表 5.11 所示的方法予以设计；在数据不是太多的情况下，也可将分组项目横置，采用如表 5.5 至表 5.7 所示的方法进行设计。对于正方形表体可通过调整行、列尺寸予以避免。

表 5.11 某日某车间工人产量表

单位：件

编号	姓名	产量	编号	姓名	产量	编号	姓名	产量
01	杨海洋	41	05	伍建新	36	09	钱美丽	43
02	李平安	45	06	赵笑天	37	10	万家俊	33
03	李伟平	35	07	王吉华	30	11	孙　宇	38
04	张大慧	42	08	张　宏	34	12	刘　畅	36

3. *表格线*

表体上下两端用粗实线，以突出显示表体的起止位置。表体内其他表格线一般用细实线，除列标题所在行、合计行的横线必须保留外，其他横线可省略，见表 5.9、表 5.10。

4. *文字与数值*

（1）总标题。总标题字体多用黑体字或宋体字加粗，也可以用艺术字体，字号可比表体内字体稍大一些，对齐方式为居中。

（2）表中的其他文字。表中的其他文字是指除总标题以外的文字，包括行标题、列标题、表注及表头其他文字。这些文字多用宋体和楷体字，不用艺术字体，字号一般要比总标题小。行标题的对齐方式多为左对齐或居中，列标题的对齐方式多为居中。

（3）指标数值。字体多用 Times New Roman，字号与行标题或列标题一致，对齐方式多采用右对齐或居中，无论哪种对齐方式小数点均应对齐。

二、分组体系的设计

统计表中分组体系的设计，也就是组别的设计。组别的设计一般应遵从如下原则。

（1）符合研究目的。分组标志能体现事物的本质特征，符合研究目的与任务要求；各组别名称含义明确，用词准确。

（2）互斥与穷尽。互斥是指同一层次的组别之间，要有明显的区别，彼此互不包容与重叠；穷尽是指分组体系要能涵盖其所说明总体的各个单位，在不能穷尽的情况下，可设置开口组或“其他”组别；在必要的情况下，也可设计变长表，见表 5.4。

（3）系统性。各组别必须排列有序，可根据具体情况，选择按时间、空间、数值大小、重要程度或内在逻辑关系等排列。

（4）精简性。在满足研究目的与任务要求的条件下，分组标志宜少，分组形式宜简。

（5）灵活性。根据组别名称固定与否、分组标志的多少及分组标志之间的关系，灵活选择与分组体系相匹配的统计表形式，见表5.4至表5.10。组别的位置，根据美观的需要或版面限制等因素可以灵活设计，可放在表格的左侧，见表5.2、表5.3，也可以放在表格的上端，见表5.5至表5.7。

三、指标体系的设计

统计表中的指标可以是一个（见表5.5至表5.7），也可以是多个（见表5.2、表5.3）。指标体系的设计一般应遵从如下原则。

（1）目的性原则。指标的设置主要取决于统计研究目的和任务要求。

（2）精简性原则。总的原则是“能少则少”。在能够完成研究目的和任务要求之下，用尽量少的分组、尽量少的指标、尽量简单的设计形式来完成统计表的设计。

（3）顺序性原则。指标在表格中的排列应有一定顺序，切忌杂乱无章。

一般来说，指标在表中的排列顺序应是：基础指标在前，派生指标在后；总体指标在前，“其中”指标在后；计量单位栏和指标编码栏在前，数值栏在后；有时间顺序的指标按时间顺序排列等。

四、统计表的布局

影响统计表布局的因素有两个方面：表格左侧的设计形式和表格上端的设计形式。由于在一个表格当中，其分组体系和指标体系常常是结合在一起进行设计（而不能完全地截然分开），所以，表格左侧的设计形式和表格上端的设计形式，在设计思路上是一致的。

从表格的布局形式上说，可分为平行设计、复合设计和不规则设计。

1. 平行设计

平行设计是指在对表格左侧或上端的组别，按平行分组的形式进行的设计。对表格左侧进行的平行设计见表5.8（表5.8是采取把一个表截成三段并排的形式，这是因为审美和版面所限采取的形式，实际上一般的形式为纵向排列。

对表格上端进行的平行设计见表5.12。

2. 复合设计

复合设计是指在对表格左侧或上端的组别，按复合分组的形式进行的设计。对表格左侧进行的复合设计见表5.9；对表格上端进行的复合设计见表5.13。

表5.12 某企业所属职工情况 单位：件

分厂名称	职工人数	性别		工龄			
		男	女	10年以下	10～20年	20～30年	30年以上
甲	（1）	（2）	（3）	（4）	（5）	（6）	（7）
第一分厂							
第二分厂							
第三分厂							
合计							

表5.13 某企业所属职工情况 单位：件

分厂名称	职工人数	10年以下		10～20年		20～30年		30年以上	
		男	女	男	女	男	女	男	女
甲	（1）	（2）	（3）	（4）	（5）	（6）	（7）	（8）	（9）
第一分厂									
第二分厂									
第三分厂									
合计									

复合设计把几种分组结合起来，可以深入说明总体的特征。但如果分组标志过多，则会使统计表过于复杂，反而不利于反映总体的特征。

表 5.14 某年某企业所属职工情况

分厂名称	职工人数	性别		工程技术人员		年内新录用人员	
		男	女	小计	其中：高级工程师	小计	其中：高职毕业生
甲	（1）	（2）	（3）	（4）	（5）	（6）	（7）
第一分厂							
第二分厂							
第三分厂							
合　计							

3. 不规则设计

不规则设计是指在对表格左侧或上端的组别，按不规则分组的形式进行的设计。对表格左侧进行的不规则设计见表 5.3；对表格上端进行的不规则设计见表 5.14。不规则设计是最常见、最具灵活性的一种设计，能最大限度地满足实际需要。

五、统计表的编制规则

1. 对总标题的要求

总标题应概括地反映统计表的基本内容，表明资料所属的时间和地区范围。这里需要注意的是：总标题的确切性一般体现在如何对表中指标体系的高度概括，而不是对分组体系的概括。如对某企业的职工情况进行的统计，就可以概括为“某年某企业的职工情况”，没必要概括为“某年某企业的职工按性别和技术职务进行分组的情况”，后者的问题不纯粹是因为文字太多（不是高度概括），最关键的问题在于它把分组体系的内容也包括了进来。如果在一个表格中所包括的指标体系很大，高度概括总标题就是一种具有较高水平的技能。

总标题一定要醒目（可用不同字号或不同字体），其位置应在表的正上方。

2. 对行标题中不同层次间具有包含关系的表述要求

（1）在大层下可以只列出一部分小层。注意必须先列大层的名称，再错后列出小层的名称，并在小层名称前冠以“其中:”或“#”的字样，见表 5.2、表 5.3。

（2）在大层下列出所有小层。先列大层的名称，再错后依次列出各小层即可，见表 5.9。在各小层名称之前不用“其中:”或“#”的字样，但可用阿拉伯数字依次编号（只要依次列出，也可以不编号）。

3. 对列标题中具有包含关系的表述要求

（1）设计“合计”和“其中”字样，见表 5.15。

表 5.15 某年某林业管理局主要产品产量　　单位：件

企业名称	木材产量			锯材产量	人造板产量			
	合计	原木	薪材		合计	其中:		
						胶合板	纤维板	刨花板
甲	（1）	（2）	（3）	（4）	（5）	（6）	（7）	（8）
合　计								

注：表中关系式有（1）=（2）+（3），（5）≥（6）+（7）+（8）。

（2）不设计“合计”和“其中”字样，见表5.16。

表5.16 某年某林业管理局主要产品产量 单位：件

企业名称	木材产量	原木	薪材	锯材产量	人造板产量	胶合板	纤维板	刨花板
甲	（1）	（2）	（3）	（4）	（5）	（6）	（7）	（8）
合计								

注：表中关系式有（1）=（2）+（3），（5）≥（6）+（7）+（8）。

（3）逐层分解设计，见表5.17。

表5.17 某年各地区农村居民家庭人均现金收入 单位：件

地区	期内现金收入	工资性收入	家庭经营收入	农业	林业	牧业	渔业	财产性收入	转移性收入
合计									

4. 对合计行或合计栏的要求

需要横向合计时，在列标题中最后一列设置“合计”栏；需要纵向合计时，在行标题中最后一行设置“合计”行；不需要或不能够合计时，则不设置“合计”栏（或行）。一般先列项目，后列合计，但也可先列合计，后列项目。在只列部分重要项目的统计表里，应先列合计，后列其中重要项目。

5. 对全表合计数的要求

在多指标复合分组的情况下，全表的合计数应根据首次分组所形成的各组别数值求和，见表5.9。

在多指标平行分组的情况下，全表的合计数，在分段并排的平行分组表中，可以分别对其每一个分组标志分组所形成的各组别数值求和，见表5.8；在不分段并排的平行分组表中，应根据其中一个分组标志分组所形成的各组别数值求和，见表5.18（也可以按表5.19的形式进行设计）。

表5.18 某企业人员基本情况

分组		人数（人）
性别	男	60
	女	90
学历	本科	60
	专科	50
	中专	40
合计		150

表5.19 某企业人员基本情况

分组		人数（人）
合计		150
其中一：	男	60
	女	9
其中二：	本科	60
	专科	50
	中专	40

在形如表5.18的平行分组表中，由于每一个分组标志都是针对企业总人数进行分组的，所以，其“合计”数只能是其中一个分组标志所分组别的标志值之和，如表中按性别分为两组，

其总人数为 150 人；另一个分组标志（学历）分为三组，其总人数也为 150 人，这个“150 人”只能作为“验证性”数字使用，如果也将其相加就必然造成重复计算。

6. 对栏目编号的要求

如果表中栏数较多，则通常要加以编号。组别栏、计量单位栏、指标代码栏和属性标志栏用甲、乙、丙等文字标明；指标栏则用（1）、（2）、（3）等数字编号，必要时，可把表中有关系的栏目以算式列示，见表 5.3、表 5.15、表 5.16。

7. 对行号的要求

如果表中组别较多或组别的层次较多，通常也要加以编号。不同的层次要有不同的数码形式，必要时，还应编制指标代码，见表 5.3，具体方法详见第三章第二节介绍的统计编码。

8. 对表中数值填写的要求

表中的数值应填写整齐，对准位数（一般来说，应以小数点为准上下对齐）；数值的书写要规范，易辨认；对于相同的数值应填写原数，不得以“同上”、“同左”或“〃”等表示。对错误数值更正的方法是，用单横线或双横线将其划掉（原数应清晰可辨），再在其上方填上正确数值，必要时还需加盖修改者的名章以示负责。

9. 对计量单位的要求

表中数值必须注明计量单位。横行的计量单位，可以专设“计量单位”栏，也可与行标题写在一起，并加上括号；纵栏的计量单位，要与列标题写在一起，并加上括号；如果全表只用一种计量单位，可统一写在表体的右上角。

10. 对续表的要求

当指标体系较大时，可以设计续表或附表。续表必须在主表之后，且需特殊标明“续表”的字样（注在续表的左上角或右上角均可）。如果只有一张续表，则注明“续表（或附表）”即可；如果有几张续表，则应注明“续一”、“续二”，或“续表一”、“续表二”，或“附表一”、“附表二”等。

11. 对说明或注解的要求

必要时，对某些应该特殊说明的问题或要求，可以在表脚中加以说明，如某些指标有特殊的计算口径、计算方法或取值要求，统计资料的来源等。注解一般不超过五条，如果需要注释的东西太多就应该单独形成“指标解释”。必要时在表脚的最后部分，还应注明“单位负责人:”、“统计负责人:”、“填表人:”、“报出日期:”等事项。

12. 对特殊单元格和特殊数值的要求

在设计空表时，对于不能填写、不要求填写的单元格，用符号“—”填充。在填表时，对于没有数值的单元格以符号“—”表示；对于数值太小经四舍五入为零者，填写“0”；对于应有数值而不详者，用符号“…”表示。

13. 对表中“首席单元格”的填写要求

首席单元格，是指统计表左上角的第一个单元格，它是第一行的第一个单元格，也是第一列的第一个单元格。

（1）空着不填。首席单元格可以空着不填写，见表5.5至表5.7。这就是它的特殊之处，在表格设计中无论组别栏还是指标栏都不允许有空着不填的单元格，但首席单元格是可以空着不填的。

（2）按一个方向填写分组标志。可填写分组标志的名称或填写“按某一具体标志分组”，见表5.2、表5.8、表5.17。

（3）按两个方向填写分组标志，见表5.1、表5.10。

（4）填写“分组”、“项目”等模糊词汇，适用于所用分组标志难以描述，而又要求填写的情况。

第四节　统计表的审核

统计表的审核是统计管理人员的日常工作内容，审核的内容主要有统计表外观形式、内容结构、数值填写与计算三个方面。对于空表，主要是审核统计表的外观形式与内容结构；对于实表，主要是审核数值填写与计算。

一、统计表外观形式的审核

对统计表外观形式的审核应注意以下几点。

（1）完整性与恰当性审核。审核表头、表体、表脚等各部分所应具备的内容是否有遗漏，表述与位置是否恰当。

（2）规范性审核。审核各类文字字体、字号是否符合要求，表格线是否规范。

（3）美观性审核。审核表体是否为开栏式，是否为长方形，长与宽的比例是否协调；表头、表体、表脚之间是否协调；全表与周围文本、图示是否协调等。

二、统计表内容结构的审核

对统计表内容结构的审核主要有以下几点。

（1）目的性审核。审核分组标志的选择及组别的划分、指标项目的设置是否符合统计研究的目的和任务要求。

（2）完整性审核。审核分组体系是否完备，指标项目是否全面，计量单位有无遗漏。

（3）系统性审核。审核各个组别、各个指标项目是否分别依序而列；审核各个组别、各个指标各层次的分组设计是否有序、清晰。

（4）简明性审核。审核分组体系与指标项目的设置是否过于繁杂，能否简化。

三、表中数值的审核

对表中数值的审核要注意以下两点。

（1）审核数值的填写是否规范、录入是否无误。审核数值书写是否清晰、正确，位数是否对齐，所用符号是否规范。

（2）审核数值的计算方法与计算结果是否正确。通过重新计算或验算平衡项目之间的关系来进行审核。在多层次分组情况下，汇总时要注意区分层次，同层次的数值才能计算合计数。

第五节　利用 Excel 制表

一、利用工具按钮制表

利用“绘图边框”中的工具按钮制表非常方便。具体操作步骤如下。

（1）录入文字与数据。在打开的 Excel 工作表中，录入统计表中所需的文字与数据。

（2）设置总标题格式。选中总标题所在行的单元格区域，单击“合并及居中”按钮。选中总标题，设置其字体、字号及加粗处理。

图 5.1　“绘图边框”工具栏

（3）绘制表格线。打开“边框”按钮工具栏（方法：单击“视图”→“工具栏”→“边框”），如图 5.1 所示；单击左侧的“画笔”，在以上录入的文字与数据中，哪里需要画格线就在哪里“画”即可。

（4）修改格线。对于在（3）中画多的格线，用“笔擦”擦掉即可；需要画粗线或不同形式线条的地方，单击“线条选择”右侧的下拉菜单，进行选择即可；若要想画出不同颜色的线条，可单击图 5.1 中右侧的进行线条颜色的选择。

二、利用对话框制表

利用“格式”菜单中的“单元格格式”对话框制表也是一种较为常用的方法。具体操作步骤如下。

（1）录入数据。在打开的 Excel 工作表中，录入有关数据。

（2）设置总标题格式。选中总标题所在行的单元格区域，选取“格式”菜单中的“单元格”选项，调出“单元格格式”对话框，在“对齐”选项卡中，设置“居中”对齐方式，选中“合并单元格”，如图 5.2 所示，在“字体”选项卡中，选择所需的字体、字形和字号，单击“确定”按钮。

（3）设置表体格式。选中表体区域，在选中区域右击，在快捷菜单中选取“设置单元格格式”选项，在“单元格格式”对话框的“边框”选项卡中（见图 5.3），单击“上框线”按钮和“下框线”按钮，选取粗实线，单击“内部竖框线”按钮和“内部横框线”按钮，选取细实线。分别在“数字”、“对齐”、“字体”选项卡中设置所需格式，单击“确定”按钮。

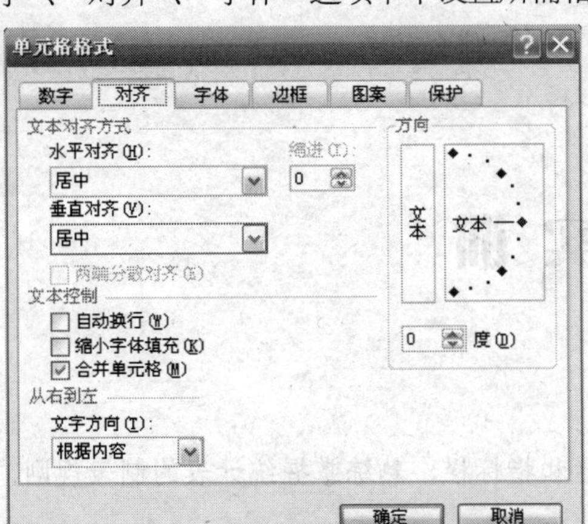

图 5.2　“对齐”选项卡

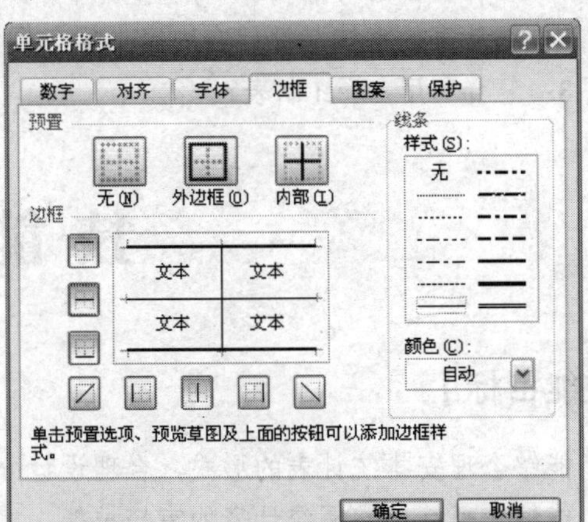

图 5.3　“边框”选项卡

（4）修改表体格式。选中表体中需要修改格式的单元格区域，在“单元格格式”对话框的“数字”、“对齐”、“字体”、“边框”等选项卡中进行相应的设置后，单击“确定”按钮。

（5）检查与调整制表效果。单击常用工具栏上的“打印预览”按钮，可观察统计表的设计效果，以便对不足之处进行修改。在预览状态下，单击设置(S)...按钮，可进行页面设置，单击页边距(M)按钮，可调整列宽及统计表在页面中的位置。

技巧点滴

在 Excel 制表中，怎样去掉表体内可省略的横线？

选中可省去内部横线的单元格区域，在“格式”菜单中选择“单元格”选项，在“单元格格式”对话框的“边框”选项卡中，单击“内部横框线”按钮，单击“确定”按钮。

想一想

利用工具按钮制表与利用单元格格式对话框制表这两种方法各有何优点？可否将两者的优点结合使用？这两种方法的适用范围有区别吗？

复习思考题

1. 统计表的一般形式是什么？
2. 统计表按形式可分为哪几个组成部分？按内容可分为哪几个组成部分？
3. 什么是空表和实表？定长表和变长表？单标志分组表和多标志分组表？平行分组表、复合分组表和不规则分组表？单向分组表和双向分组表？它们各有何特点？
4. 怎样设计统计表？
5. 统计表的编制规则主要有哪些？
6. 怎样审核统计表？
7. 统计表的审核与设计在内容上哪个更为广泛？为什么？
8. 怎样利用 Excel 制表？

技 能 实 训

【技能目标】

能够合理安排统计表的形式，合理设计分组栏和指标栏。熟练掌握统计表的制表规则。

能够较熟练地掌握统计表的审核技能。

会用 Excel 制表。

一、手工编制统计表

1. 实训目的

1）熟练掌握统计表的构成。

2）熟练掌握并运用统计表的设计原则。

3）熟练掌握并运用统计表的制表规则。

2. 实训材料

1）某县有5个食品厂，某年的产值分别是：第一食品厂全年总产值为210万元，第二食品厂全年总产值为186万元，第三食品厂全年总产值为220万元，第四食品厂全年总产值为150万元，第五食品厂全年总产值为350万元。

2）某县五个食品厂近年来的产值生产情况如下：第一食品厂2007年的食品总产值为86万元，2008年为90万元，2009年为130万元，2010年为170万元，2011年为210万元；第二食品厂2007年的食品总产值为50万元，2008年为80万元，2009年为120万元，2010年为125万元，2011年为186万元；第三食品厂2007年的食品总产值为130万元，2008年为160万元，2009年为200万元，2010年为200万元，2011年为220万元；第四食品厂2007年食品总产值为120万元，2008年为140万元，2009年为160万元，2010年为150万元，2011年为150万元；第五食品厂2007年食品总产值为120万元，2008年为160万元，2009年为230万元，2010年为295万元，2011年为350万元。

3）某乡镇企业某年度的材料消耗情况如下：消耗生铁52吨，本年计划消耗50吨，上年实际消耗50吨，本年比上年多消耗2吨，比计划超耗2吨；消耗钢材35吨，本年计划消耗35吨，上年实际消耗32吨，本年比上年多消耗3吨，恰好完成了本年消耗计划；消耗焦炭150吨，本年计划消耗150吨，上年实际消耗155吨，本年比上年少消耗5吨，也恰好完成了本年消耗计划；消耗木材480立方米，本年计划消耗500立方米，上年实际消耗500立方米，本年比上年少消耗20立方米，比计划节约消耗20立方米；消耗平板玻璃118标准箱，本年计划消耗120标准箱，上年实际消耗130标准箱，本年比上年少消耗12标准箱，比计划节约消耗2标准箱；消耗胶合板1 500张，本年计划消耗1 400张，上年实际消耗1 500张，本年与上年相比消耗量没变，但与计划相比超耗100张。

4）某企业15名应聘人员有关资料见表5.20。

表5.20　应聘人员基本资料

姓名	性别	年龄（岁）	学历	笔试成绩（分）	面试成绩（分）
张波	女	23	本科	76	65
李思	女	25	本科	82	78
赵丽	女	24	专科	67	72
王亮	男	21	中专	69	60
钱东	男	27	专科	52	62
孙浩	男	28	本科	78	86
周爽	女	30	专科	89	90
田琦	女	32	中专	72	67
袁枚	女	22	专科	65	67
罗成	男	25	本科	86	70
赵伟	男	23	本科	79	72
刘海	男	29	专科	75	69
杨梅	女	22	中专	62	78
柳絮	女	31	中专	58	56
白雪	女	24	本科	81	77

3. 实训要求

1）分别根据实训材料 1）至 3），编制统计表。

2）根据实训材料 4），按性别、学历、笔试成绩编制平行分组表。

3）根据实训材料 4），选择其中两个标志编制复合分组表。

4. 参考答案

1）见表 5.21 至表 5.23。

表 5.21　某县某年五个食品厂产值统计表

食品厂名称	总产值（万元）
第一食品厂	210
第二食品厂	186
第三食品厂	220
第四食品厂	150
第五食品厂	350
合　计	1 116

表 5.22　某县 2007～2011 年五家食品厂产值资料　　单位：万元

年　份	2007	2008	2009	2010	2011
第一食品厂	86	90	130	170	210
第二食品厂	50	80	120	125	186
第三食品厂	130	160	200	200	220
第四食品厂	120	140	160	150	150
第五食品厂	120	160	230	295	350
合　计	506	630	840	940	1 116

表 5.23　某乡镇企业某年度的材料消耗情况统计表

材料名称	计量单位	上年实际消耗	本年计划消耗	本年实际消耗	本年比上年多消耗	本年比计划多消耗
生　铁	吨	50	50	52	2	2
钢　材	吨	32	35	35	3	—
焦　炭	吨	155	150	150	−5	—
木　材	立方米	500	500	480	−20	−20
平板玻璃	标准箱	130	120	118	−12	−2
胶合板	张	1 500	1 400	1 500	—	100

注意：表 5.23 不能设“合计”行，如果设了“合计”行，即使不填或划上了横线也是错的。

2）见表 5.24、表 5.25。

3）见表 5.26。

表 5.24　应聘人员基本情况（平行分组表）

分　组		人数（人）
性　别	男	6
	女	9
学　历	本　科	6
	专　科	5
	中　专	4
笔试成绩（分）	60 以下	2
	60～70	4
	70～80	5
	80～90	4
合　计		15

表 5.25　应聘人员基本情况（平行分组表）

性　别	人数（人）	学　历	人　数（人）	笔试成绩（分）	人数（人）
男	6	本　科	6	60 以下	2
女	9	专　科	5	60～70	4
		中　专	4	70～80	5
				80～90	4
合　计	15	合　计	15	合　计	15

表 5.26　应聘人员基本情况（复合分组表）

组　别		人数（人）
男	本　科	3
	专　科	2
	中　专	1
女	本　科	3
	专　科	3
	中　专	3
合　计		15

二、计算机制表

1. 实训目的

1）熟练掌握 Excel 制表技术。

2）熟练掌握 Excel 表内汇总技术。

2. 实训材料

1）某高职院校设有园林设计、生物技术、室内装潢、电子商务、市场营销、会计电算化六个专业，各专业在校生人数依次是：园林设计专业一年级 1 348 人，二年级 1 120 人，三年级 810 人；生物技术专业一年级 340 人，二年级 338 人，三年级 220 人；室内装潢专业一年级 300 人，二年级 270 人，三年级 160 人；电子商务专业一年级 90 人，二年级 84 人，三年级 65 人；市场营销专业一年级 60 人，二年级 31 人，三年级 42 人；会计电算化专业一年级 120 人，二年级 80 人，三年级 58 人。

2）某年年末，我国中等职业学校总计为 11 611 所，其中普通中等专业学校 3 207 所，成人中等专业学校 2 582 所，职业高中学校 5 822 所。在普通中等专业学校中，有中央部门学校 39 所，地方部门学校 2 700 所，民办学校 468 所；在地方部门学校中，有教育部门学校 1 303 所，非教育部门学校 1 397 所。在成人中等专业学校中，有中央部门学校 35 所，地方部门学校 2 381 所，民办学校 166 所；在地方部门学校中，有教育部门学校 1 659 所，非教育部门学校 722 所。在职业高中学校中，有中央部门学校 18 所，地方部门学校 4 421 所，民办学校 1 383 所；在地方部门学校中，有教育部门学校 3 710 所，非教育部门学校 711 所。

3）某年我国总计发生交通事故 327 209 起，死亡 81 649 人，受伤 380 442 人，损失折款 119 878.4 万元。其中重大事故 71 289 起，死亡 81 649 人，受伤 42 602 人，损失折款 45 666.6 万元；其中特大事故 1 469 起，死亡 5 713 人，受伤 4 508 人，损失折款 5 441.0 万元。机动车发生交通事故 309 261 起，死亡 77 696 人，受伤 363 428 人，损失折款 117 235.8 万元。其中汽车发生事故 213 666 起，死亡 56 089 人，受伤 243 122 人，损失折款 104 453.4 万元；摩托车发生交通事故 83 008 起，死亡 17 403 人，受伤 106 989 人，损失折款 9 256.9 万元；拖拉机发生交通事故 9 037 起，死亡 2 869 人，受伤 9 721 人，损失折款 1 704.3 万元。非机动车发生交通事故 12 472 起，死亡 1 968 人，受伤 12 954 人，损失折款 1 249.5 万元。其中自行车发生交通事故 4 939 起，死亡 957 人，受伤 4 680 人，损失折款 479.7 万元。行人乘车发生交通事故 5 407 起，死亡 1 954 人，受伤 3 994 人，损失折款 1 356.9 万元。其他交通事故 69 起，死亡 31 人，受伤 66 人，损失折款 36.2 万元。

3. 实训要求

根据上述实训材料，利用 Excel 制表，并进行表内汇总。

4. 参考答案

实训材料 1）的参考答案见表 5.27。

表 5.27　某高职院校各专业学生人数统计表

单位：人

	一年级	二年级	三年级	合　计
园林设计	1 348	1 120	810	3 278
生物技术	340	338	220	898
室内装潢	300	270	160	730
电子商务	90	84	65	239
市场营销	60	31	42	133
会计电算化	120	80	58	258
合　计	2 258	1 923	1 355	5 536

实训材料 2）的参考答案见表 5.28。

实训材料 3）的参考答案见表 5.29。

表 5.28　2005 年年末我国中等职业学校数量统计表

按学校及主管部门分组	学校数（所）	按学校及主管部门分组	学校数（所）
一、普通中等专业学校	3 207	2. 非教育部门学校	722
（一）中央部门学校	39	（三）民办学校	166
（二）地方部门学校	2 700	三、职业高中学校	5 822
1. 教育部门学校	1 303	（一）中央部门学校	18
2. 非教育部门学校	1 397	（二）地方部门学校	4 421
（三）民办学校	468	1. 教育部门学校	3 710
二、成人中等专业学校	2 582	2. 非教育部门学校	711
（一）中央部门学校	35	（三）民办学校	1 383
（二）地方部门学校	2 381	合　计	11 611
1. 教育部门学校	1 659		

表 5.29　2007 年我国发生交通事故统计表

项　目	交通事故数量（起）	死亡人数（人）	受伤人数（人）	损失折款（万元）
总　计	327 209	81 649	380 442	119 878.4
其中：重大事故	71 289	81 649	42 602	45 666.6
特大事故	1 469	5 713	4 508	5 441.0
一、机动车	309 261	77 696	363 428	117 235.8
其中：汽车	213 666	56 089	243 122	104 453.4
摩托车	83 008	17 403	106 989	9 256.9
拖拉机	9 037	2 869	9 721	1 704.3
二、非机动车	12 472	1 968	12 954	1 249.5
其中：自行车	4 939	957	4 680	479.7
三、行人乘车发生交通事故	5 407	1 954	3 994	1 356.9
四、其他交通事故	69	31	66	36.2

三、审核统计表

实训目的：（1）熟练掌握并运用统计表的制表规则；（2）学会怎样审核统计表。

（一）实训 1

1. 实训材料

某班级第一学期数学学习情况，见表 5.30。

2. 实训要求

1）审核表 5.30，指出存在的错误。

2）修正错误，列出正确结果。

3. 参考答案

表 5.30 中存在的错误：表体两侧有纵线，上下端线为细实线，列标题行与合计行少了内部横线；第 1 列与第 2 列的列标题后遗漏了计量单位，第 3 列指标数值后多写了%；数字位数没对准。修改后的参考答案见表 5.31。

表 5.30 某班第一学期数学学习情况

成绩	人数	比重
60 以下	3	6.7（%）
60～75	9	20.0（%）
75～90	23	51.1（%）
90～100	10	22.2（%）
合计	45	100.0（%）

表 5.31 某班第一学期数学学习情况

成绩（分）	人数（人）	比重（%）
60 以下	3	6.7
60～75	9	20.0
75～90	23	51.1
90～100	10	22.2
合计	45	100.0

（二）实训 2

1. 实训材料

某厂某年总产值计划完成情况，见表 5.32。

2. 实训要求

1）审核表 5.32，指出存在的错误。

2）修正错误，列出正确结果。

3. 参考答案

表 5.32 中存在的错误：计量单位的位置设计不合理；丙产品计划总产值不能填写“〃”；最后一列指标数值未按小数点对齐；合计行数值计算不正确。修改后的参考答案见表 5.33。

表 5.32 某厂某年总产值计划完成情况

产品名称	总产值		计划完成程度
	计划	实际	
计量单位	万元	万元	（%）
甲	150	160	106.7
乙	200	200	100
丙	〃	230	115
丁	100	100	100
合计	650	690	421.7

表 5.33 某厂某年总产值计划完成情况

产品名称	总产值（万元）		计划完成程度（%）
	计划	实际	
甲	150	160	106.7
乙	200	200	100
丙	200	230	115
丁	100	100	100
合计	650	690	106.2

（三）实训 3

1. 实训材料

某厂某月产量及生产费用情况，见表 5.34。

2. 实训要求

1）审核表 5.34，指出存在的错误。

2）修正错误，列出正确结果。

3. 参考答案

表 5.34 中存在的错误：该统计表缺少总标题；产量的计量单位设计不正确，丙产品的计量单位不应填写“〃”；生产费用后缺少单位“万元”，位置不正确；使用价值及计量单位不同的产品，其产量不能计算合计数；指标数值位数未对齐；比重合计数的表达有误。修改后的参考答案见表 5.35。

表 5.34

产品名称	产　　量	生产费用（万元）	
		金　　额	比重（%）
甲　台	50	11 500	20.4
乙　件	330	3 960	7.0
丙　〃	260	8 580	15.2
丁　台	150	32 250	57.3

表 5.35　某厂某月产量及费用情况

产品名称	计量单位	产量	生　产　费　用	
			金额（万元）	比重（%）
甲	台	50	11 500	20.4
乙	件	330	3 960	7.0
丙	件	260	8 580	15.2
丁	台	150	32 250	57.3

（四）实训 4

1. 实训材料

河西村某季度主要农产品销售情况，见表 5.36。

2. 实训要求

1）审核表 5.36，指出存在的错误。

2）修正错误，列出正确结果。

3. 参考答案

表 5.36 中存在的错误：表中单元格留有空白，销售额未计算出来，合计行未填充相应的内容；销售额缺少计量单位；指标数值位数未对齐。修改后的参考答案见表 5.37。

表 5.36　河西村某季度主要农产品销售情况

农产品名　称	计量单位	销售量	单价（元）	销售额
A	千克	23 668	2.35	
B	千克	35 697	6.35	
C	吨	2 653	362.45	
D	箱	569	65.00	
E	件	596	35.00	
F	千克	211	30.00	
合　计	—			

表 5.37　河西村某季度主要农产品销售情况

农产品名　称	计量单位	销售量	单价（元）	销售额（元）
A	千克	23 668	2.35	55 619.80
B	千克	35 697	6.35	226 675.95
C	吨	2 653	362.45	961 579.85
D	箱	569	65.00	36 985.00
E	件	596	35.00	20 860.00
F	千克	211	30.00	6 330.00
合　计	—	—	—	1 308 050.60

第六章

统计图

【学习目标】

通过本章学习，应当理解统计图的绘制原则，掌握统计图的构成和统计图的绘制程序。掌握各种统计图的特点，能够正确区分各种统计图，并能较熟练地绘制和审核统计图。熟练掌握Excel 绘制常用统计图的方法。

【案例导入】

EZCapital 创投报告企业上市分析

据北京 2010-01-27 中国商业电讯：在中国经济率先步入复苏及 A 股市场年中重启首次公开募股（Initial public offering，IPO）、开闸创业板的大背景下，中国企业首次公开募股成为全球投行业务中的重头戏。根据《EZCapital2009 中国创业投资年度报告》统计数据显示，2009 年中国创投市场企业上市事件 204 起，已披露募集总金额 3 682.31 亿元人民币。报告显示，中国公司在首次公开募股数量和融资总额方面都出现激增，令中国成为全球首次公开募股最为活跃的国家。

第三季度上市数量较前两个季度有大幅增加，如图 6.1 所示，主要源于国内首次公开募股的重启。第四季度首次公开募股数量又创下一个峰值，这主要得益于国内创业板的启动。

2009 年中国创投市场企业上市事件季度统计图

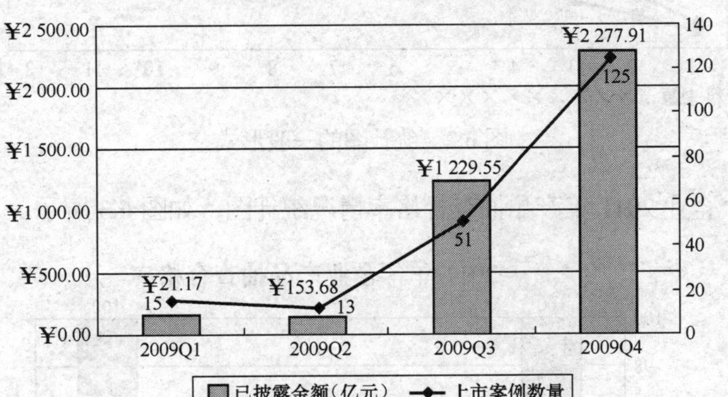

图 6.1 中国创投市场企业上市事件情况

启发思考

（1）从以上统计图中，你可看出什么问题？

（2）如果用文字或统计表来描述上图资料，会比统计图更直观、易懂吗？

（3）为什么统计图的应用范围越来越广泛和普及呢？如何理解“统计图是一种特殊的语言”？

统计图是借助点、线、面、几何图形、象形图式等来表示统计资料的一种方法，所以也叫做图示法。它是一种广为人们所接受的分析方法，也是一种特殊的语言方式。图示的语言，在当今开放、融合的世界中已经成为了越来越被人欢迎的“世界语”。

一般来说，统计资料的表现方法有三种：文字、表示和图示。它们在说明统计资料的效果和风格上各不相同，统计图能把统计资料化为简单的图形，具有鲜明醒目、便于比较、生动活泼、通俗易懂的特点。不论阅览者有无统计知识，也不论文化程度高低，甚至在使用不同的语言的阅览者之间，统计图都能让人一目了然，看懂图的内容。另外，统计图示法也是统计分析的一种方法，它能将比较复杂的现象用一种清晰、扼要的图示形式表现出来。所以统计图示法在完成统计任务方面具有特殊的作用。

第一节　统计图的基本知识

一、统计图的构成

统计图的一般形式如图 6.2 所示。

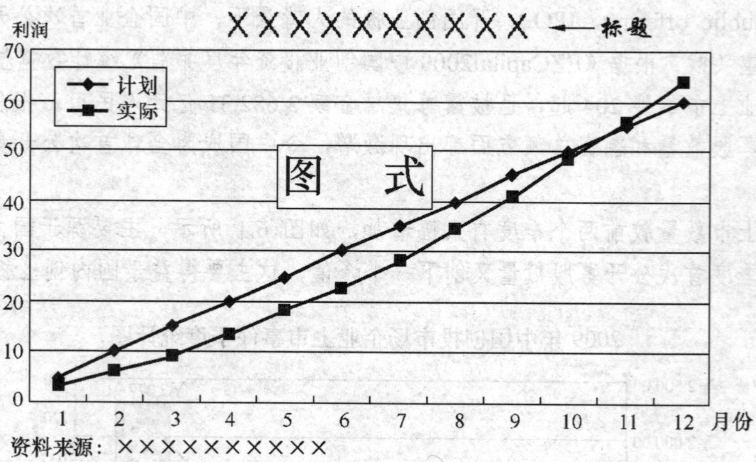

图 6.2　统计图的一般形式

如某公司四个企业 2011 年产品抽查合格率情况统计图，如图 6.3 所示。

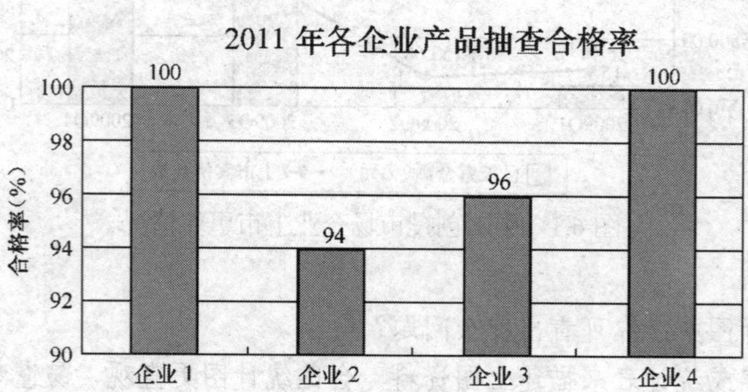

图 6.3　统计图示意

为了绘图和审图的需要，统计图的构成大致可以概括为以下四个部分。

（1）标题。标题就是统计图的名称，它说明统计图所反映的主要内容及其所属的时间和空间等因素。标题一般写在图式的正上方，但也有写在图式的左右或下面的。

统计图的标题，一定要大方、醒目。

（2）图式。图式就是在概括统计资料的基础上绘成的圆点、曲线、条形、平面、立体和象形等。不同的图式就构成了不同的统计图。

图式是统计图的主体。所以，图式在图中所占的面积一定要达到“绝大比重”，应在70%以上。

（3）尺标。尺标包括坐标、尺度、指标名称和计量单位，也包括必要的格线等。如果统计图中的线形能直接标明数字，则坐标和尺度可以省略，但基线（相当于坐标的横轴）一般不省略。

（4）辅助部分。辅助部分包括图例、数字说明、资料来源以及必要的统计表和宣传画等。统计图的辅助部分可以使图式说明的问题更加清楚，并能收到更好的宣传鼓动效果。辅助部分的内容是根据需要而设置的，并不是每幅图中都必须具备这些内容，有时也可以没有。

二、统计图的绘制原则和程序

统计图的绘制应遵循以下原则。

（1）要有严格的科学性。首先，统计资料必须准确无误；其次，表现统计资料的图形比例要准确。不科学的统计图，会给人造成错觉的判断或误导。统计图的科学性是统计人员人格素质的体现。

（2）要有一定的艺术性。统计图的艺术性是统计图的生命，它是工作艺术和工作能力的体现，也是统计人员业务素质的体现。

（3）图示结构要正确、简明、重点突出。一张统计图不要包括过多的、庞杂的资料。图式的设计应力求通俗化、大众化，便于群众接受。

（4）统计图的设计与绘制，必须与其场合、阅览对象等特点相适应。例如，提供给领导参阅和附在分析报告上的统计图，一般应绘得细致详尽、朴实严格；而面向群众的统计图，则应简明扼要、美观艺术、色彩鲜明等。

绘图程序是绘图质量和绘图效率的保证，统计图的绘制应按以下程序进行。

（1）确定图示的目的和任务。只有明确图示的目的和任务，才能知道制图需要应用什么资料，以及用哪种图式来表达。

（2）选择制图应用的资料。统计资料的选择非常重要，不是什么资料都能符合研究的目的和完成研究的特定任务。例如，图示任务是检查计划时，就应选用与计划检查内容有关的统计资料。

（3）选定图式。选定统计图的图式，必须根据预先确定的图示任务和制图资料的性质来选定适宜的图示。

（4）绘制草图。图式选定以后，在初步设计的基础上，用铅笔画好草图进行审核修改，使图上各部分排列适宜，布局匀称。这一步骤非常重要，想象的布图与现实的布图在感受上是很不一样的。

（5）检查复核。绘制好草图之后，要认真复核，首先应按着绘图要素进行检查；其次从图形比例上检查；再次从图形的图例上检查；最后从数字和文字上检查。

（6）正式绘图。根据绘成的草图进行描绘；在着墨填色时，必须十分细致。

三、统计图的种类

统计图可以按照统计资料的性质、图示应用的目的、图式的表现形式等不同方法进行分类。各种分类各有长短，这里主要介绍根据图式的表现形式对统计图进行的分类。主要可分为以下几种类型。

（1）条形图。它又分为单式条形图、复式条形图等。

（2）曲线图。它又分为动态曲线图、依存关系曲线图和计划执行情况曲线图等。

（3）结构图。它又分为条形结构图、圆形结构图等。

（4）象形图。它又分为长度象形图、面积象形图、单位象形图和其他象形图。

（5）分布图。它又分为直方图和统计地图。而统计地图又可分为点地图、线地图、面地图、数字地图和象形地图等。

以上是统计图的基本分类，实际中还可以根据不同情况结合运用。如条形图与曲线图的结合、分布图与象形图的结合等。

四、统计图的绘图方法

统计图的绘图方法，包括图式的具体绘制、线条的选择、着色与配色、图形的取舍与相关的计算等。从严格的意义上说，统计图的绘图没有固定的方法，绘图时可以根据自己的艺术功底“自由”选择。这里只就统计绘图中常用的方法做以介绍。

1. 平面图法与立体图法

平面图法，就是用二维图形构成统计图式的绘图方法。平面图比较简单、实用，多数统计图都采取这种绘制方法，如图 6.1 至图 6.3 所示。

立体图法，就是用三维图形构成统计图式的绘图方法。其艺术性要比平面图高一些，如图 6.9 所示。

2. 单纯图法与装饰图法

单纯图法，就是仅由统计图的主要要素构成统计图式的方法。图中不含有宣传画，如单纯的条形图或线形图等。这种图多在计划、总结、分析报告、论文等比较“正规”的文体中使用，如图 6.1 至图 6.3 所示。

装饰图法，就是在单纯图法的基础上再配上宣传画的绘图方法。其中的宣传画一定要与图中统计资料的内容密切相关。这种统计图多用于宣传群众、鼓舞群众的场合。装饰图法需要较高的艺术性，因此，其制作难度也较大，如图 6.4 所示。

3. 线纹图法与着色图法

线纹图法，就是由不同的线纹来表示不同内容的统计资料的构图方法。如用左斜线纹表示工业产值，用右斜线纹表示农业产值，用方格网线纹表示交通运输业产值等。如图 6.18 就是用不同的线纹表示不同的人口密度。

着色图法，就是用不同的颜色来表示不同内容的统计资料的构图方法。如用红色表示工业产值，用绿色表示农业产值等。由于人们对颜色的青睐，因而着色图也就比线纹图更受人们的喜欢。

实际操作中，也可把线纹图法与着色图法结合起来，如用不同颜色的线纹来绘制统计图。

4. 单一图法与复合图法

单一图法，就是只由一种图式构成统计图的方法。如条形图（见图 6.3）、曲线图（见图 6.2）等。

复合图法，就是由多种图式复合起来构成统计图的方法。如条形图与曲线图的复合（见图 6.1）、条形图与结构图的复合等。

5. 手工图法与机制图法

手工图法，就是专由手工进行绘图的方法。手工绘图对艺术水平和技术水平的要求都非常高，但它能绘出独特的统计图。一般来说，有创造性的象形图多由手工法绘出。

机制图法，就是由计算机通过一定的绘图软件来绘制统计图的方法。随着计算机技术的发展，多数统计图都可由计算机来完成，而且绘图规范、速度惊人，所以，现在多采用机制法绘图。

现在看来，机制绘图的方法已越来越多，其精细程度和艺术性也越来越高。但在创造性和艺术性上，机制图法还不能完全替代手工图法。

第二节　常用统计图的绘制

统计图式的类型，决定了统计图的特点，因而也决定了统计图的绘制方法。

一、条形图

条形图就是用相同宽度的条形来说明统计资料的统计图。它用条形的高低或长短来说明统计资料的多少或大小。条形可以直立（此时亦可称为柱形图），也可以横排。

条形图分单式条形图和复式条形图。

1. 单式条形图

单式条形图是将需要对比的指标用单一的条形排列而成的图形，如图 6.4 所示（摘自《奋进的 40 年》，国家统计局编，中国统计出版社 1989 年 7 月第 1 版）。

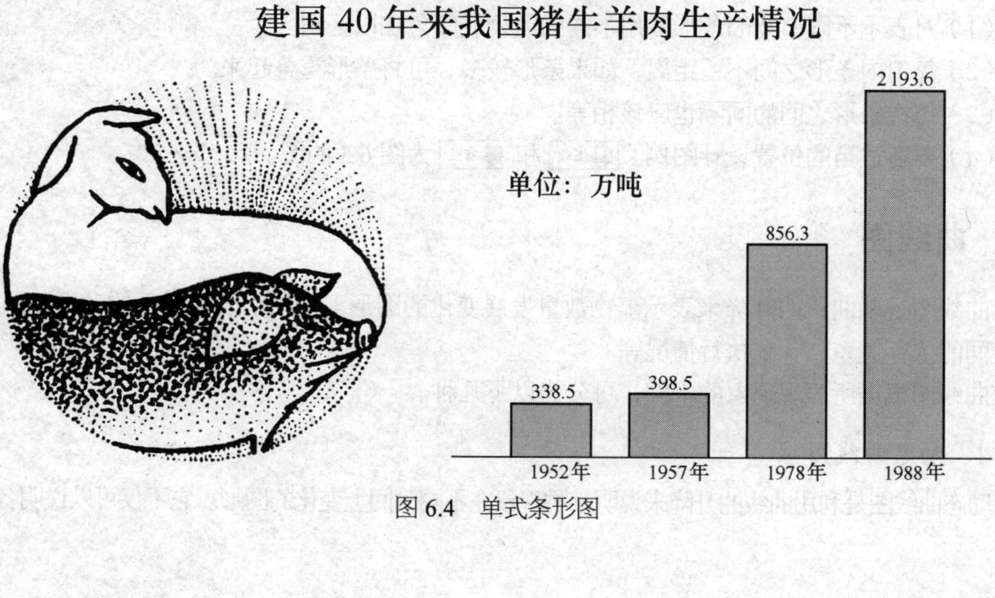

图 6.4　单式条形图

图 6.4 的绘图方法，采取的是平面图法、装饰图法（图中左侧的图案只是一个宣传画）、着色图法、单一图法、机制图法。

在绘制条形图时还需注意以下几个一般性问题。

（1）所有条形一定要在同一条基线上。

（2）每个条形的宽度一定要相等，条形之间的间隔也要相等。

（3）各个条形的排列应有一定的顺序。如与时间有关的条形图应以时间的先后为序，否则一般以指标数值的大小为序。

（4）一定要标清相应的统计数字。可以用纵坐标的形式标出，也可以在每个条形的上端标出。

（5）一定要有标题。指出图的基本内容和所在的时间、地点或单位等。

其他问题，就都属于艺术性的问题，制图者可随心所欲，尽情发挥。

2. 复式条形图

复式条形图是以多个条形为一组，在一个图上同时并列若干个组的条形图。该图既可以进行组与组之间的比较，又可以进行组内项目的比较，如图 6.5 所示。

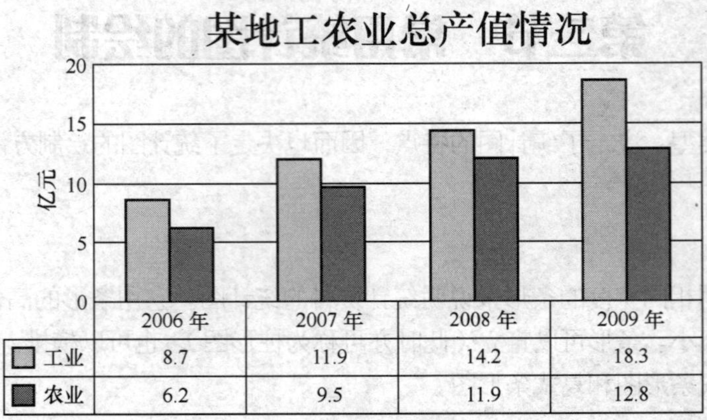

	2006 年	2007 年	2008 年	2009 年
工业	8.7	11.9	14.2	18.3
农业	6.2	9.5	11.9	12.8

图 6.5　复式条形图

复式条形图的绘制方法和单式条形图基本相同。只是在绘制复式条形图时还需注意以下问题。

（1）对表示不同事物的条形需用不同的线纹或颜色加以区别。

（2）每组内条形之间不留距离，如果条形较多，可将条形重叠起来。

（3）每组条形之间的间隔也应该相等。

（4）要在适当的位置设计图例。工业 和 农业 为图 6.5 的图例。

二、曲线图

曲线图是以曲线的升降来表示事物数量发展变化的图形。常用于表现现象的动态、两种现象之间的依存关系、计划执行情况等。

曲线图根据所表现现象的不同，可分为以下几种。

1. 动态曲线图

动态曲线图是利用曲线的升降来说明某种现象在不同时间上变化的图形。它不仅可以说明各个不同时期现象的发展水平，而且还能从曲线斜度的大小上反映出现象发展速度的快慢，如图 6.6 所示。

绘制动态曲线图时应注意以下问题。

（1）图中的曲线均为折线，而不用圆滑曲线连接。其他曲线图也是如此。

（2）要把时间因素设计在横轴上，而且横轴上时间的长度，一定要与线段的长度成比例。

2. 依存关系曲线图

依存关系曲线图是利用曲线来说明现象与现象之间依存关系的图形。它能反映出一个指标对另一个指标的影响程度或依赖程度。其画法与动态曲线图相同，如图 6.7 所示。

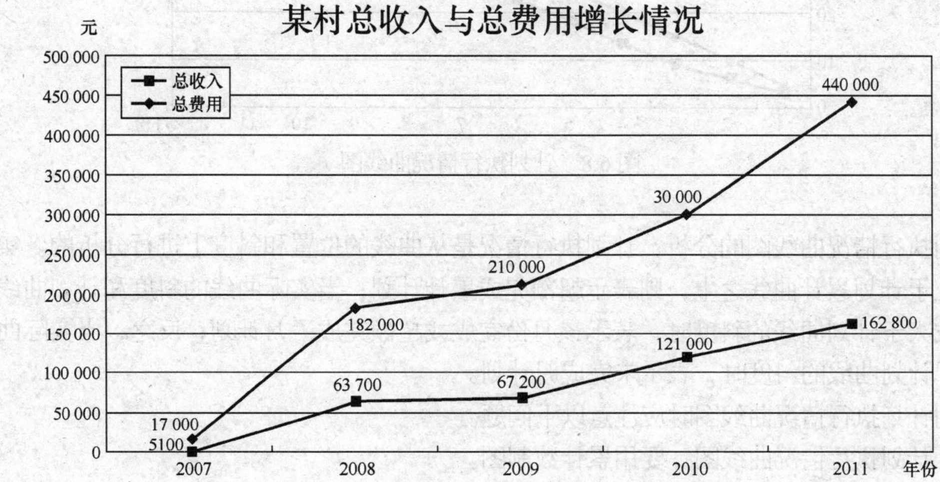

图 6.6　动态曲线图

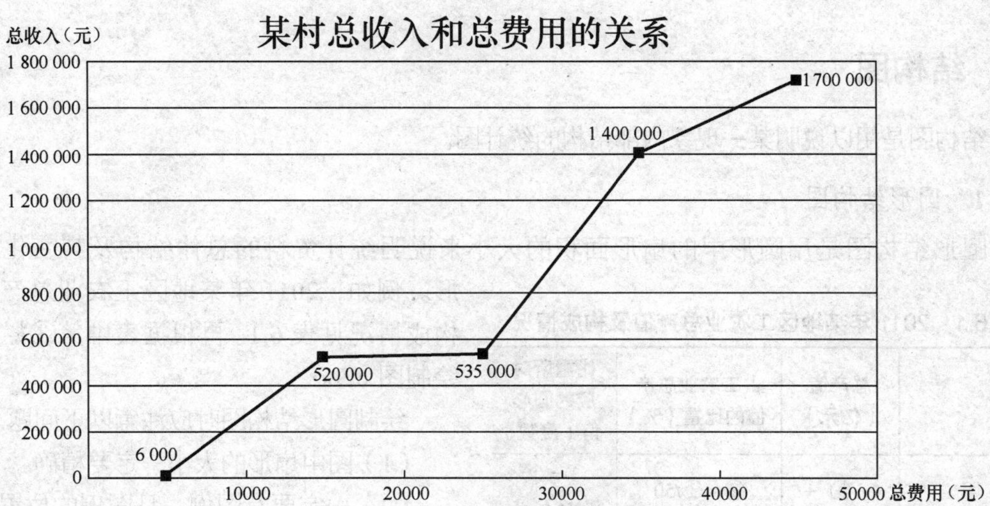

图 6.7　依存关系曲线图

绘制依存关系曲线图时，要把自变量设计在横轴上。

3. 计划执行情况曲线图

计划执行情况曲线图，实质上也就是动态曲线图，所不同的只是图形上所表示的不是各期的数值，而是到各期为止的累计数值，如图 6.8 所示。

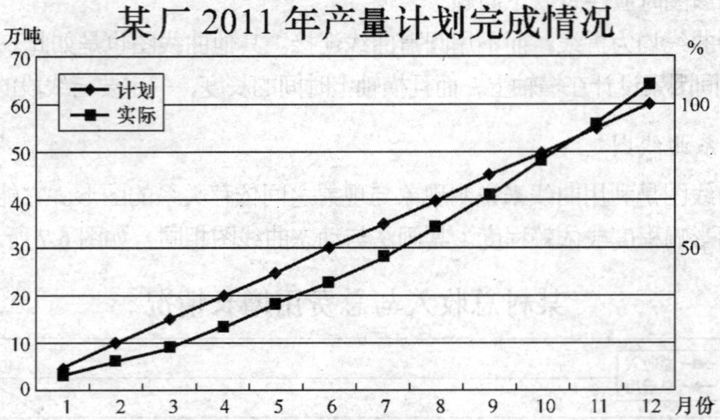

图 6.8　计划执行情况曲线图

计划执行情况曲线图的分析：计划执行情况是从曲线的位置和斜度上进行分析的。实际累计曲线位于计划累计曲线之上，则表示超额完成累计计划；当实际曲线的斜度和计划曲线的斜度相同或大于计划曲线的斜度时，表示该月份完成或超额完成了月计划；反之，当实际曲线的斜度小于计划曲线的斜度时，表示未完成月计划。

绘制计划执行情况曲线图时应注意以下问题。

（1）计划执行情况曲线图，要用累计数制图。

（2）应设两个尺标——绝对尺标和相对尺标。图 6.8 左侧为绝对尺标，可用以反映计划完成的绝对数量；右侧为相对尺标，可用以同时分析计划完成百分比的情况。

三、结构图

结构图是用以说明某一现象内部结构的统计图。

1. 圆形结构图

圆形结构图是用圆形中的扇形面积的大小来说明统计资料的总体结构及其变化的图形。例如，2011 年某地区工农业总产值及构成情况见表 6.1。再根据表中第③栏资料绘制图 6.9。

表 6.1　2011 年某地区工农业总产值及构成情况

	总产值（亿元）	占工农业总产值的比重（%）	比重所对应的圆心角（度数）
甲	①	②=①/50	③=②×3.6°
工业总产值	35	70	252°
农业总产值	15	30	108°
合　计	50	100	360°

绘制圆形结构图时应注意以下问题。

（1）图中扇形的大小一定要精确。

（2）一定要有图例，且图例的位置要适当，如图 6.9 中工业与农业所示的摆放位置，可使图式产生稳定感。

（3）若在一幅图中包含多个圆形结构图，要把它们绘在同一个基线上。

（4）在一幅图中进行多个圆形的比较时，圆形的面积应有不同的处理方法。若只是比较结构上的变化，则各个圆形的面积应该一样大；若既要比较结构的变化，又要比较绝对量的增长情况，则面积可根据统计数据的大小而不同（关键是半径的确定）。

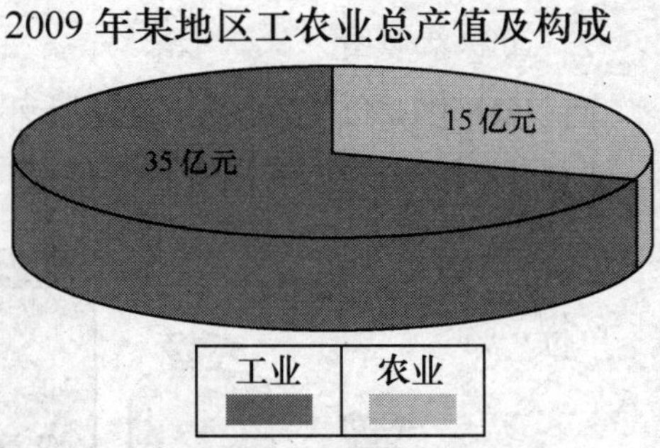

图 6.9　圆形结构图

2. 条形结构图

条形结构图是以条形的全长代表总体（100%），条形内的分段代表总体的各个部分，分段的长短表示各组成部分在总体内所占比重的大小，如图 6.10 所示。

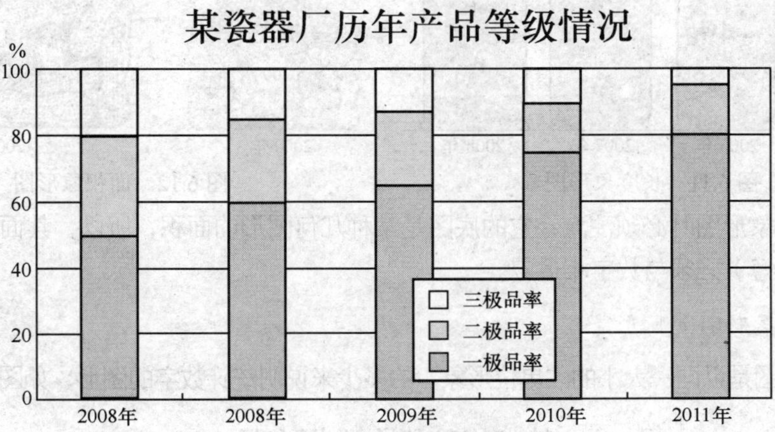

图 6.10　条形结构图

在绘制条形结构图时应注意以下问题。

（1）画图的依据应是比重的资料。这就需要把统计数据的绝对数据转换成相对数据。

（2）总体中不同的部分，要用不同的颜色或线纹，且排列的顺序应相同。

（3）一定要有图例。并在适当位置绘制出图例。

四、象形图

象形图就是用各种实物的具体形象来表示统计数字的一种图形。它比一般统计图表现统计资料时更为生动、形象。所以在评估、竞赛、展览会及宣传工作中，都非常广泛地运用象形图。常见的象形图有以下几种。

1. 长度象形图

长度象形图是以实物形象的长短来表示统计数字大小的图形。这种图式实质上是条形图的变形，所以其绘制方法基本和条形图一样，所不同的只是把条形绘制成各种象形化的实物而已，如图 6.11 所示。

绘制长度象形图时必须注意：它的底图是条形图，所以，其条形的长短必须与数字相适应。

需要说明的是：有些统计图上常常配有宣传画，目的是为了突出图表中文字和数字所要表达的意义，使人容易理解，加强图表的效果。但这不是象形图，因为这些图形本身不代表任何统计数字。图 6.4 所示是条形图而不是象形图。

2. 面积象形图

面积象形图是以实物形象的面积大小来表示统计数字大小的图形，如图 6.12 所示。

图 6.11　长度象形图

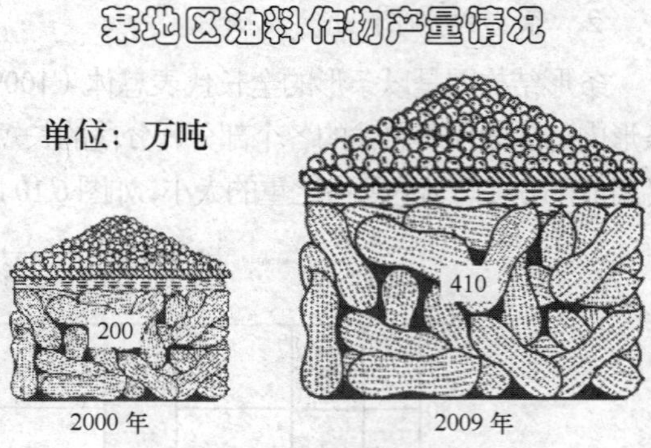

图 6.12　面积象形图

绘制面积象形图时必须注意：它的底图是某种几何图形的面积，所以，其面积的大小（而不是边长的长短）必须与数字相适应。

3. 单位象形图

单位象形图是以同一大小的“单位形象”的多少来说明统计数字的图形，如图 6.13 所示。

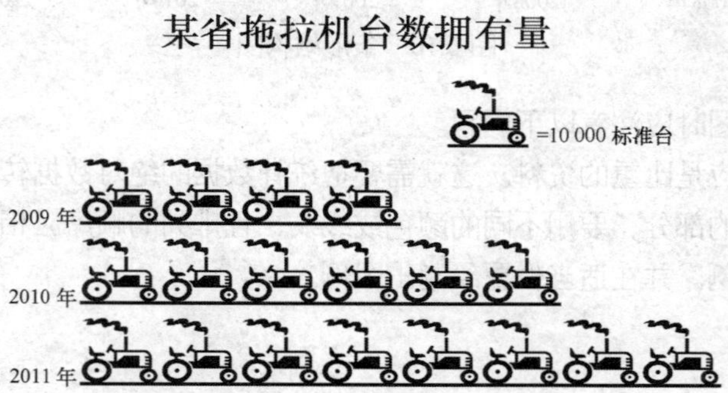

图 6.13　单位象形图

绘制单位象形图时应注意以下问题。

（1）必须设计好构成象形图的“单位象形”。如图 6.13 中的，且要保证图中所有“单位象形”必须一致。其排列也应尽可能整齐，以便于计数和比较。

（2）单位象形图中的“单位象形”应该保持完整。数字不能保证恰好完整时，应用“四舍五入”的办法近似取整。这是因为：象形图一般都是用来宣传群众的，不是用来搞研究的，近似值就可以达到目的；如果让不完整的“单位象形”出现在统计图中，可能会让人不好理解，如“缺少一半”的拖拉机应该是废铁而不再是拖拉机。

（3）一定要有图例。而且要求图例的大小、形状等，必须与图中“单位象形”完全一致；另外，还要把图例放在一个合适的位置。

4. 其他象形图

其他象形图即不具有对比基础，仅以图形说明指标内容而与其大小无关的象形图，如图 6.14

所示（摘自《奋进的40年》）。

建国以来基本建设新增生产能力

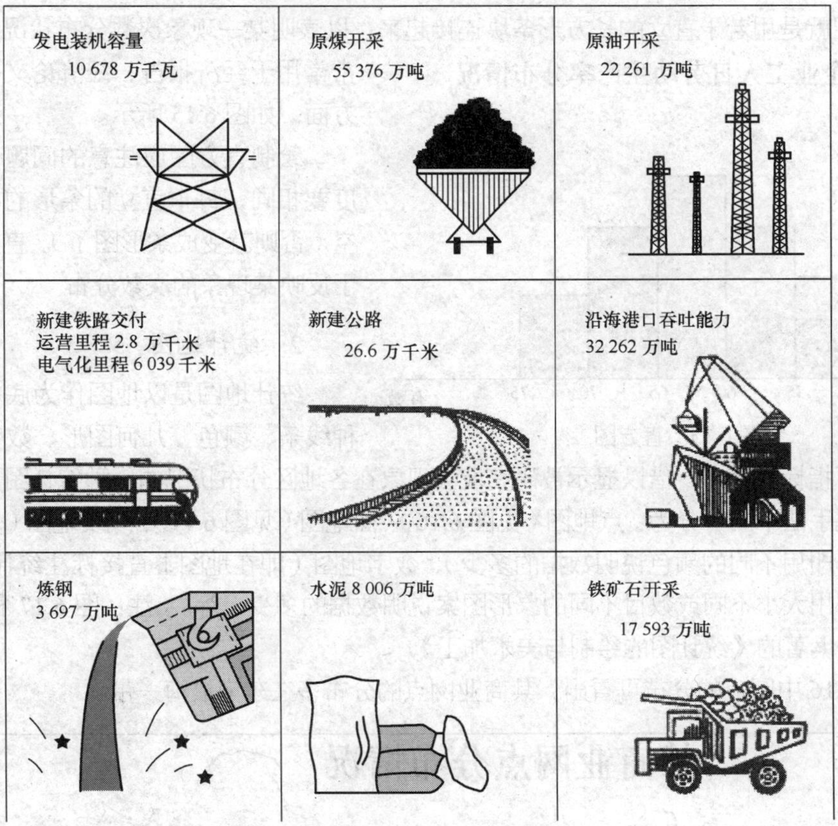

图 6.14　其他象形图

其他象形图中的图式，只要在内容上与它所反映的指标相称即可；在图形的大小、形式上不做任何要求，只要在布局上合理即可。这是因为图中各项指标之间没有对比的基础，因而不用在图式的大小上进行比较。

统计小常识

对象形图你了解多少？

（1）其他象形图与配有宣传画的统计图一样吗？不一样！配有宣传画的统计图，若去掉宣传画还是统计图。但其他象形图，若去掉了图中的图式就不再是统计图了。

（2）绘制象形图时一般应注意什么问题？①反映什么就要画什么；②画什么就要像什么；③要特别注意科学性，即长度象形图其长度要准确，面积象形图其面积要准确，单位象形图其每个“单位象形”要一样大且一模一样。

五、分布图

分布图就是用来说明某种现象在不同分组或空间上分布状况的图形。分布图分为直方图和统计地图两种。

1. 直方图

直方图就是用若干直立的长方形条块连接起来，以表明某一现象次数分布状况的图形。它常常用于经济报告、经济论文等科学研究方面，如图 6.15 所示。

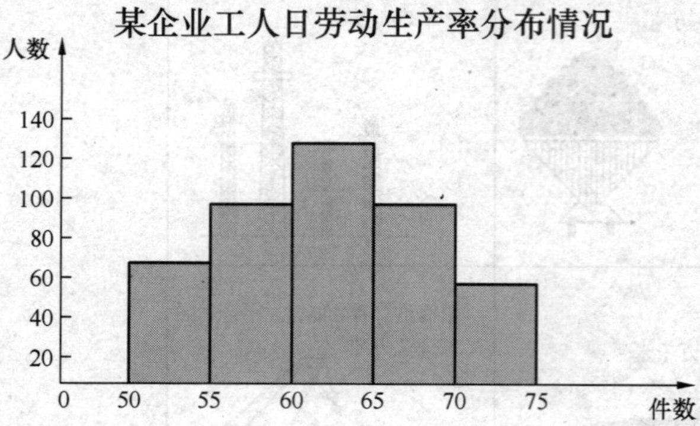

图 6.15　直方图

绘制直方图应注意的问题：条形的宽度要相同，每个直立的条形的中间不能留空（否则就变成条形图了）。直方图一般用于反映某现象的次数分布。

2. 统计地图

统计地图是以地图作为底本，利用各种线条、颜色、几何图形、数字或象形来比较各地区指标的大小，借以显示被研究社会现象在各地区分布状况的一种统计图形。根据统计图的表现手法不同可分为：点地图（见图 6.16）、面地图（见图 6.17）、线纹地图（见图 6.18）、颜色地图（即用不同的颜色说明数据的多少）、数字地图（即在地图上直接标注统计数字）、象形地图（即用大小不同或数目不同的象形图案说明数据的多少）等。（注：图 6.17 和图 6.18 摘自刘秉恒等编著的《统计图的绘制与美术加工》）

从图 6.16 中圆点的分布可看出，其商业网点的分布多在东南沿海一带。

图 6.16　统计地图（点地图）

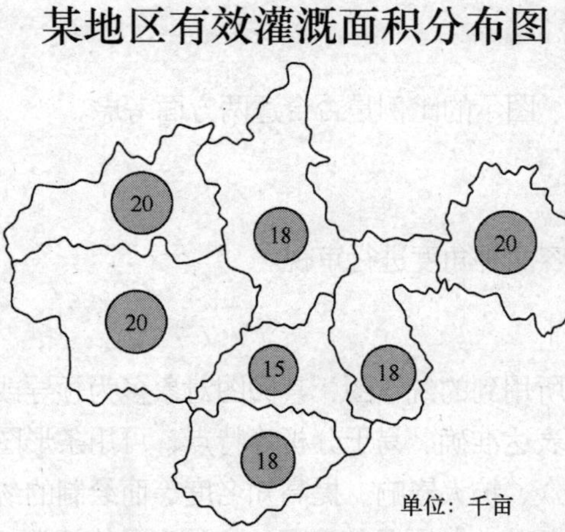

图 6.17　统计地图（面地图）

图 6.18　统计地图（线纹地图）

绘制统计地图应注意以下问题。

（1）作为底图使用的地图，其外轮廓线必须画得准确，尤其是国家一级的地图。

（2）内轮廓线（即图内各地区的轮廓线）可以稍粗一点（如用折线勾画），当然，也是能够精确为好。

（3）图示符号的选择要合适，如表现某种指标的数量，可用点、线、面、色彩、象形等表示；如表现分布的密度，可用各种粗、细疏密线纹或深浅颜色表示；如表现各地域结构特征，可用各种表现结构的图形等。

第三节　统计图的审视

统计图的审视，就是统计专业人员或领导对统计图的构成、科学性、艺术性等方面进行的审查。统计图的审视包括外观形式的审视和科学性审视两大方面。

一、统计图外观形式的审视

在审视统计图外观形式时应注意以下几方面：

（1）看统计图的构成要素是否齐全。如标题、图式、尺标或数字、辅助部分等。

（2）看图式是否为统计图的主体。这主要看图式部分所占的面积是否足够大，一般来说，应占 70%以上。

（3）看图式是否逼真、漂亮。这就是统计图的艺术性审核。

（4）看统计图的布局是否合理。如重心是否偏向一方、图式是否过窄或过长、由几个部分构成的图式是否协调、图例位置是否有利于整幅统计图的“平衡”和“稳定”等。

（5）看是否缺少统计数字。这一点非常重要，如果一幅图没有统计数字，那就不是统计图而是宣传画了。

（6）看颜色的搭配是否合适。

二、统计图的科学性审视

审视统计图的科学性可从图式的选择是否合理、图示的比例是否合适两方面考虑。

（一）图式的选择是否合理

图式的选择是否合理可以从阅图对象和数字内容两种角度进行审视。

1. 从阅图对象的角度进行审视

一般来说，经济论文、经济报告、工作总结等所用到的统计图，其阅图对象多为领导或研究型人员，因而，其图式的选择应具有风格朴素、表达准确、易于分析等特点，可用条形图、结构图、曲线图、统计地图等；如果是为了宣传群众、扩大影响、提高知名度等而绘制的统计图，其阅图对象多为“业外人士”，要吸引这些人的目光，其图式的选择就应具有风格活泼、艺术性强、感染力强等特点，可用象形图、象形地图、带有宣传画的条形图、带有宣传画的曲线图等，而且宣传画要画得艺术、鲜明。

2. 从数字内容的角度进行审视

统计数字是具有一定经济意义的数字，统计图要有利于对这些数字的反映和分析。一般来说，在根据数字来选择图式时可参考以下建议。

（1）单位之间的比较，可选用条形图。应该说，条形图的用途最广，一般的资料都可用条形图来绘制。

（2）具有动态过程的数字、要突出现象之间依存关系的数字，可选用曲线图。

（3）反映计划和实际的资料，如果只是为了进行各阶段或各单位之间的比较，可选用复式条形图；若是一个单位的资料，且要反映计划执行的全过程，就应选择计划完成曲线图。

（4）反映事物内部结构的资料（即比重），则适合于结构图。但要注意：具有包含关系的资料（如反映某地粮食产量和商品粮产量的资料），应选用条形图而不该选择结构图。这是因为在结构图中，各个部分所占的扇形面积给人感觉就是“它们之间的关系是相互独立的”。

（5）反映总体单位次数分布的资料，一般适合于用直方图。

（6）反映地域分布的资料，应选用统计地图，也可选用条形图。

（7）只要能找到合适的图式，各种资料都可以选用象形图。

（8）如果资料较多、也较复杂，就可以考虑用较复杂的统计图。如条形图与圆形结构图的结合、曲线图与象形图的结合、各种统计图与宣传画的结合等，如图 6.1 和图 6.19 所示。

（二）图式的比例是否合适

图式的比例是否合适，可通过对数字与图形大小的比较来进行判断，主要的方法是通过计算和测量。具体方法如下。

（1）对条形图主要看其条形的长短、宽窄和间隔。

（2）对圆形结构图主要看其圆心角。先算比重，再乘 3.6° 求圆心角并用量角器进行检查。

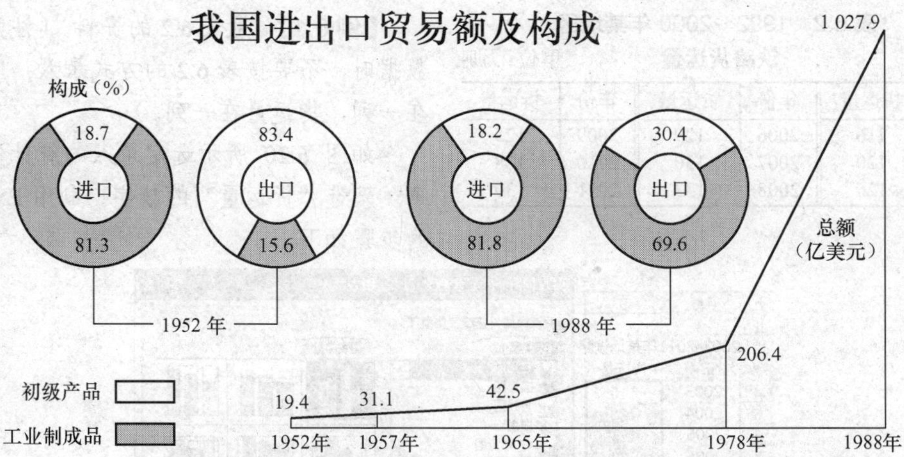

图 6.19　圆形结构图与动态曲线图的结合

（3）对曲线图主要看时间的长度。横轴上时间的长度，一定要与横轴上线段的长度成比例。这是因为曲线的陡峭程度可以用来说明事物发展的速度，而曲线的陡峭程度与横轴上线段的长短有着直接的关系。

（4）对长度象形图主要看“条形”的长短，因其实质是条形图。

（5）对面积象形图主要看“边长”的长短。

（6）对单位象形图主要看“单位象形”的个数。对于不能“整除”的数字，一般均按“四舍五入”的规则进行确定。

（7）对于点地图主要看“点”的个数。当用“点数”代表事物分布密度时，就要看“点”的个数是否与它们所代表的指标数值相一致。

（8）对于面地图主要看“面”的大小。即看用以反映指标数值的“面积”是否与指标数值的大小相一致。

（9）对线纹地图主要看图中的线纹，要看这些线纹是否与图例相一致。

第四节　利用 Excel 制图

利用 Excel 制作统计图，是一种非常快捷、有效的方法，所以，统计图的制作是一种非常有用的技能。但一般来说，不懂手工制图的人，用 Excel 也制不好统计图，而且，有些统计图还无法利用 Excel 来制作，如象形图、统计地图等。

Excel 中常用的统计图有：①柱形图；②条形图；③折线图；④饼图；⑤散点图；⑥面积图；⑦圆环图；⑧雷达图；⑨曲面图；⑩气泡图；⑪股价图；⑫圆柱图；⑬圆锥图；⑭棱锥图等。

Excel 中的统计图，实际上也是一些函数。不可把它们看成是统计图的分类，因为它们不符合统计学中统计图的分类标准。

一、柱形图的绘制

下面举例说明利用 Excel 绘制柱形图。

表 6.2　1992～2000 年某地区铁路货运量　　单位：万吨

年份	货运量	年份	货运量	年份	货运量
2003	116	2006	129	2009	125
2004	120	2007	130	2010	128
2005	125	2008	133	2011	139

【例 6.1】 见表 6.2 的资料。（注意：录入数据时，不要按表 6.2 的方式录入，应该年份在一列，货运量在一列。）

如图 6.20 所示选定录入的统计资料。注意：只选“货运量”的数字。利用 Excel 绘图的步骤如下。

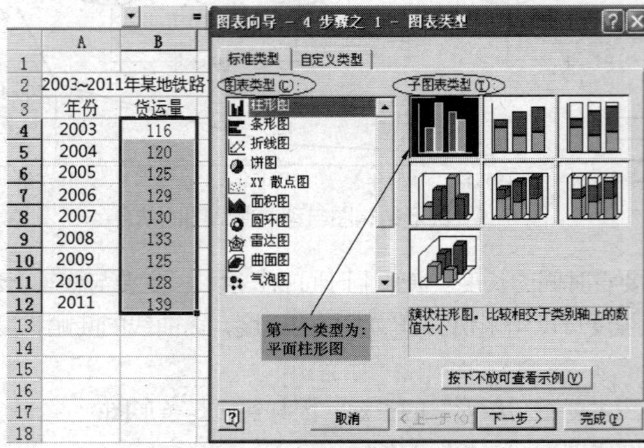

图 6.20　选图表类型——选图式

（1）单击菜单栏的“插入”→“图表”；在图 6.20 的“图表类型”中选“柱形图”；在“子图表类型”中选一种图（如平面柱形图）；单击“下一步”按钮，则出现如图 6.21 所示的对话框。

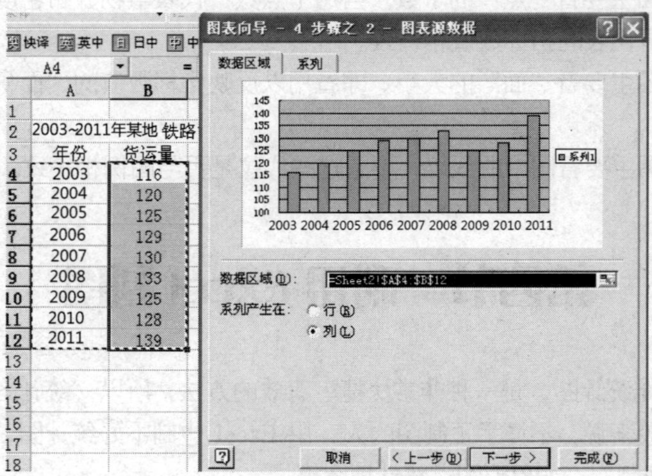

图 6.21　默认数据产生的区域和产生的系列

（2）在图 6.21 中，关键是确定“系列产生在”行还是列，本例默认为“列”即可。

（3）单击图 6.21 对话框中的“系列”标签，则会出现如图 6.22 所示的对话框。

（4）在图 6.22 中，最关键的是给“分类（X）轴标志”导入“年份”数据，即把光标移入“分类（X）轴标志”后面的长条框中，再到数据资料中选中所有“年份”的数据，导入后，从图 6.22 中可看出：每个柱形的下面都注上了年份的数值；单击“下一步”按钮，会出现如图 6.23 所示的对话框。

（5）在“标题”的标签下填入有关标题。即给“图表标题”填入“2003～2011 年我国铁路货运量”；给“分类（X）轴”填入“年份”；给“数值（Y）轴”填入“货运量”；单击“图例”标签，去掉“显示图例”前的“✓”号（若是复式柱形图则应保留此“✓”号），如图 6.24 所示。

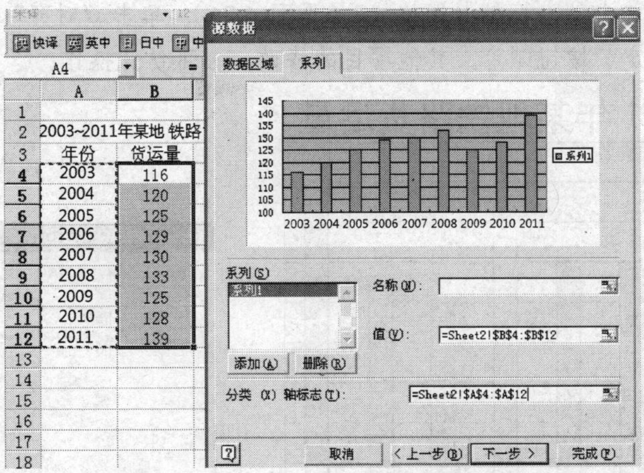

图 6.22　在系列标签下导入 X 轴的数据

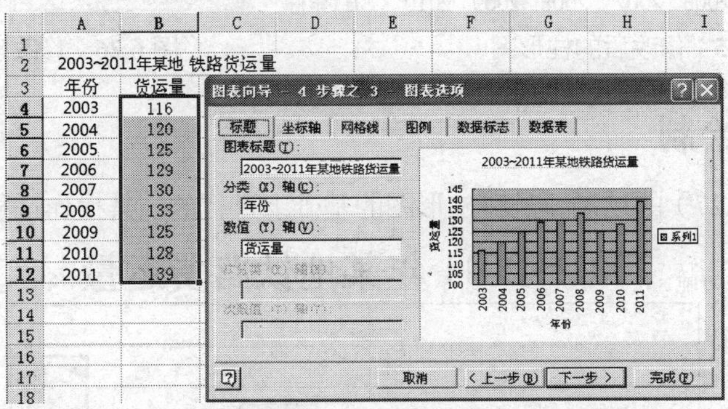

图 6.23　给图填入总标题和坐标轴名称

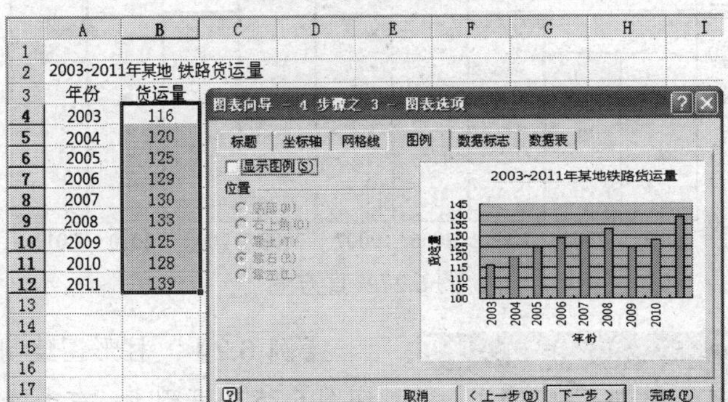

图 6.24　确定是否保留图例

（6）单击“下一步”按钮；选择“作为其中的对象插入”（也可选择“作为新工作表插入”）；单击“完成”按钮。此时，可见到一幅柱形图插入到工作表中，其图表的样式如图 6.24 所示。

若觉得图 6.24 不满意，还可进行修改。欲修改何处就点击何处，之后进行修改即可。如：改变图式的大小；改变字号的大小；把坐标轴的名称拖到你自己认为合适的位置；改变坐标的名称（如将“货运量”改为“万吨”，见图 6.24 和图 6.25）；把纵坐标的名称转变方向等。改变后的统计图如图 6.25 所示。

例如，若想把纵坐标的名称（已改为“万吨”，但文字方向是横向的）转变方向，其操作方法是：单击“万吨”（原来的位置应在图 6.25 纵坐标左侧），则出现一个边框；右击该边框，则出现一个选项菜单；单击“坐标轴标题格式”（见图 6.26）；单击“对齐”标签；在“方向”中调整角度；单击“确定”按钮即可。其他项目的修改，亦可仿此操作。

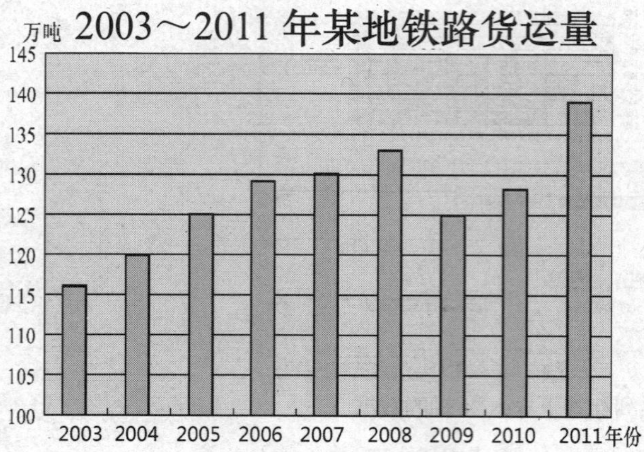

图 6.25　修改后的柱形图

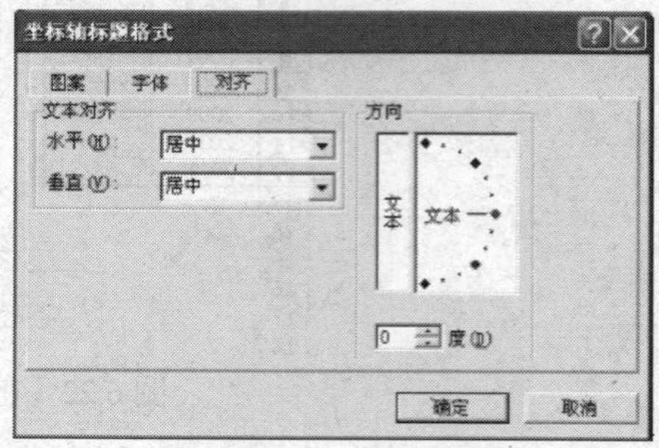

图 6.26　修改坐标轴的名称

二、直方图的绘制

直方图（见图 6.27）的绘制，是在柱形图的基础上进行的，其操作过程以例 6.2 进行说明。

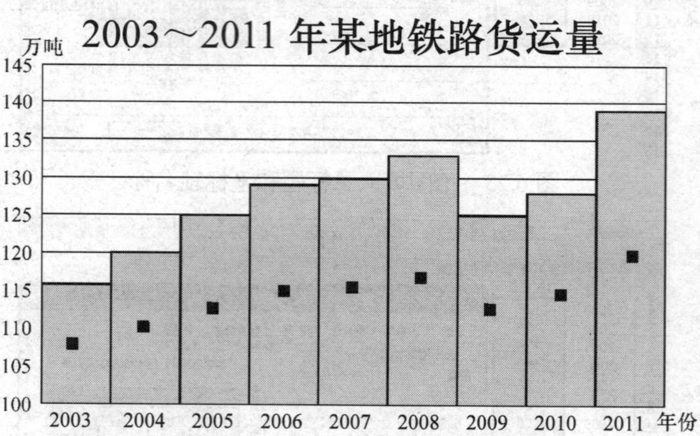

图 6.27　直方图

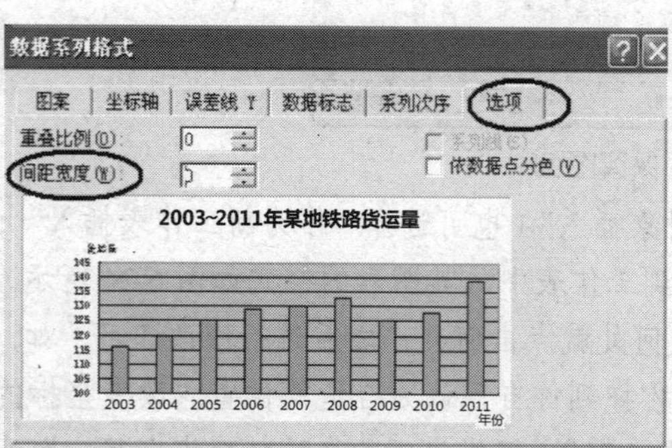

图 6.28　把柱形图变为直方图的选项操作

【例 6.2】　柱形图绘制操作过程见例 6.1。在图 6.25 的基础上，右击图中任意一个条形；在出现的选项菜单中单击“数据系列格式”；在出现的对话框（见图 6.28）中单击“选项”标签；再把“间距宽度”的数值改为 0；单击“确定”按钮即可，形成的直方图如图 6.27 所示。

三、散点图的绘制

散点图是一种非常重要的统计图，尤其在进行回归分析时其作用更加重要。

散点图及其他类型的统计图，其操作过程都与柱形图的操作基本相同，下面举例说明。

注意

一般来说，按上述操作后所得到的图式不会令人很满意，如字号、字体、图式的大小、布局、文字的位置等，所以还需调整。其调整方法与柱形图的调整相同。

【例 6.3】　以表 6.2 的资料为例，散点图的完整操作过程如下。

录入绘图资料（仍需按两列录入）；选定录入的统计资料（只选“货运量”的数字）；单击“插入”菜单项；单击“图表”；在“图表类型”中选“散点图”；在“子图表类型”中选一种图（如第一个类型）；单击“下一步”按钮；确定“系列产生在”行还是列（如选择“列”）；单击“系列”标签；给“分类（X）轴标志”导入“年份”数据；单击“下一步”按钮；给“图表标题”填入“2003～2011 年我国铁路货运量”；给“分类（X）轴”填入“年份”；给“数值（Y）轴”填入“货运量”；单击“图例”标签，去掉“显示图例”前的“√”；单击“下一步”按钮；选择“作为其中的对象插入”；单击“完成”按钮。此时，可见到一幅散点图插入到工作表中，其图表的样式如图 6.29 所示。

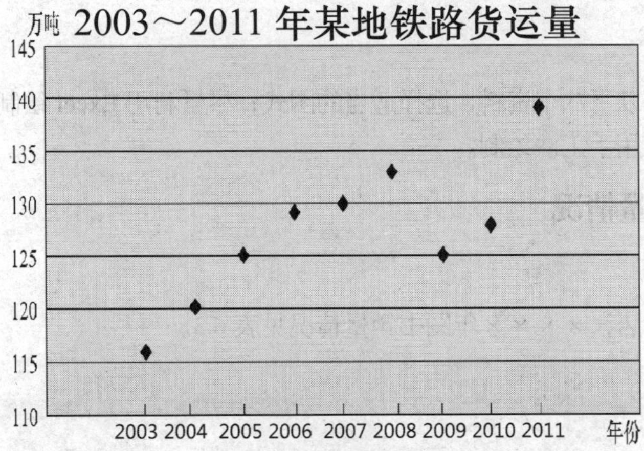

图 6.29　散点图

其他统计图的绘制，其步骤和方法与柱形图、散点图等基本相同。

复习思考题

1. 什么是统计图？它有何特点？
2. 统计图由哪些部分所构成？如何绘制统计图？
3. 统计图的绘制原则包括哪些？如何理解？
4. 如何对统计图进行分类？实际中的统计图，是否可以结合运用？
5. 绘制条形图时应注意哪些问题？
6. 绘制曲线图时应注意哪些问题？
7. 绘制结构图时应注意哪些问题？
8. 绘制象形图时应注意哪些问题？

9. 绘制直方图和统计地图时应注意哪些问题？

10. 如何审视统计图？

11. Excel 中，对统计图是如何分类的？

12. 利用 Excel 制作统计图的程序是什么？为什么还要对其进行修改？如何修改？

13. 如何绘制直方图？

技能实训

【技能目标】

能够正确区分各种统计图。

会用手工法绘制统计图，并会审图。

掌握 Excel 绘制统计图的方法，熟练掌握 Excel 方法绘制条形图、直方图、散点图和曲线图。

一、统计制图

总的要求：根据以下八个资料，选择适当的图式；尽量利用 Excel 绘制统计图；对于 Excel 难以完成的统计图则用手工法绘制。

（一）图书销量情况

1. 实训材料

某市所属三个书店，××××年图书销量情况见表 6.3。

提示

最好能搞一个手工绘图比赛。这不但能提高学生的统计图绘制技能，而且能够激发学生学习的统计热情和积极性。

2. 参考答案

本资料可用来绘制条形图、圆形结构图、象形图等。若绘制条形图则如图 6.30 所示。

表 6.3 某市××××年图书销量情况

单 位	图书销量（万册）
新华书店	126
科技书店	85
外文书店	105

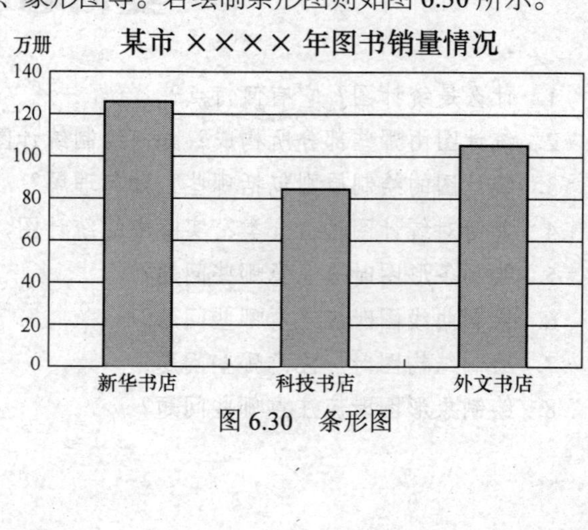

图 6.30 条形图

请思考

若在图 6.30 的柱形上再加上数字，应该如何操作？若绘圆形结构图，其数字应如何处理？若绘象形图应如何绘制？

（二）农业生产结构情况

1. 实训材料

发展乡与新兴乡××××年农业生产结构状况见表 6.4。

表 6.4　××××年两乡农业生产结构

项　目	农业总产值（万元）	
	发展乡	新兴乡
种植业	426	512
林　业	97	95
牧　业	103	67
渔　业	28	15
合　计	654	689

2. 参考答案

本资料可用来绘制复式条形图、圆形结构图、条形结构图、象形图等。若绘制复式条形图则如图 6.31 所示。

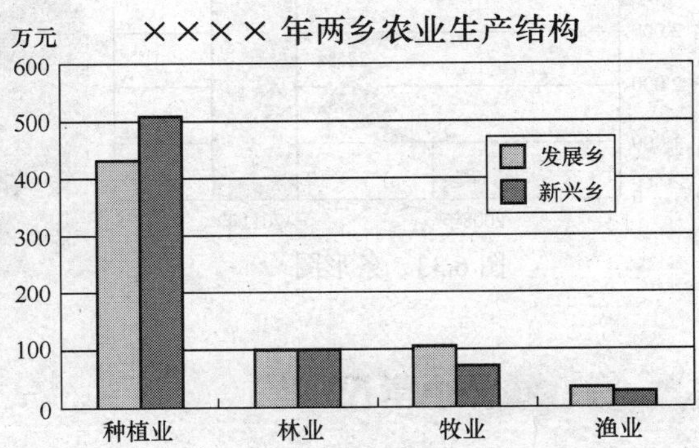

图 6.31　复式条形图

请思考

若把图 6.31 的柱形变为立体图形，应该如何操作？若绘圆形结构图，应绘两个圆形还是四个圆形？其数字应如何处理？若绘条形结构图，其条形的长短是否应该一样？若绘象形图应如何绘制？

（三）粮食产量情况

1. 实训材料

某地粮食产量及商品粮产量情况见表 6.5。

表 6.5　某地粮食产量及商品粮产量情况

单位：万公斤

年份	2006	2007	2008	2009	2010	2011
粮食产量	2 565	2 802	2 871	3 003	3 174	3 540
商品粮产量	1 171	1 403	1 462	1 569	1 730	2 260

2. 参考答案

本资料可用来绘制复式条形图、动态曲线图、象形图等。若绘制曲线图则如图 6.32 所示。

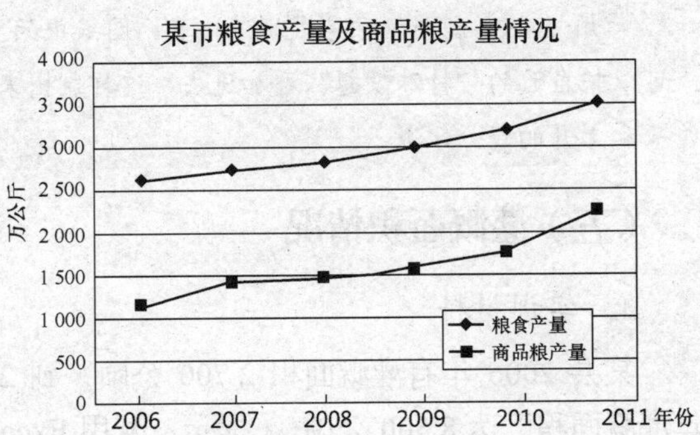

图 6.32　动态曲线图

请思考

若把图 6.32 中的单位“万公斤”横过来，应该如何操作？若绘复式条形图，应是几组条形？能否用组合图的方法把条形图和曲线图组合到一起？可否给条形图和曲线图配以宣传画？应如何配这种宣传画？如何绘制象形图？

（四）商品销售额情况

1. 实训材料

某市百货公司 2005 年的商品销售额为 1 436 万元，而 2008 年的商品销售额已经达到 4 667 万元。（提示：若用 Excel 制图，就需要把这种以“文字叙述”的资料形式，转变成统计表的形式后再进行制图。）

2. 参考答案

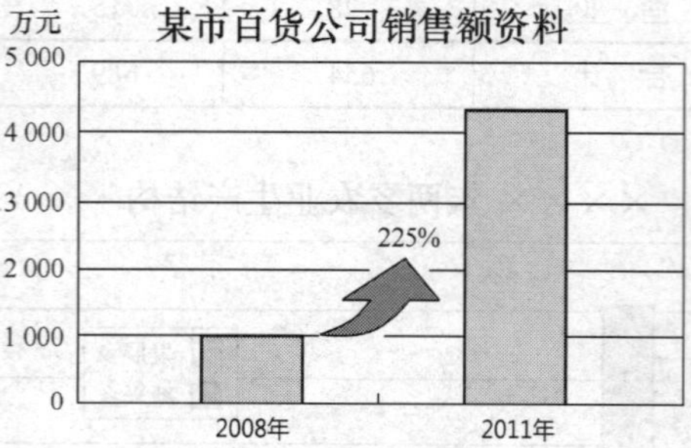

图 6.33 条形图

本资料可用来绘制条形图、曲线图、象形图等。若绘制条形图则如图 6.33 所示。

请思考

图 6.33 中的箭头和“225%”是如何绘上去的？若绘曲线图，还会形成曲线吗？能否用组合图或装饰图的方法绘制该图？如何绘制象形图？

统计小常识

Excel 与画图软件相结合效果更好

用 Excel 制图毕竟是太规范化了，图式中的主要部分都可以用此软件绘出来，再用画图软件就可以把自己的“特殊设想”添加进去，这样制出来的统计图其效果就会更好。如图 6.33 中添加的箭头和上升的百分比数。

（五）灌溉面积情况

1. 实训材料

某县 2006 年有灌溉面积 2 700 公顷，到 2010 年灌溉面积已达 8 500 公顷。（提示：若用 Excel 制图，就需要“先制表，再制图”。）

2. 参考答案

本资料可用来绘制条形图、曲线图、象形图等。若绘制条形图则如图 6.34 所示。

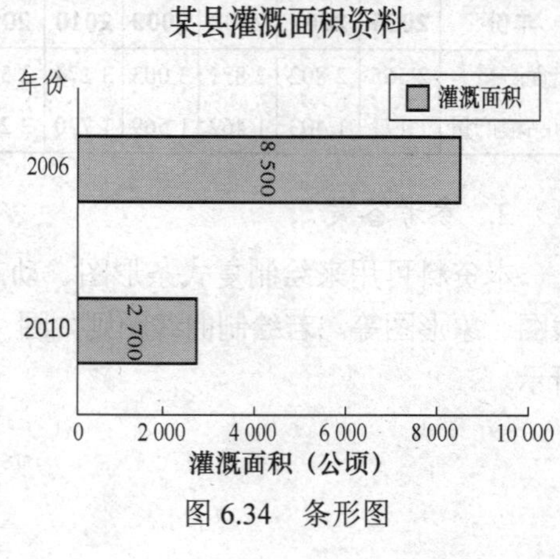

图 6.34 条形图

请思考

图 6.34 中图例是否可以去掉？能否与其他图式绘制成组合图或装饰图？可否给条形图和曲线图配以宣传画？如何绘制象形图？

（六）棉花生产情况

1. 实训材料

某县 2008 年生产棉花 8 000 吨，2010 年已能生产棉花 20 500 吨。（提示：若用 Excel 制图，就需要“先制表，再制图”。）

2. 参考答案

本资料可用来绘制条形图、曲线图、象形图等。若绘制象形图则如图 6.35 和图 6.36 所示。

图 6.35　面积象形图

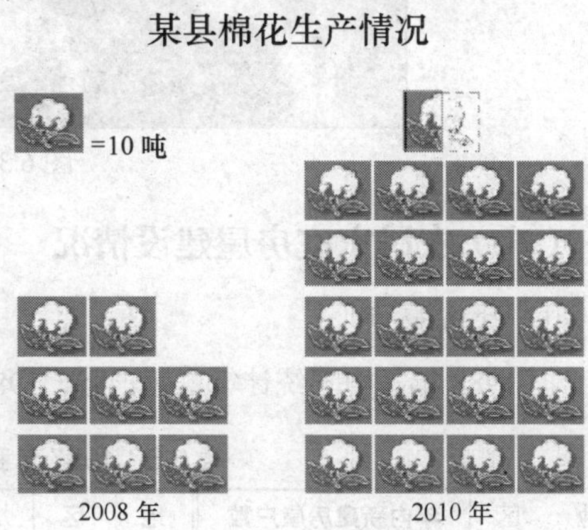

图 6.36　单位象形图

请思考

本资料可以绘制长度象形图吗？能否用组合图的方法绘制条形图和曲线图？可否给条形图和曲线图配以宣传画？

（七）畜禽存栏情况

1. 实训材料

据某乡政府统计，2011 年年末全乡各种畜禽存栏数为：生猪 3 万头、奶牛 8 000 头、绵羊 1.5 万只、蛋鸡肉鸡 8 万只、鸭鹅 4 万只。（提示：无法用 Excel 制图。）

2. 参考答案

本资料由于使用价值和计量单位都各不相同，所以，只能绘制其他象形图，如图 6.37 所示。

请思考

在图 6.37 中，如果去掉了统计数字将会如何？如果去掉了各种图式将会如何？本资料可以用来绘制条形图、曲线图、结构图和统计地图吗？

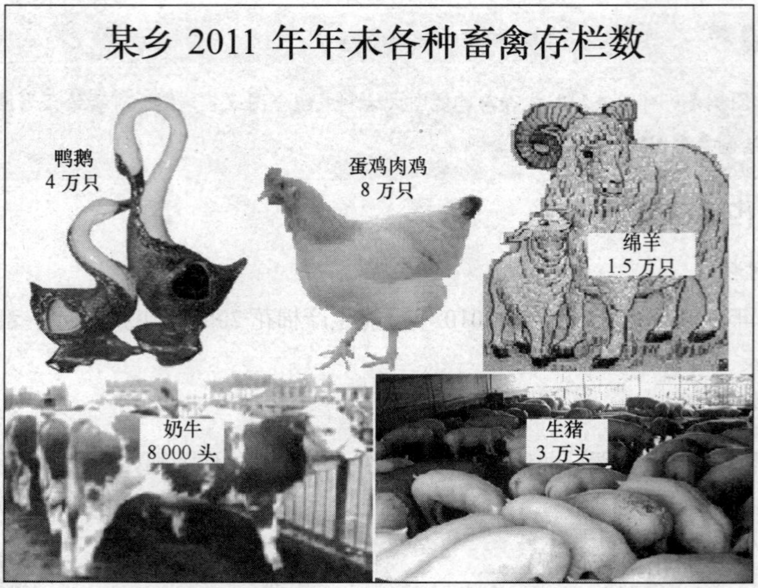

图 6.37　其他象形图

（八）农民家庭房屋建设情况

1. 实训材料

据 1988 年《中国统计年鉴》记载，1987 年我国农民家庭房屋建设情况见表 6.6。

表 6.6　1987 年我国农民家庭房屋建设情况

地　区	年内新建房屋户数	地　区	年内新建房屋户数	地　区	年内新建房屋户数
北京	90	浙江	253	四川	362
天津	52	安徽	399	贵州	112
河北	328	福建	126	云南	104
山西	146	江西	210	西藏	39
内蒙古	95	山东	448	陕西	170
辽宁	91	河南	539	甘肃	173
吉林	93	湖北	331	青海	45
黑龙江	74	湖南	276	宁夏	72
上海	52	广东	220	新疆	121
江苏	394	广西	116	台湾	（暂缺）

2. 参考答案

本资料只能绘制统计地图。如数字地图（见图 6.38）、象形地图（见图 6.39）等。

请思考

表 6.6 的资料可以绘制点地图、线地图、面地图和着色地图吗？为什么？

1987 年我国农民家庭新建房屋情况

图 6.38 数字地图

1987 年我国农民家庭新建房屋情况

图 6.39 象形地图

二、审视统计图

总的要求：对以下统计图进行审视，并找出其中错误。

（一）实训 1

1. 实训材料

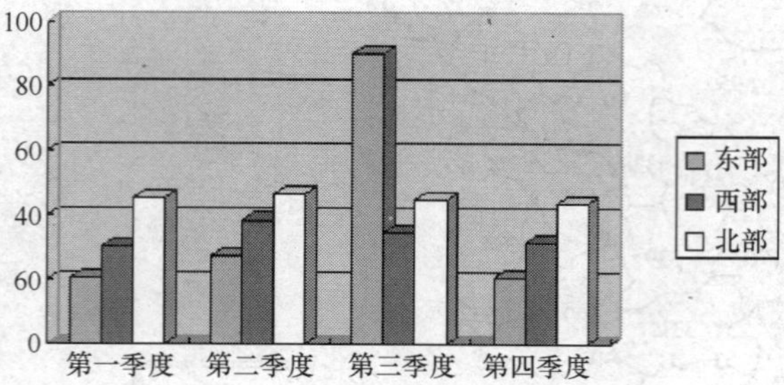

图 6.40 条形图

某地东、西、北部经济发展情况的资料如图 6.40 所示。

2. 参考答案

缺标题；缺计量单位；图例比例太大，使整幅图的结构显得不合理；标尺数字有误。

（二）实训 2

1. 实训材料

某地东、西、北部经济发展情况的资料如图 6.41 所示。

2. 参考答案

缺图例；缺计量单位。

（三）实训 3

1. 实训材料

某地主要粮食生产情况的资料如图 6.42 所示。

某地东、西、北部经济状况

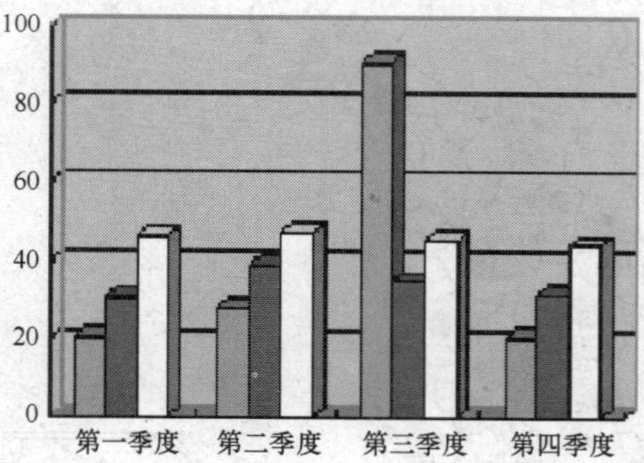

图 6.41 条形图

某地主要粮食生产情况

图 6.42 象形图

2. 参考答案

缺尺标；缺统计数字。严格地说，这不是统计图。

（四）实训 4

1. 实训材料

某省拖拉机台数拥有量情况的资料如图 6.43 所示。

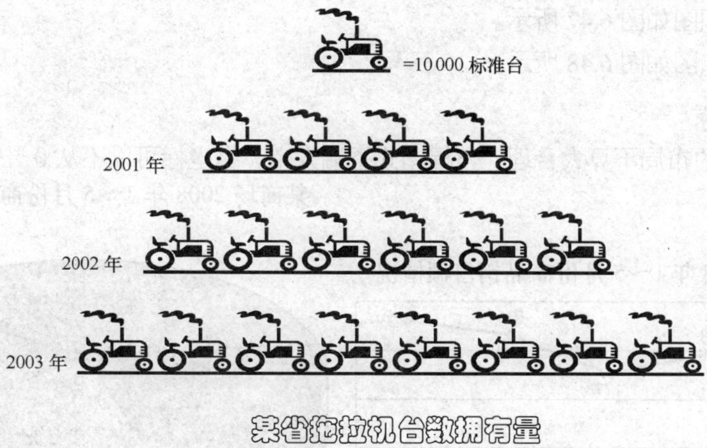

图 6.43　象形图

2. 参考答案

标题的位置不对，应在统计图的正上方；图例的位置不对，不应与“表示数字的图形”放在一起，应放在相对独立、又比较醒目的地方为好；排列的形式也不对，应左对齐排列为好。

（五）实训 5

1. 实训材料

某地有效灌溉面积分布情况的资料如图 6.44 所示。

2. 参考答案

缺数字或图例。

（六）实训 6

1. 实训材料

某商场 2008 年 1～5 月份销售额资料见表 6.7。根据表 6.7 绘制了以下几幅统计图，请审视。

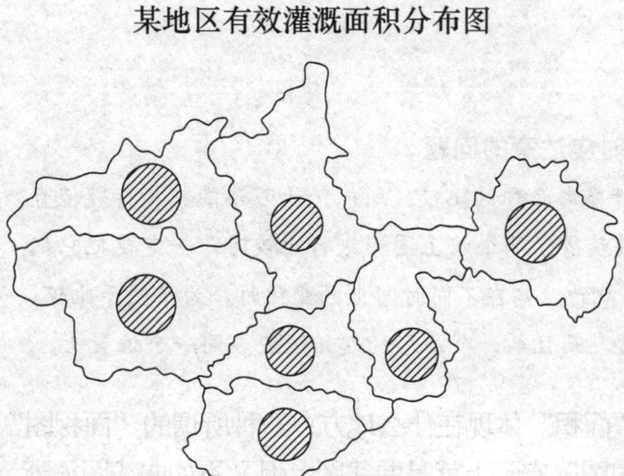

图 6.44　统计地图

表 6.7　某商场 2008 年 1～5 月份销售额资料

月　　份	1	2	3	4	5
商品销售额（万元）	165	198	177	216	230

1）所绘曲线图（也称折线图）如图 6.45 所示。

2）所绘圆形结构图（也称饼形图）如图 6.46 所示。

3）所绘面积图如图 6.47 所示。

4）所绘散点图如图 6.48 所示。

2. 参考答案

1）图 6.45 的布局不算太合理，整幅图式下端太空，纵坐标可以不从 0 开始。

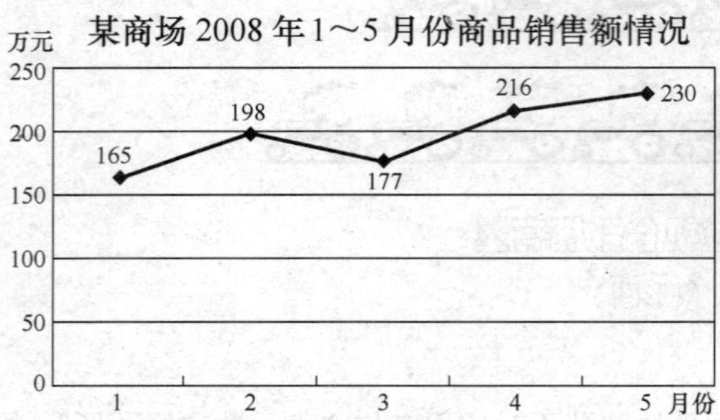

图 6.45 折线图

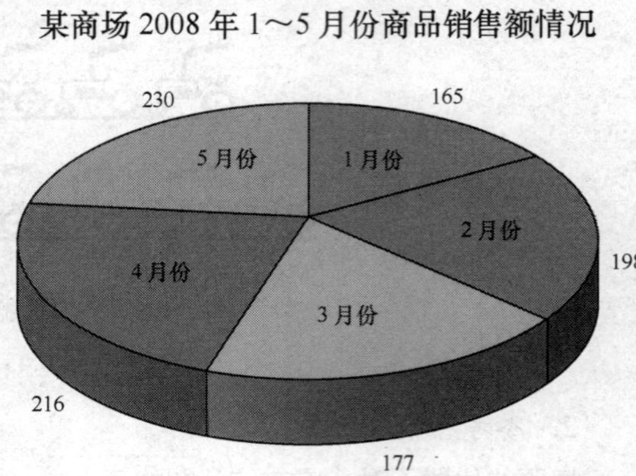

图 6.46 饼形图

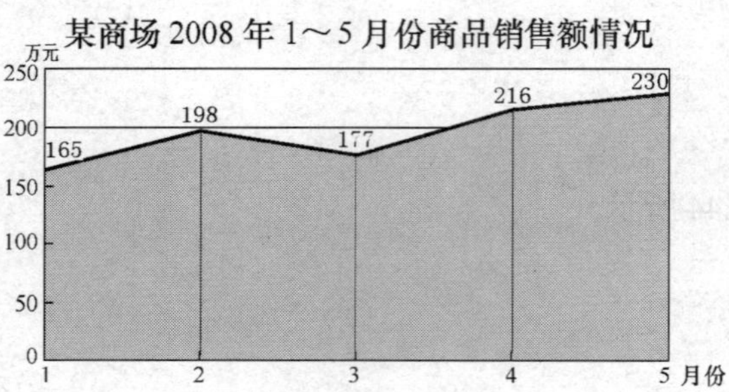

图 6.47 面积图

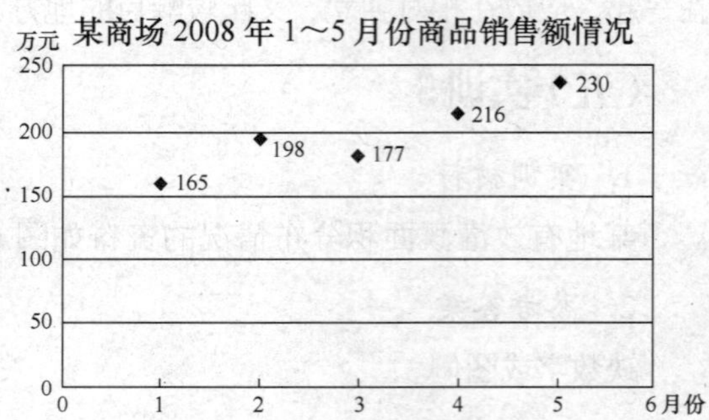

图 6.48 散点图

2）图 6.46 中缺计量单位；图式选择不合理，这是一个动态资料，在时间上五个月构不成一个总体，所以不该用结构图。

统计小常识

绘制圆形结构图时应注意的问题

绘制圆形结构图时，给人的感官认识是在进行扇形面积的比较。所以，千万不能把指标数值直接作为半径来绘图；绘图的半径要用开平方的方法获得；两个以上图形进行比较时，一定要把它们绘在同一个基线上；如果用两个或多个圆形表示现象的结构在不同时间上的变化时，为了便于比较，各组成部分的扇形面积在圆形内的排列顺序要一致，而且第一个扇形的起始边应在同一个位置上。

3）图 6.47 的图式选择不合理，不容易看懂“面积”体现在什么地方；这种所谓的“面积图”不是统计图中的正规分类，尽量少用；这种“面积图”实际上就是曲线图，但又不如曲线图清晰。

4）图 6.48 的布局不太合理，图式下端太空，纵坐标可以不从 0 开始；图式选择不尽合理，“散点”就意味着“不联系”或“联系不紧密”，这显然与本资料的性质不符。实际上，本资料最适合于绘制曲线图，若嫌简单，可配以宣传画或选择象形图。

第七章

总量分析法

【学习目标】

通过本章的学习应理解总量指标、期增指标和期减指标等概念；掌握总量指标的分类，时期指标和时点指标的特点；明确总量指标的“常理界限”的含义；掌握总量指标的形象转化表达法熟练计算和运用总量指标，并能应用总量指标分析实际问题；学会运用 Excel 进行统计汇总。

【案例导入】

据 2012 年 3 月 9 日的报道，我国第十一届全国人民代表大会第五次会议在人民大会堂举行第三次全体会议，听取全国人大常委会委员长吴邦国作的全国人大常委会工作报告。报告中强调要确保 2012 年财政性教育经费支出占国内生产总值（GDP）的比例要达到 4%，同时以深化教育体制改革为抓手，全面实施素质教育，着力培育创新能力，大力推进教育公平，把公共教育资源更多投向农村地区、贫困地区、民族地区，保障进城务工人员随迁子女平等接受义务教育。

又据另一报道可知，2012 年全国教育经费支出若能确保占到国内生产总值比例的 4%，则应近 2 万亿元。

启发思考

（1）在第一段报道中用了一个相对指标——4%（财政性教育经费支出占国内生产总值的比例），你认为是多还是少？

（2）在第二段报道中用了一个总量指标——2 万亿元，你认为是多还是少？

（3）为什么在以上两个自然段分别用了不同类型的数据，给人的感觉会不一样？

总量指标是反映社会经济现象在一定时间、地点、条件下的总规模和总水平的基本综合指标。它的表现形式是绝对数，又称绝对指标。例如，一个国家的人口数、土地面积、企业数、产品产量、基本建设投资额等都是总量指标。总量分析法就是利用总量指标对社会经济现象进行分析的方法。

总量指标是通过统计记录或直接相加所获得的基础统计指标，是统计中最简单、最直接、最基本的指标，指标的数值大小随总体范围的变化而增减。

总量指标在社会经济统计中具有非常重要的意义。首先，总量指标是对社会经济现象总体认识的起点；其次，总量指标是制定政策、编制计划、检查计划、进行科学管理的重要基本数据；再次，总量指标是计算相对指标和平均指标的基础。

第一节　总量指标的分类

统计中的总量指标，都是在一定时间、地点、条件下社会经济内容的定量表现。我们在研究总量指标时要根据不同的需要，从不同的角度对其进行分类。

一、单位总量和标志总量

总量指标按其所反映的内容不同可分为单位总量和标志总量。

单位总量（总体单位总量）是指总体中所含总体单位的个数，也叫总体容量。它是反映总体本身规模大小的总量指标。如研究某市国有企业的经营状况，则该市国有企业总数是单位总量，当研究某企业职工的生活状况时，则该企业的职工人数是单位总量。

标志总量（总体标志总量）是指总体中各单位某种标志值的总和。它是反映总体水平高低的总量指标。如研究某市国有企业的经营状况时，该市国有企业的利税总额、职工人数、工资总额等都是标志总量。

二、实物量、价值量和劳动量

总量指标是反映客观实际存在的、具有一定社会经济内容的数字，所以其数字一定具有计量单位。根据计量单位的不同，总量指标可分为实物量指标、价值量指标和劳动量指标三种。

1. 实物量

实物量指用实物单位计量的总量指标或绝对数量。实物单位就是反映事物的自然形态和物理属性的计量单位，包括自然单位、度量衡单位、双重单位、复合单位、折合单位和其他单位。

（1）自然单位。自然单位就是按照被研究现象的自然属性来表现其数量的一种计量单位。如人口以“人”为单位，汽车以“辆”为单位，机器以“台”为单位，牛以“头”为单位等。

（2）度量衡单位。度量衡单位就是按照统一的度量衡制度的规定来度量客观事物数量的一种计量单位。其中重量单位有“千克（kg）”、“吨（t）”等，面积单位有“平方米（m^2）”、“公顷（hm^2）”等，体积单位有“立方米（m^3）”等，容积单位有“升（L）”等。

（3）双重单位。有的事物用一种计量单位不能准确地反映其真实的规模和水平，需要同时用两个单位分别加以反映，这种计量单位叫双重单位。如电动机以“台/千瓦”来表示，起重机以“台/吨”来表示等。

注意

双重单位表示同时用两种计量单位分别反映该现象的量，两个单位中间的小斜线不是表示两者相除之意。这样的单位形式，目前已基本上不用了，因为这样的数值不便于计算机的处理。

（4）复合单位。复合单位就是用相乘的方法将两种计量单位有机地结合在一起来表示事物的数量。如货物周转量用“吨千米”表示，发电量用“千瓦小时”表示，客运量用“人次”表示等。

（5）折合单位。折合单位也叫标准单位，就是按照统一折算标准来度量被研究现象数量的一种计量单位。某些同类产品由于规格、品种、能力或化学成分含量不同，其使用价值也就不同，因而产品的混合量不能确切反映生产成果。为此，对一些产品要求按一定的折合标准，折算为一种标准规格或标准含量的产品，如“标准台”、“标准吨”、“标准只”等。

（6）其他单位。其他单位，就是除以上五种计量单位以外的、专业性较强的专有单位或特有单位，如千瓦（kW）、焦耳（J）、兆字节（MB）、立方米/秒（m^3/s，注意：m^3/s 不是双重单位）等。

实物量指标的优点是能直接反映事物的使用价值或具体内容。其缺点是缺乏综合能力，即不能把不同单位的量加在一起而形成总量。

2. 价值量

价值量指用货币单位计量的总量指标或绝对数量。它使不能直接相加的产品或商品数量过渡到能够加总，用以综合说明不同使用价值的产品总量或商品总量等的总规模或总水平，如国民生产总值、社会商品零售额、产品成本、利润等。

货币单位有人民币和外币之别。如用人民币表示的常用价值量单位有“元”、“万元”、“亿元”等。

价值量指标的优点是综合能力强。其缺点是过于抽象，从它所表现的数字中无法看出它包含的具体内容。

3. 劳动量

劳动量是以劳动时间作为计量单位的总量指标或绝对数量，如“工时”、“工日”等。任何事物、财富都是劳动消耗的产物，劳动量是可以相加的，将生产各种产品所消耗的劳动量相加可以得到劳动消耗总量。

劳动量指标的特点是有一定的综合能力，但综合能力又不如价值量。

三、时期数与时点数

总量指标按其反映的时间特点不同，可分为时期数与时点数。

1. 时期数

时期数是指社会经济现象在一定时期内发展过程的总量，如产品产量、商品销售额、国内生产总值等。

统计上常用的时期有日、月、季、年、五年、十年等。

时期数具有以下特点。

（1）可连续登记。连续登记是指其指标数值在时间上是连续的，即不丢时间段的登记。而不能把它理解为登记时间的连续。可以是每天一登记，也可以隔几天一登记，但不管相隔多长时间进行登记，都需要把资料所属的时期连续上。

（2）数值的大小与时期长短有直接关系。在一般情况下时期越长指标数值越大，反之则越小。如年产值必定大于年内某月产值，月产值必定大于日产值等。但有些现象如利润等出现负数时，可能出现时期越长数值越小的情况。

（3）时期数具有动态可加性。所谓动态可加性，是指该指标在不同时间上的数值可以累计相加，累加后具有独立的经济意义（即能独立存在和独立运用），表示更长一段时间内事物发展过程的总数量，如月产量等于日产量之和，年产量等于月产量之和等。

2. 时点数

时点数是指社会经济现象在某一时刻（瞬间）上所达到的数量，如人口数、商品库存量、在校生人数等。

统计上常用的时点有以下两种。

（1）以某一时刻或瞬间为时点。如我国第一次农业普查的标准时点为1997年1月1日0时。

（2）以某一天为时点。如月初，月末；季初，季末 ；年初，年末等。其实这类“时点”应该是一个时期，即从0时到24时这段时间，但在统计上常常默认为时点。

统计小常识

以某天作为时点时，统计上默认的规则

把某天作为时点的情况下，其数字可以作为上下期交界的“联结点”。即当在“上期期末数”和“下期期初数”中仅知其一时，可以用其中之一来代替，如常见的有：上月月末数＝下月月初数；上年年末数＝下年年初数等。

时点数具有以下特点。

（1）不能连续登记。时点数只能在某一时刻登记得到，无法连续登记。

（2）数值的大小与时间间隔的长短没有直接关系。其数值的大小不会按间隔时间的长短而成比例地增减。如年末设备台数并不一定比年内某月月末设备台数多。

（3）时点数没有动态可加性。如“工人人数”就是时点指标，假设某月1日有500名工人，2日有505名工人，若把两者相加，所得的1 005就没有独立的经济意义，这是因为它既不是全厂的工人数，也不是该厂“两天内的工人总数”，这一数字没有独立存在和独立运用的价值。

综上所述，时期数与时点数有着明显的区别：①两者所反映的时间状态不同。时期数是用来反映现象在一段时期内所积累的总量，从时间上说，有起点、有终点，并包括从起点到终点之间所有时间段上该现象所积累的总量；而时点数所体现的时间状态不是一段时期而是一个时点，它只反映这一时点上现象所达到（或呈现）的总量。②两者的动态可加性不同。时期指标具有动态可加性，而时点指标则不具有动态可加性。③两者指标数值的大小与时间的关系不同。时期数与指标所包含的时期长短有直接关系；而时点数与指标所间隔的长短没有直接关系。

第二节　总量指标的计算

一、总量指标计算中的常用概念及计算

总量指标是统计记录和加总的结果，因此在计算总量指标时常常要进行求和运算。在对总量指标进行求和运算时，常采用“小计”、“总计”、“累计”等不同的计算方法。

1. 小计

小计就是各个阶段或各个小组的合计数。如表 7.1 中各个季度的合计数都可称为“小计”，第一季度的小计就是 1～3 月份的产量之和，第二季度的小计就是 4～6 月份的产量之和，等等。小计可以分阶段或分小组地来分析现象发展的状态，也有助于进行全阶段或总体数量的计算。

表 7.1 某企业 2011 年各季度的产品生产情况

时间		产品产量（台）	各月累计（台）
第一季度	1 月份	50	50（即 1 月份的数值）
	2 月份	50	100（ =50+50）
	3 月份	52	152（ =100+52）
	小 计	152（ =50+50+52）	—
第二季度	4 月份	52	204（ =152+52）
	5 月份	54	258（ =204+54）
	6 月份	55	313（ =258+55）
	小 计	161（ =52+54+55）	—
第三季度	7 月份	55	368（ =313+55）
	8 月份	55	423（ =368+55）
	9 月份	56	479（ =423+56）
	小 计	166（ =55+55+56）	—
第四季度	10 月份	56	535（ =479+56）
	11 月份	58	593（ =535+58）
	12 月份	60	653（ =593+60）
	小 计	174（ =56+58+60）	—
总计（或合计）		653（有两种计算方法）	—

2. 总计

总计也可称为合计，它是全阶段或总体的合计数。如表 7.1 中的总计数为 653，它表明全年的总产量为 653 台。总计（合计）表明了现象全阶段或总体的发展状况。该数字的计算有以下两种方法。

（1）根据最小层的数字来计算，即各个月份的数字之和。

（2）根据小计的数字来计算，即各个季度的数字之和。

可见，有了“小计”再计算其“总计（或合计）”就简单得多了。

3. 累计

累计实际上是一个移动加总的计算过程，它等于从最初阶段到本阶段为止的合计数。如 1 月份的累计数就等于 1 月份的数字；2 月份的累计数就等于 1～2 月份的数字之和；3 月份的累计数就等于 1～3 月份的数字之和，依次类推。

以表 7.1 为例，累计数的计算有以下两种方法。

（1）根据各月数字计算累计数时，其计算公式为

本月份的累计数=1 月份的数字+2 月份的数字+…+本月份的数字

（2）根据已有的累计数和各月数字计算累计数时，其计算公式为

本月份的累计数=上个月份的累计数+本月份的数字

统计小常识

小计、累计可提高工作效率

平时多做小计和累计的工作，就相当于把全年的计算工作分散到平时来做了，到年末时自然就提高了工作效率。所以，要学会合理运用小计和累计的方法。

从计算方法上说，小计和累计都是“有规律”的运算。所以，用 Excel 进行计算，则会更高效。

总量指标的具体计算方法主要有两种，一种是根据统计调查登记的资料进行汇总；另一种是根据社会经济现象之间的各种关系进行推算（统计估算）。

二、运用总量指标应该注意的问题

1. 明确指标的含义和范围

在计算总量指标时，首先要明确规定每项总量指标的含义和范围。有一些总量指标从表面上看比较简单，但是若不对其含义、范围作出明确规定则很难正确计算其总量。如：要计算国内生产总值，就必须清楚指标的含义和性质，据此确定统计范围和方法。要解决好这一问题，必须正确理解被研究现象的性质、含义，同时要熟悉统计制度的有关规定，才能统一计算口径，正确计算出它们的总量。

2. 计算实物量时，要注意现象的同质性

只有同质现象才能计算实物指标的总量。同质性意味着同样的使用价值和经济内容，是可以综合汇总的；对于不同质的现象则不能简单地相加汇总，这一点非常重要。如我们可以把玉米、小麦、高粱等看作一类产品来计算它们的总量，但不能把钢铁、煤炭等混合起来计算。

3. 要有统一的计量单位

计量单位不同不能相加。包括以下两种情况。

（1）不同类型的单位不能相加。如固定资产有的按“台”统计，有的按“千瓦”统计，尽管都是固定资产，但其实物量也不能相加。

（2）同一类型不同大小的单位不能相加。如粮食产量有的按“吨”统计，有的按“千克”统计，这也不能相加。

4. 不同层次的数字不能相加

不同层次的数字不能相加，是指性质相同、单位也相同，但“层次”不同的数字也不能相加。如表 7.1 中的“产品产量”就分为两个层次——各月份的数字和各季度的数字，在计算其合计数（653 台）时就只能依据其中一个层次的数字来计算，或者依据各个月份的数字来计算，或者依据各季度（即四个“小计”）的数字来计算。如果不分层次地把该栏的所有数字都加起来，其数值就会形成大量的重复计算。

这里需要注意：当某一个层次“不完全”时，就不该用该层次的数字计算其合计数。

5. 不是同一时点的时点数不能相加

所谓同一时点，是指一维时间中的某一时刻，因而它具有唯一性。如 2011 年 12 月 31 日在统计上就可以作为一个时点，它表明 2011 年的年末，它是唯一的，即没有另一个时点与它相重。不是一个时点的时点数，相加的结果没有独立的现实意义，因而不能相加。

6. 时间不连续的时期数不能相加

我们知道时期数是有“动态可加性”的，但这种“动态可加性”的基础是“时期连续”。如果时期不连续，相加的结果也会使其时期变得非常含糊，因而也就失去了现实的意义。

7. 在平行分组表中，不是一个分组标志所分的各组，其数值不能相加

在多标志分组的平行分组表中，如果其排列形式不是采取分段并排的形式，则只能根据其中一个分组标志分组所形成的各组别数值求和，见表5.18。

8. 不是总量指标不能直接相加

是指相对数、平均数不能直接相加，这个问题在以后的相关章节中还要详细讲解。

第三节　总量指标的分析

总体说来，总量指标的计算和分析都是比较容易的，但它的真实性却是非常重要的。实际中，对其真实性的控制具有非常强的"技能性"。

一、总量指标的分析结论

从人们对总量指标的一般心理期望来说，大致可分为三类：期增指标、期减指标和期适指标。人们对这三类指标的期望不同，因而在分析后所下的结论也就不同。

1. 期增指标越大越好

所谓期增指标就是按照人们的一般心理期望增加的指标。如产品产量、产值、利润、收入等。但这类指标是不可以无限增加的，实际上由于各种条件的制约，这类指标的增加也是有限制的，只是不易找到严格的界限罢了。

对期增指标的分析，由于不易找到标准的上限，所以常常采用比较分析法进行分析。如与计划比较、与同类企业比较、与本企业的历史比较等。

对期增指标比较后的结论为：增加就比减少好；增加的幅度越大越好。

2. 期减指标越小越好

所谓期减指标就是按照人们的一般心理期望减小的指标。如产品成本、费用、材料消耗等。但这类指标也不是可以无限减少的，实际上由于各种条件的制约，这类指标的减少也是有限制的，也不易找到严格的界限。

对期减指标的分析也与期增指标一样，常常采用比较分析法进行分析。如与计划比较、与同类企业比较、与本企业的历史比较等。

对期减指标比较后的结论为：减少就比增加好；减少的幅度越大越好。

3. 期适指标适当为好

所谓期适指标就是按照人们的一般心理既不期望太大也不期望太小的指标。如生产规模、人口数量、劳动时间等。这类指标由于各种条件的制约，应该存在着一个"标准"数值，但这个"标准"也不易找到。

对期适指标的分析，尽管不易找到这个"标准"，但总是可以确定一个比较适用的"标准范围"，再把这类指标与这个"标准范围"进行比较。

对期适指标比较后的结论为：不超出“标准范围”为好；小于标准的下限和大于标准的上限都不好；超出“标准范围”越多越不好。

注意

这个“标准范围”不是普遍适用的。各企业、各地、甚至各国都应该有适合自己的“标准范围”；另外，这个“标准范围”也是应该有变化的，一个企业现在适用的“标准范围”将来也不一定适用。这是因为这一“标准范围”是与各种条件相关的，相关的条件变化了，“标准范围”也应该随之变化。

二、总量指标的“常理界限”

尽管总量指标在实际中很难确定其上限、下限和适中的标准，但它们实际上是有界限的，因为它与企业的规模等有着直接的关系，如果知道了规模等的限定条件，这一界限就好确定了，这就是这里所说的“数字的常理界限”。

各地都应建立适应本地的“数字的常理界限”。这是工作效率的要求和工作水平的体现。

建立了适应本地的“数字的常理界限”，就有利于发现问题，控制本地的统计数据质量。这一方法非常有效，无论对于统计普查、统计报表，还是运用其他统计方法所获得的资料进行审查都是非常有效的。对那些“老统计”来说，“数字的常理界限”不但是他们的工作效率，更是他们的工作能力。

“数字的常理界限”与指标之间的关系不同，指标之间的关系是较为固定的，容易被发现，常常通过计算就能解决问题，只要有计算能力和认真的态度，即使没有工作经验也是能够做到的。但对于那些实际工作中不存在某种直接的指标关系，只有通过一系列特别复杂的运算（或所需要的计算时间特别长，或需要大量的人力或工作量等）才能获得的统计数字，就很难立刻发现问题，如产值的计算、利润的计算、收入的计算等，实际中不是能够很容易计算出来的，也很少有人愿意把每笔这样的数字都重新计算一遍来验证其真实性。对于这些数字，能够建立起当地的“数字的常理界限”就非常必要了。

在确定当地的“数字的常理界限”时，可以利用工作经验，也可以利用各种科学的方法，如回归分析法、比例推算法等，也可以充分利用各项普查中取得的总量和结构系数，或利用抽样调查、典型调查和统计报表等资料，运用科学的统计方法进行科学推算进行确定。

但需要注意，“数字的常理界限”不是一成不变的，因而也不是一劳永逸的方法。“数字的常理界限”的确定，应该是科学与经验的结合。经验使它相对稳定，时间一长就可能形成“过时的皇历”；科学是使其变化的因素，使其永远也不会过时，但它让人“永远也不会安宁”，因而也会使人疲倦，从而使科学的方法处于“刀枪入库”的尴尬局面。只有两者适当地结合，才是最为有效的方法。

第四节　形象转化表达法

形象转化表达法，就是对某些特别大或特别抽象的总量指标，通过形象转化的方式进行量的表达，给人们以加深印象的一种表达方法。如：某地污水排放量 5 000 万吨，由于此量太大，在人们脑海里形不成较为具体的印象，若将其转化为“相当于当地几个水库的容量”，其效果就具体得多了。

一、形象转化表达法的适用范围

一般来说，形象转化表达法只适用于以下几种情况。

（1）适用于对总量指标的表达。因为总量指标缺少对比的标准，一般也没有明确的上限或下限，因而不如相对指标和平均指标更容易形成正确的量的概念。

（2）适用于对“特大量”的表达。实际中，有些人对事物的“量”是有“盲点”的。一般来说，人们对千以内的数是比较熟悉的，再大了就会出现“只是觉得很多，但失去了量上的准确差别”，这种现象可称为“量的盲点”。实际上，尽管社会经济现象在统计上已有较为精确的量，计量单位也很明确，但不同的人对它们的反应是不相同的，对量敏感的人用不着进行形象转化也有明确的概念，但有的人只对一定范围内的量具有敏感性，而对特别大的量就会失去敏感性，从而变得“模糊不清”。对于后一类人群来说，这种形象转化表达法就有其特殊的作用。形象转化表达法就适用于可能产生“量的盲点”的人群。

（3）适用于对“抽象量”的表达。人们对能够看得到、摸得着的事物印象深刻，而对抽象的东西则没有什么印象。如某计算机硬盘的容量为 1TB，这个“1TB”到底多大？真是难以形成一个具体、形象的概念（尤其硬盘的体积与其容量基本没有什么关系，这就更让人难以琢磨）。尽管也知道：1TB=1 024GB，1GB=1 024MB，1MB=1 024KB，1KB=1 024B。但对于 1TB 的硬盘到底是个多大的容量，还是没有具体概念。如果把它转化为大家都熟悉的书的册数，就要好理解多了。若一本 50 万字的书，转化成电子图书需大约 50MB 来计算，则 1TB 的硬盘就能容下 2 万多本书（20 971.52 本），就相当于是一个小型的资料室。如果不转化就不会有这种概念。

（4）最适用于“宣传群众”或“广而告之”的情况。形象转化表达法本来可适用于各种人群和各种场合，但对于面向大众的宣传更会产生奇效。

二、形象转化的方法

大致说来，形象转化的方法可分为两大类：直接转化法和再次转化法。如何选择这两种方法：一是看原数字的单位，能否在转化形象中直接找到；二是看第一次转化后能否得到理想的效果。

（一）直接转化法

直接转化法就是把原数字和转化后新形象的量，直接通过简单换算而达到转化形象的方法。所以，它也可称为一次转化法。这里我们把原数字所代表的事物叫做原形，而把转化后的事物叫做新形。其转化过程可图示如下：

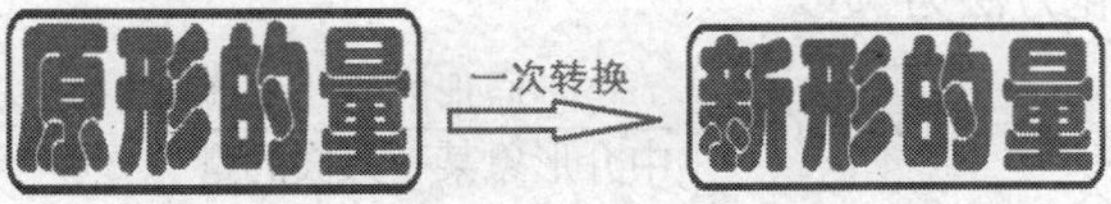

直接转化法的结果即为“倍数”。但在表达时不直接用“倍数”来描述，而是常常用转化形象后“新形”的某种单位（如个数、圈数等）来表达。转换的方法为

$$转形后的量=\frac{原形的量}{新形的量} \quad (7.1)$$

【例 7.1】 某地企业废水的年排放量为 3 000 万立方米。这个数字很难在人们头脑中形成一个非常清晰的“量的概念”，排放量是不少，但真正多到什么程度就有些模糊了。如果我们把它转化成杭州西湖的形象，可能效果就会更好些。因为全国人民都对古今名胜西湖印象深刻。

经查资料可知，西湖的水容量约为 1 030 万立方米。这样，我们可把废水的年排放量（3 000 万立方米）转化成西湖水容量（1 030 万立方米）的个数（即西湖的倍数）。其转化的方法如下：

$$西湖的个数=\frac{废水的年排放量}{西湖水容量}=\frac{3\,000万立方米}{1\,030万立方米}=2.91(个)$$

即相当于近 3 个西湖。这样原表达方式可转化为：某地企业废水的年排放量为 3 000 万立方米，相当于一年排出近 3 个西湖的废水。这给人们形成的印象就清晰多了，其震撼力也大得多了。

【例 7.2】 据有关数据显示，2010 年义乌市拉链行业共有企业 280 家，从业人员大约 3.2 万人，拉链行业实现年销售总量 90 亿米。

这里的“年销售总量 90 亿米”就是“原形的量”，如果把它转化为“可绕地球的圈数”，其效果就会更好些。其转化计算如下（地球赤道周长为 40 075.7 km，子午线周长 40 008.08 km，所以，一般按 40 000 km 略算）：

$$可绕地球圈数=\frac{拉链车销售总量}{地球的周长}=\frac{90亿米}{40000km}=225(圈)$$

即 2010 年义乌市拉链行业实现年销售总量 90 亿米，这些拉链接起来可绕地球 225 圈。这是多么惊人的数字呀！

（二）再次转化法

再次转化法就是当原形的量和新形的量，需要通过一个“转化中介”而达到转化形象的方法。所以，也可称为二次转化法。其转化过程可图示如下：

再次转化法，由于需要通过一个转化中介进行两次量的转换，所以，其转化的形象就更富想象力，计算起来也要麻烦一点。这里达到转化的关键是要找到两次形象转化的最佳契合点。转化分两步进行，其转化方法为

$$第一次转化的量=\frac{原形的量}{中介形象某一方面的量} \quad (7.2)$$

$$第二次转化的量=\frac{中介形象另一方面的量}{新形的量} \quad (7.3)$$

【例 7.3】 据《首都市民生活垃圾分类指导手册》描述：目前，北京市共有垃圾处理设施21座，总设计日处理量为1.67万吨。2010年北京市生活垃圾产生量为634.86万吨，日产量为1.74万吨。如果用装载量为2.5吨的卡车运输这些生活垃圾，这些卡车连成串，长达47.8千米，能够排满三环路一圈。

这就是形象转化法的一种表达。这里的“生活垃圾日产量为1.74万吨”是“原形的量”，“三环路一圈”就是新形的量。“三环路”这个形象就非常具体，也最为北京人所熟悉，会让北京人大为吃惊：原来有这么多的垃圾呀！这就是形象转化表达法的效果。

这里的转化就是通过了两次换算。其转化的方法是：借助汽车这一“中介形象”，第一次把“生活垃圾（1.74万吨）”转换成“车数”；第二次再利用“车的长度”转换成“三环路的长度”，即

（1）第一次转换。利用中介形象（汽车）某一方面的量（装载量）转换成中介形象的某种量。

$$\text{垃圾能装满的车数}=\frac{\text{生活垃圾的量}}{\text{一台汽车的装载量}}=\frac{17\,400\text{吨}}{2.5\text{吨}}=6\,960（\text{车}）$$

即利用汽车具有装载量的特征，把生活垃圾的量转换为能够装载的汽车数。实际上，这就已经在一个较低的层面上完成了形象转化的任务，但是，这个车数也足够大到让人进入“量的盲点”范围，所以，可以再进一步转换之。

（2）第二次转换。再利用中介形象（汽车）另一方面的量（车的长度）转换成最终新形的量（分子中的6.87米为2.5吨汽车的长度；北京三环主路全长48千米）

$$\text{三环路的圈数}=\frac{\text{车队总长度}}{\text{三环路总长度}}=\frac{\text{车数}\times\text{车长}}{\text{三环路总长度}}=\frac{6\,960\text{车}\times6.87\text{米}}{48\,000\text{米}}=0.995\,8（\text{圈}）$$

即利用汽车同时具有一定长度的特征，把生活垃圾的车数又转换为车队的总长度。即北京一天产生的生活垃圾，如果用装载量为2.5吨的卡车运输，这些卡车连成串，就能够排满三环路一圈。可想而知，若是一年的生活垃圾岂不就能绕北京三环路绕365圈！还不把个北京城全部淹没？真是太让人震撼了！

【例 7.4】 我国“三北防护林工程”是指在中国西北、华北和东北地区建设的大型人工林业生态工程。它是在风沙危害、水土流失严重的地区，建造的带、片、网相结合的“绿色万里长城”。三北防护林体系工程是一项在我国北方实施的宏伟生态建设工程，它是我国林业发展史上的一大壮举，开创了我国林业生态工程建设的先河。据报道：从1978～2009年三北工程开展31年以来，累计完成造林保存面积2 446.9万公顷。该工程成效显著，不但改善了我国西北荒漠地区的生态环境，同时也促进了当地的经济发展和人民脱贫致富，使生态建设和经济发展实现了良性互动。

这段报道中说到的“累计完成造林保存面积2 446.9万公顷”，许多人对1公顷“到底有多大一块面积”没有具体概念，那么“2 446.9万公顷”到底是大还是小，也就说不清了。所以，若能用形象转化表达法来叙述就要好得多。

由于三北防护林的栽植方式主要是"林带"的方式，我们可以把它折合成10米宽的林带，看到底有多少延长米，看它能绕地球几圈，效果就会更好。其转化方法如下：

（1）第一次转换。利用中介形象（林带）的宽度（10米），把总的造林面积转换成林带的长度。

$$林带的总长度=\frac{造林总面积}{林带宽度}=\frac{2\,446.9万公顷\times10\,000\times10\,000平方米}{10米}=24\,469\,000（千米）$$

即2 446.9万公顷的林地，就相当于10米宽的林带共有24 469 000千米长。但是，这个数字也足够大到让人进入"量的盲点"范围，所以，可以再进一步转换之。

（2）第二次转换。再利用中介形象（林带）的长度，转换成最终新形（地球周长，按40 000千米计算）的圈数。

$$绕地球的圈数=\frac{林带的长度}{地球周长}=\frac{24\,469\,000千米}{40\,000千米}=611.7（圈）$$

即三北防护林的总规模，相当于10米宽的林带绕地球611.7圈，真是一个浩大的工程啊！

三、形象转化时应注意的问题

形象转化时应注意以下几个问题。

（1）转化后的新形要为大家所熟悉，否则仍无具体量的概念。

（2）转化后的新形有一定的选择性。对于一个原形的量，可以选择多个转化的形象，但总有一个应是表达效果最好的。例如，义乌拉链的生产量（总长度）的例子中，其转换的形象可有几种：打包数、装载车数、总重量、绕地球圈数等，相对比较起来应该是选择"绕地球圈数"为最好。

（3）转化后的新形应能达到使人震撼的效果。形象转化法本来就适合于对"特大量"的表达，如果转化后的数字太小，就起不到应有的效果了。

【例 7.5】 我国内陆水域养殖面积包括池塘、湖泊、水库、河沟、稻田、其他水域养殖面积的总和，据国家统计局的有关数据显示，我国2007年内陆养殖面积为4 413 612公顷。

又知渤海为我国的内海，约7.7万平方千米（应等于770万公顷=7.7万×100）。所以，我国内陆养殖面积相当于0.57个渤海的面积（4 413 612公顷/770万公顷）。

尽管这也完成了形象的转化，但这个"我国内陆养殖面积相当于0.57个渤海的面积"，其效果就不如其他各例。

（4）注意转化的科学性。形象转化的实质，应该是"计量单位的转化"。即在"等量"的基础上，通过转化承载形象而改变计量单位。没有这种"等量"的基础，转化就失去了科学性。这种转化的科学性，主要表现在转化前后的精确计算上。这里有四个环节要予以保证：①"原形的量"要准确，这是基础；②"新形的量"要准确，这是标准；③转化时的计算要准确，这是保证；④转化后的语言描述要准确，这是目的。

【例 7.6】 在义乌拉链生产情况的例子中，原报道是这样描述的：据有关数据显示，2010年义乌市拉链行业共有企业280家，从业人员大约3.2万人，拉链行业实现年销售总量90亿米，平均每2天生产的拉链就可以绕地球1圈。

原报道中转化后的语言描述就不太准确，原形的量和新形之间缺乏严格的对应。这里

"年销售总量 90 亿米"应该作为"原形的量"，但实际上却把"生产量"（每 2 天生产的拉链）当做了原形；再退一步说，若想把"生产量"当做"原形"也是可以的，但一定要有确切的数字，否则这个"可以绕地球 1 圈"的结论何以获得？这样的转化与描述就缺乏了科学性。

（5）转化的方法应尽量简单。即能用直接转化法就不用二次转化法，除非用直接转化法效果不理想。如果不得不用二次转化的方法，就一定要把转化的思路说清楚，尤其在做转化后的语言描述时一定要特别注意。

第五节　Excel 计算总量指标

一、Excel 计算累计数

下面举例注明以 Excel 计算累计数的两种方法。

【例 7.7】 已知某商店 2012 年上半年各月份商品销售额资料，如图 7.1 中 A、B 两栏所示。要求：计算上半年各月份商品销售额的累计数。其操作过程如下。

方法一：

（1）如图 7.1 所示录入资料。

（2）单击 C4；输入"＝B4↙"；单击 C5；输入"＝C4+B5↙"；此时在 C5 上出现的 692 即为 2 月份的累计数；再单击 C5；按住填充柄向下拖至 C9 即可。

方法二：

（1）如图 7.1 所示录入资料。

（2）单击 D4；输入"＝SUM(B$4：B4)↙"（注意：这里运用了绝对引用"B$4"）；此时在 D4 上出现的 350 即为 1 月份的累计数；再单击 D4；按住填充柄向下拖至 D9 即可。

D4　fx　=SUM(B$4:B4)

	A	B	C	D
1	某商场2012年上半年销售额			
2	月份	商品销售额（万元）	累计数	
3			求法1	求法2
4	1	350	350	350
5	2	342	692	692
6	3	380	1072	1072
7	4	420	1492	1492
8	5	490	1982	1982
9	6	520	2502	2502
10	合计	2502	—	—

图 7.1　Excel 计算累计数

二、不同层次的数字汇总

下面举例对不同层次的数字汇总进行说明。

【例 7.8】 某村××××年农业生产情况如图 7.2 中第 3～10 行的资料所示。

对图 7.2 中"种植业"的数字汇总为小计的汇总。

（1）计算种植业的投工量。把光标定在 B3 上，输入"＝B4+B5+B6↙"即可。

（2）计算种植业的生产费用（C3）、按 1990 年不变价计算的总产值（D3）、按现行价计算的总产值（E3）的数字。利用填充的办法：把光标定在 B3 上，按住填充柄向右拖到 E3 的位置即可。

对图 7.2 中最下一行数字的汇总为合计的汇总。

（1）计算投工量的合计数。方法：把光标定在 B11 上，输入"＝B3+B7+B8+B9+B10↙"即可。

（2）计算生产费用（C11）、按 1990 年不变价计算的总产值（D11）、按现行价计算的总产值（E11）的数字。也是利用填充的办法：把光标定在 B11 上，按住填充柄向右拖到 E11 的位置即可。

B11 =B3+B7+B8+B9+B10

	A	B	C	D	E
1		投工量	生产费用	总 产 值（元）	
2	项 目	（工日）	（元）	按1990年不变价计算	按现价计算
3	一、种植业	23 154	129 178	360 902	368 268
4	1. 粮食作物	15 868	87 402	218 320	222 776
5	2. 经济作物	5 580	29 678	106 318	108 488
6	3. 其他农作物	1 706	12 098	36 264	37 004
7	二、林业	524	3 200	3 136	3 200
8	三、畜牧业	750	13 270	37 900	38 674
9	四、渔业	5 600	12 934	50 703	51 738
10	五、其他	840	7 500	20 913	21 340
11	合 计	30 868	166 082	473 554	483 220

图 7.2 对总量指标的汇总

复习思考题

1. 什么是总量指标？其在统计分析中作用如何？

2. 如何区别单位总量和标志总量，时期数和时点数？实物量、价值量和劳动量各有什么特点和作用？

3. 何为“小计”、“总计”和“累计”？

4. 计算总量指标时应注意哪些问题？

5. 什么是期增指标、期减指标和期适指标？对这三类指标在分析后应如何下结论？

6. 什么是总量指标的“常理界限”？为什么各地都应建立适应本地的“数字的常理界限”？

7. 为什么说“数字的常理界限”不是一成不变的？为什么说“数字的常理界限”的确定，应该是科学与经验的结合？

8. 如何利用 Excel 计算累计数？

9. 如何利用 Excel 对不同层次的数字进行汇总？

技 能 实 训

【技能目标】

能够对总量指标进行正确的分类，掌握总量指标的计算方法。

能够根据实际情况确定总量指标的“常理界限”，并利用它来分析问题。

会用 Excel 进行总量指标的汇总及计算。

一、统计指标的分类和鉴别

1. 实训材料

某乡在汇总报表时所涉及的有关指标如下：（1）现有行政村的个数；（2）工业企业的个数；

（3）家庭农场的个数；（4）总户数；（5）总人口；（6）年内出生人口数；（7）年内死亡人口数；（8）土地总面积；（9）耕地总面积；（10）果园面积；（11）可养殖水面面积；（12）当年受灾面积；（13）总播种面积；（14）粮食播种面积；（15）油料作物播种面积；（16）粮食总产量；（17）油料作物总产量；（18）烟叶总产量；（19）役用牲畜头数；（20）出栏肥猪头数；（21）牛奶总产量（t）；（22）鹿茸产量（kg）；（23）牛皮产量（张）；（24）饲养蜜蜂箱数；（25）木耳生产规模（千段）；（26）拖拉机总量（标准台）；（27）轮式拖拉机数量（混合台）；（28）汽车总台数；（29）农用载重汽车（kW）；（30）渔业用船数量（艘/t/kW）；（31）电动机数量（台/kW）；（32）排灌能力（m^3/s）；（33）水电厂数（座）；（34）高压输电线路（km）；（35）工业总产值（万元）；（36）工业增加值（万元）；（37）全年用工总量（工日）；（38）上缴利税总额（万元）；（39）农业运输量（t · km）；（40）化肥使用量（折纯吨数）；（41）工业增加值；（42）居民银行存款余额；（43）国有资产总额；（44）煤炭存储量；（45）在校生人数；（46）客运量；（47）商品库存量；（48）某厂月初在册职工人数；（49）进出口总额；（50）商品销售额；（51）工资总额；（52）国民收入。

2. 实训要求

1）将以上指标按时间属性分为时期指标和时点指标，并填入表 7.2 中。

2）将以上指标再按其计量单位的不同分为实物量指标、价值量指标和劳动量指标。

表 7.2 指标分类练习表

分类		指标编号
按时间属性分	时期指标	
	时点指标	
按计量单位分	实物量指标	
	价值量指标	
	劳动量指标	

3. 参考答案

1）时点指标包括：（1）、（2）、（3）、（4）、（5）、（8）、（9）、（10）、（11）、（19）、（24）、（26）、（27）、（28）、（29）、（30）、（31）、（32）、（33）、（34）、（42）、（43）、（44）、（45）、（47）、（48）。此外，都是时期数。

2）价值量指标包括：（35）、（36）、（38）、（41）、（42）、（43）、（49）、（50）、（51）、（52）；劳动量指标包括：（37）。此外，都是实物量指标。

二、审视统计表

请审视表 7.3～表 7.6，并根据指标性质判断其中的错误。

表 7.3 某厂某年产量及费用情况

产品名称	计量单位	产量	生产费用	
			金额（元）	比重（%）
甲	台	50	11 500	20.4
乙	件	330	3 960	7.0
丙	件	260	8 580	15.2
丁	台	150	32 250	57.3
合计	—	790	56 290	100.0

表 7.4 某村某年农业生产情况

项 目	投工量（工日）	生产费用（元）	总产值（元）	
			不变价	现 价
一、种植业	23 154	129 178	360 902	368 268
1. 粮食作物	15 868	87 402	218 320	222 776
2. 经济作物	5 580	29 678	106 318	108 488
3. 其他农作物	1 706	12 098	36 264	37 004
二、林业	524	3 200	3 136	3 200
三、畜牧业	50	13 270	37 900	38 674
四、渔业	5 600	12 934	50 703	51 738
合 计	52 482	287 760	813 543	830 148

错误：产量合计“790”错误。因为产量的计量单位不同，所以不能直接相加。

错误：不同层次的总量指标不能相加。因此，正确算法如下：

1）投工量的合计应该为 23 154+524+50+5 600=29 328（工日）；

2）生产费用的合计应该为 129 178+3 200+13 270+12 934=158 582（元）；

3）总产值（不变价）应该为 360 902+3 136+37 900+50 703=452 641（元）；

4）总产值现价应该为 368 268+3 200+38 674+51 738=461 880（元）。

表 7.5 ××村某年农业总产值情况

农产品名称	计量单位	数量	单价（元）	农业总产值（元）
×××	kg	23 668	2.35	55 619.8
×××	kg	35 697	6.35	226 675.95
×××	吨	2 653	362.45	961 579.85
×××	箱	569	65.00	36 985
×××	筐	596	35.00	20 860
×××	车	211	30.00	6 330
合 计	—	—	—	

表 7.6 某企业某年材料消耗情况

材料名称	单位	上年消耗	本年计划消耗	本年实际消耗
生铁	吨	50	50	52
钢铁	吨	32	35	35
焦炭	吨	155	150	150
木材	立方米	500	500	480
合计				

错误：表中农业总产值没有合计。表中应合计的总量指标必须合计，没有合计的表格应是不完整的表格。表中的农业总产值合计应为 1 308 050.6 元。

错误：表中不应设计“合计”这一行。这是因为表中各种材料都是使用价值不同的材料，因而是不能合计的。另外，使用价值相同的材料，如果计量单位不同也是不能相加的。所以，不论从哪个角度说，都不应该设“合计”这一行。

三、总量指标的汇总

1. 实训材料

某地全部工业企业按经济类型分组的主要指标见表 7.7。

表 7.7　某地全部工业企业按经济类型分组情况

按经济类型分组	编码	年末职工和从业人数（万人）	按经济类型分组	编码	年末职工和从业人数（万人）
总计	1	333.25	乡办工业	10	40.26
一、乡办以上独立核算工业企业	2		（三）全民与集体合营工业企业	11	1.70
（一）全民所有制工业企业	3	136.86	（四）外资企业	12	0.27
1. 中央企业	4		（五）其他经济类型工业企业	13	0.03
2. 地方企业	5	106.04	二、村办工业企业	14	
其中：县属企业	6	23.43	三、农村合作经营工业	15	18.43
（二）集体所有制工业企业	7	95.38	四、城镇和农村个体工业	16	
其中：县属企业	8	14.13	（一）城镇个体工业	17	4.86
城镇街道办工业	9	7.96	（二）农村个体工业	18	24.63

2. 实训要求

利用总量指标的性质完成表 7.7。

3. 参考答案

参考答案见表 7.8。

表 7.8　相关指标的计算结果及计算过程

编码	金额（元）	指标的计算过程	编码	金额（元）	指标的计算过程
2	234.24	2=3+7+11+12+13	14	51.09	14=1−2−15−16
4	30.82	4=3−5	16	29.49	16=17+18

四、利用 Excel 进行计算汇总

（一）计算合计数与累计数

1. 实训材料

某企业 2011 年各月份商品销售额情况，见表 7.9。

表 7.9　某企业 2011 年各月份商品销售额情况

月份	商品销售额（万元）	累计商品销售额（万元）	月份	商品销售额（万元）	累计商品销售额（万元）
1	372		8	519	
2	384		9	531	
3	418		10	587	
4	385		11	508	
5	463		12	621	
6	497		合　计		—
7	565				

2. 实训要求

运用 Excel 对表 7.9 计算合计数和累计数。

（二）不同层次数值的汇总

1. 实训材料

某市饮食业机构、人员基本情况，见表 7.10。

表 7.10 某市饮食业机构、人员基本情况

按经济类型分组	市		县		县以下		合计	
	机构（个）	人员（人）	机构（个）	人员（人）	机构（个）	人员（人）	机构（个）	人员（人）
1. 国有饮食业								
国营	26	245	9	79	—	—		
集体	164	10 236	4	20	27	86		
2. 合营饮食业	17	1 144	—	—	—	—		
3. 个体饮食业	1 746	3 549	294	597	396	727		
合计								

2. 实训要求

运用 Excel 对表 7.10 进行不同层次的汇总。

3. 参考答案

参考答案见表 7.11。

表 7.11 某市饮食业机构、人员基本情况

按经济类型分组	市		县		县以下		合计	
	机构（个）	人员（人）	机构（个）	人员（人）	机构（个）	人员（人）	机构（个）	人员（人）
1. 国有饮食业	190	10 481	13	99	27	86	230	10 666
国营	26	245	9	79	—	—	35	324
集体	164	10 236	4	20	27	86	195	10 342
2. 合营饮食业	17	1 144	—	—	—	—	17	1 144
3. 个体饮食业	1 746	3 549	294	597	396	727	2 436	4 873
合计	1 953	15 174	307	696	423	813	2 683	16 683

（三）计算合计数

1. 实训材料

某地工业企业主要经济指标，见表 7.12。

表 7.12 某地工业企业主要经济指标 单位：万元

		合计	其中		轻工业			重工业		
			大中型	小型	小计	大中型	小型	小计	大中型	小型
工业总产值	2011 年					1 389	2 428		2 491	1 610
	2012 年					899	1 232		1 731	832
利税总额	2011 年					347	320		691	298
	2012 年					269	185		480	129
全部资金	2011 年					900	1 608		3 606	1 881
	2012 年					421	634		2 504	1 075

2. 实训要求

根据总量指标的性质，运用 Excel 对表 7.12 进行不同层次的汇总。

3. 参考答案

参考答案见表 7.13。

表 7.13　某地工业企业主要经济指标　　单位：万元

		合计	其中		轻工业			重工业		
			大中型	小型	小计	大中型	小型	小计	大中型	小型
工业总产值	2011 年	7 918	3 880	4 038	3 817	1 389	2 428	4 101	2 491	1 610
	2012 年	4 694	2 630	2 064	2 131	899	1 232	2 563	1 731	832
利税总额	2011 年	1 656	1 038	618	667	347	320	989	691	298
	2012 年	1 063	749	314	454	269	185	609	480	129
全部资金	2011 年	7 995	4 506	3 489	2 508	900	1 608	5 487	3 606	1 881
	2012 年	4 634	2 925	1 709	1 055	421	634	3 579	2 504	1 075

（四）计算合计数

1. 实训材料

某地工业总产值情况，见表 7.14。

2. 实训要求

根据分组形式的不同特点，运用 Excel 对表 7.14 进行适当的汇总。

3. 参考答案

参考答案见表 7.15。

表 7.14　某地工业总产值情况

组别		工业总产值（万元）		合计
		2011 年	2012 年	
工业类型	轻工业	3 817	2 131	
	重工业	4 101	2 563	
生产规模	大中型	4 880	3 130	
	小　型	3 038	1 564	
合　计				

表 7.15　某地工业总产值情况

组别		工业总产值（万元）		合计
		2011 年	2012 年	
工业类型	轻工业	3 817	2 131	5 948
	重工业	4 101	2 563	6 664
生产规模	大中型	4 880	3 130	8 010
	小　型	3 038	1 564	4 602
合　计		7 918	4 694	12 612

（五）计量单位的换算

某单位统计人员在一次工作中，遇到以下需要进行不同计量单位之间数值换算的问题（见表 7.16）。请利用 Excel 进行数值换算，并填入表 7.16。

表 7.16　计量单位的换算

序号	指标及数值	数值换算	计量单位	备注
1	787 260（吨）	=	kg	
2	56 289 700（g）	=	kg	
3	2 568（km^2）	=	公顷	

续表

序号	指标及数值	数值换算	计量单位	备　注
4	6 520（公顷）	=	亩	
5	65 87 900（亩）	=	m^2	
6	54 231 58 600 （m^2）	=	公顷	
		=	亩	
7	25 460（升）	=	毫升	
8	45 613（m^3）	=	升	
9	98 5 236（千瓦）	=	马力	
10	35 46 800 牵引马力	=	标准台	1 标准台=15 牵引马力
11	632 479 000 千元	=	亿元	
12	25 476 980 工时	=	工日	1 工日=8 工时

（六）总量指标的形象转化

1. 实训资料

（1）某药厂生产某种大输液，年产量 150 万瓶。又知瓶的直径为 9cm，内装 500mL 药液，24 瓶装成一纸箱，纸箱的体积为 45cm × 30cm × 25cm。

（2）据我国广电总局报道说：2010 年我国电影故事片产量进入世界前三甲，2010 年电影故事片产量达到 526 部，影视动画产量达到了 22 万分钟，电视剧产量达到了 1.4 万集。

（3）据报道，某一种凉茶饮料在云南投产一生产线，年产量可达 2 亿罐。又知每罐 310 mL，一箱 24 罐。

（4）某单位开展了群众性体育锻炼活动，效果很好。该单位成立了一个徒步队，20 人，每天坚持步行 2 万步以上，已坚持了 5 年。

（5）据报道，在雷锋生前工作过的地方——鞍钢集团矿业公司，有一名普通的矿山职工叫郭明义，30 年来他把弘扬雷峰精神作为人生追求，把践行党的根本宗旨作为神圣责任，20 年来他坚持无偿献血累计达 6 万毫升。又知一个人体内总血量约为 5 升。

2. 实训要求

请用形象转化表达法，把以上总量指标分别转化为合适的新形数量。

第八章 相对分析法

【学习目标】

通过本章学习理解相对指标的含义和作用；掌握各种相对指标的性质、特点和计算方法；能够根据不同的资料正确地选择相对数的形式，并能够正确计算和使用各种相对指标；熟练运用相对分析法分析社会经济问题。会用 Excel 计算各种相对指标，并能利用各种技巧简化计算过程。

【案例导入】

美国杜克大学行为经济学教授，著名的行为经济学家丹·艾瑞里所著的《怪诞行为学》(赵德亮、夏蓓洁译）中说到一种现象：你买一支钢笔，甲商店卖 25 元，乙商店卖 18 元，你会为了这 7 块钱跑 15 分钟的路去乙商店。你买一件衣服，甲商店卖 455 元，乙商店卖 448 元，同样是省 7 块钱，你却不愿意跑 15 分钟的路去乙商店。

案例分析

实际上，这是人们潜意识地运用了统计学中的相对分析法。

购买两种商品，从绝对量上说虽然都是节约了 7 元钱，但从相对量上说可就很不相同了。这一情况可从表 8.1 中比较明显地反映出来。

表 8.1 经济学里怪诞行为的统计学解释

商品名称	单价（元）		节约额（元）	节约比例（%）	备 注
	甲商店	乙商店			
甲	①	②	③=①-②	④=③/①	⑤
钢笔	25	18	7	28	相对节约的比例大
衣服	455	448	7	1.54	相对节约的比例小

可见，在买“钢笔”这种小额物品时，节约相同的钱数就会觉得节约的成就大，所以，为此“值得”多花费那 15 分钟到乙商店去买，即多花费的 15 分钟所获得的报酬是“节约了 28%的费用”；而在买“衣服”这种大额物品时，节约相同的钱数就会觉得节约的成就不大，所以，为此就“不值得”多花费那 15 分钟到乙商店去买，即多花费的 15 分钟所获得的报酬是“只节约了 1.54%的费用”。

之所以很多人把这一现象当做“经济学里的怪诞行为”，其实质就是人们对统计学不熟悉，还不能理智地运用统计学中相对分析的方法。

任何社会的经济现象都不是孤立存在的，都会与某些现象之间存在着相互依存、相互制约等关系。要对社会经济现象进行分析仅仅利用某一项指标，而不把有关指标联系起来进行比较分析，就很难对事物发展规模的大小、变化的快慢以及各种比例是否协调有全面深刻的认识。所以，在对社会经济现象进行研究的过程中经常会使用相对分析法。

第一节　相对分析法概述

一、相对分析法的概念和表现形式

相对分析法是指借助相对指标对社会经济现象进行分析的方法，又称对比分析法。

相对指标是说明现象之间数量对比关系的指标。它是通过两个或两个以上有联系的指标数值对比求得，用以反映现象的发展程度、结构、强度、普遍程度或比例关系等，其结果表现为相对数。如人口的性别比例和年龄构成、人口的出生率、死亡率和自然增长率等。相对指标把两个具体数值抽象化，使人们对现象之间所存在的固有联系在相互对比之中形成较为深刻的认识，所以在现象之间的关系研究中具有广泛的应用。

相对数的表现形式，一般可分为三种：比值形式、比例形式和复名数形式。其中比值和比例形式都是无名数形式。

1. 比值形式

比值形式是相对数最常用的表现形式，分为以下几种。

（1）倍数（或系数）。它是把分母作为 1，用来说明分子是分母的多少倍。当对比的分子与分母数值相差不大时，可用系数来表示；当分子比分母的数值大得多时，常用倍数来表示。实际中对于小于 1 的倍数，常常表述为系数。另外，还有一种特殊的倍数形式——番数。某种现象增长一倍叫翻一番，增长三倍叫翻两番，增长七倍叫翻三番，等等。

统计小常识

倍数与番数

番数，实际上也是倍数，但它是一种特殊的倍数。

当某种现象按算术级数增长时，则常用倍数来描述。例如，某年甲地人均国内生产总值 10 000 元，为乙地 4 000 元的 2.5 倍，A 城市 2011 年人均住房使用面积达到 16.8 平方米，为 10 年前 5.8 平方米的 2.9 倍。

当某种现象按几何级数增长时，则常用番数来描述。翻一番为基数的 2^1 倍，翻两番为基数的 2^2 倍，翻三番为基数的 2^3 倍，等等。例如，十六大报告中提出的全面建设小康社会的目标，即在优化结构和提高效益的基础上，国内生产总值到 2020 年力争比 2000 年翻两番，综合国力和国际竞争力明显增强，也就是说 2020 年我国的国内生产总值将是 2000 年的 4 倍。翻番数的计算公式为

$$n=\frac{\lg(\text{报告期水平}/\text{基期水平})}{\lg 2}$$

另外，倍数与番数在应用领域上也有不同。倍数既可用于静态的同类对比，亦可用于动态对比。而番数一般仅用于动态对比。

（2）十分数（Φ）。它是把分母作为10，用来说明分子是分母的十分之几。在农业生产上一般把十分数叫"成数"，例如，今年大豆产量比去年增长一成，即增长了十分之一。在商业上又称其为"折数"，例如，某种商品标价为"8 折"，即为原价的十分之八。所以，十分数也可以叫成折数。十分数没有表示它的特有符号，所以用起来也不太方便，因而实际中用的不多。建议用Φ（即大写的希腊字母Φ，又有"把 10 中的数码 1 和 0 相重合"之意）作为十分数的表示符号，如：十分之五表示为5Φ（读做十分之五、五成或五折）。

（3）百分数（%）。它是把分母作为100，用来说明分子是分母的百分之几。如学生出勤率、技术工人占职工总人数的比重、产品的合格率等。百分数的表示符号是%，是相对数中最常见的一种形式。

（4）千分数（‰）。它是把分母作为1 000，用来说明分子是分母的千分之几。如人口出生率、人口自然增长率、人口迁移率等。千分数的表示符号是‰，适用于分子数值比分母数值小很多的时候。

（5）万分数（‱）。它是把分母作为10 000，用来说明分子是分母的万分之几。万分数在实际中应用的并不是很多，万分数的表示符号是‱，当分子比分母的数值小得非常多时才使用。

2. 比例形式

比例形式是用比例符号":"把相互对比的指标联系起来所形成的一种形式。该形式不需要计算出比值，其表示方法如1:*n*或*m*:1或*m*:*n*。如我国第五次人口普查资料显示，男女人口的性别比例为106.74:100。

有时还可以采取连续相比的形式 *m*:*n*:*g*。这种相比的形式非常有用、高效。如甲指标:乙指标:丙指标＝3:1:5。这样一个比例式，可完成三个指标的比例关系，若用其他形式相比则至少要用三个比例式（甲:乙；甲:丙；乙:丙）才能表达完整。

统计小常识

比例形式的高效性

假设有 *n* 个指标相比。

用比例形式：用一个比例式即可。形如：甲:乙:丙:…＝3:1:5:…

若用两两相比的形式：则需要有"*n* 中取 2 的组合 C_n^2"个比例式。形如：甲:乙＝3:1；乙:丙＝1:5；丙:丁＝5:7；……

3. 复名数形式

复名数是将分子和分母指标的计量单位同时使用，用两种单位复合起来而形成的单位。如人口密度用"人/平方公里"表示，人均粮食产量用"千克/人"来表示等。它常用于相关相对数（强度相对数）的表示形式，也是相对数中唯一"有名数"的一种形式。

我们把相对数的表现形式归纳成表8.2。

表 8.2　相对数的表现形式

<table>
<tr><th colspan="2">相对数形式</th><th>符 号 形 式</th><th>示　例</th><th></th></tr>
<tr><td rowspan="5">比值形式</td><td>倍数（或系数）</td><td>倍</td><td>0.5（倍）</td><td rowspan="7">相对数的表现形式，只是“表现形式”上的不同，它们对相对数的本质没有什么影响。在进行相对分析时，具体该用何种形式来表示相对数，应视其方便程度和普遍容易接受的形式而定</td></tr>
<tr><td>十分数</td><td>Φ</td><td>5Φ</td></tr>
<tr><td>百分数</td><td>%</td><td>50%</td></tr>
<tr><td>千分数</td><td>‰</td><td>5‰</td></tr>
<tr><td>万分数</td><td>‱</td><td>5‱</td></tr>
<tr><td colspan="2">比例形式</td><td>:</td><td>2:3</td></tr>
<tr><td colspan="2">复名数形式</td><td>××/××</td><td>m^2/人</td></tr>
</table>

二、相对分析法的作用

相对分析法的作用是多方面的，主要包括以下几方面。

1. *相对分析法可分析、说明现象间对比的程度*

总量指标虽然反映了现象的总规模和总水平，但无法对这种规模水平的优劣作出评价，若想对事物的状态作出评价，必须通过对比才会知道其发展状况如何。如某地 2011 年全年进出口总额 17 607 亿美元，其中，出口 9 691 亿美元，进口 7 916 亿美元。仅凭这些指标就难以对外贸经济发展作出分析和评价，如果把它同上年的进出口总额进行对比得出以下相对指标：全年进出口总额比上年增长 23.8%，其中，出口增长 27.2%，进口增长 20.0%。这就会对某地 2011 年外贸经济的发展有更加深刻的认识。

2. *相对分析法可以使不能直接用总量指标对比的现象进行直接对比*

相对分析法是一种抽象分析的方法，可以使不能直接用总量指标对比的现象找到可以对比的基础。在各种事物之间进行比较分析时，有些总量指标由于受条件的制约不能直接对比，此时我们可以用相对指标比较出事物之间的差别程度，见表 8.3。

表 8.3　某企业两种产品的计划完成情况

产品名称	计划	实际	相对数（计划完成%）
甲（台）	100	90	90
乙（吨）	50	60	120

从表 8.3 中可知，若不用相对分析法，作为使用价值不同、计量单位不同的甲、乙两种产品，是无法进行比较的。但用计划完成（%）这一相对数的形式，就能够进行比较，而且能够说明乙产品的生产计划完成情况好于甲产品。

第二节　常用的相对分析法

由于研究目的和任务不同，在计算相对指标时采用的对比方法也不同。因此，我们将相对分析法分成了五种：结构分析法、静态对比法、动态对比法、相关对比法和计划完成分析法，可分别用五种相对数来反映和分析。

一、结构分析法

结构分析法是在统计分组的基础上，对现象的内部结构进行分析的方法。结构分析法采用的相对指标是结构相对数，又称比重，计算公式为

$$结构相对数（比重）=\frac{总体部分的数值}{总体全部数值} \tag{8.1}$$

【例 8.1】 某年我国第一、二、三产业占国内生产总值的比重见表 8.4。

表 8.4　某年我国第一、二、三产业的构成情况

产　业	增加值（亿元）	比重（%）	比重的计算过程
甲	（1）	（2）=（1）/Σ（1）	（3）
第一产业	24 700	11.8	=（24 700/209 407）×100
第二产业	102 004	48.7	=（102 004/209 407）×100
第三产业	82 703	39.5	=（82 703/209 407）×100
合　计	209 407	100.0	=（209 407/209 407）×100

从表中可以看出，农业产值仅为国内生产总值的 11.8%，第二、三产业的生产总值占国内生产总值的 88.2%，我国的国内生产总值主要来源于第二、三产业。

运用结构相对数时应注意以下问题。

（1）结构相对数必须在统计分组的基础上才能计算。

（2）结构相对数形式多为百分数。这是最习惯、最普遍的用法。

（3）同一总体中各部分的比重之和应为 100%。这一性质可用来检验各部分的比重计算得是否正确，也可利用这一关系进行推算。但有时在实际中可遇到这种情况：由于“四舍五入”的原因，使各部分的比重相加后不等于 100%，在这种情况下也必须在合计处填为 100%，这是因为此数应为“同一总体中各部分数值之和/合计数”的结果。

（4）只有同一总体的比重才能求和，否则求和没有实际意义。如甲单位工人占全部职工人数的比重为 68%，乙单位工人占全部职工人数的比重为 78%，不能把两者加起来说明两个单位工人的比重为 146%，因此这一数值没有实际意义。

（5）结构相对指标的分子与分母不能互换。

结构分析法的主要作用有以下几项。

（1）应用结构相对数可以从现象的内部构成说明事物的性质和特征。见表 8.4，通过国内生产总值中各产业增加值的比重可知，我国的国内生产总值主要来源于第二、三产业。

（2）通过不同时期结构相对数的变动情况，可以反映事物的发展趋势，见表 8.5。

表 8.5　某地区人口年龄结构资料

按年龄分组	各组人数占人口总数的比重（%）				发展趋势
	2008 年	2009 年	2010 年	2011 年	
0～14 岁	27.1	26.3	22.5	21.6	逐年下降
15～64 岁	67.4	67.7	70.7	70.6	
65 岁以上	5.5	6.0	6.8	7.8	逐年上升
合　计	100.0	100.0	100.0	100.0	—

注：国际上通常把 65 岁以上人口占总人口的比重达到 7%，作为老龄化社会的标准。

从表 8.5 可以看出，该地区人口已达老年型，各级政府和有关部门应抓紧研究和解决老龄化问题。

二、静态对比法

静态对比法也叫同类对比法，它是对同一时期不同单位同类现象进行对比分析的方法。该方法采用的相对指标是比较相对数，计算公式为

$$比较相对数=\frac{甲单位（或甲缀）数值}{乙单位（或乙缀）数值} \tag{8.2}$$

比较相对数可用来说明甲、乙两单位（地区、部门）同类现象之间的数量对比关系。

【例 8.2】 甲地区工业总产值为 400 亿元，乙地区工业总产值为 385 亿元，则甲、乙两地区工业总产值的比较相对数 = 400 ÷ 385 = 103.9%。这是把乙地区作为对比标准，即将乙地区的工业总产值作为 100，则甲地区的工业总产值是 103.9。即甲地区的工业总产值是乙地区工业总产值的 1.039 倍。

运用比较相对数时应注意以下几个问题。

（1）比较相对数一般用倍数形式或百分数形式来表示。

（2）比较相对数的分子、分母可以互换。究竟以哪个为比较基数，应根据研究目的而定，互换后虽然数值也随之产生了变化，但所说明的问题是不变的。如上例：若用乙地区的工业总产值作为分子，以甲地区的工业总产值作为分母计算，比较相对数 = 385 ÷ 400 = 96.25%，是说若以甲地区的工业总产值为 100，乙地区的工业总产值则是 96.25。这只是对比的标准作了调整，但说明的问题不会变化。

比较相对数可用来对同类现象在不同国家、地区、部门、单位间进行比较，说明它们之间的数量差距；也可以对先进和落后进行比较，用以赶先进、促后进；还可以对标准水平或平均水平进行比较，来反映自己的工作状况。通过对同类事物间的比较，可以说明它们之间的对比程度，以便找出差距，促进工作的开展。

三、动态对比法

动态对比法是把某一现象在不同时间上的数值进行对比分析，以观察其动态发展状况的分析方法。该方法采用的相对指标是动态相对数（发展速度），计算公式为

$$动态相对数=\frac{报告期水平}{基期水平} \tag{8.3}$$

公式中的“报告期”是指作为研究目标的时期，“基期”是作为比较标准的时期。

【例 8.3】 某地 2011 年粮食总产量为 7 859 万吨，2010 年为 7 236 万吨，则 2011 年粮食总产量是 2010 年的 7 859/7 236 = 108.61%，即 2011 年的粮食总产量比 2010 年增长了 8.61%。

统计小常识

动态相对数与比较相对数的区别

动态相对数与比较相对数虽然都是同类指标的对比，但动态相对数是“总体单位相同，时间不同”的指标之间的对比，说明现象在不同时间上的变化；而比较相对数则是“总体单位不同，时间相同”的指标之间的对比，说明现象在不同单位之间的差异。

运用动态相对数时应注意以下几个问题。

（1）动态相对数（发展速度）一般表现为百分数或倍数的形式。

（2）对时期的确定，一般为基期在前，报告期在后。

（3）计算出来的发展速度以 100%为现象增减的界限。数值大于 100%者为现象有增长，等于 100%者为现象没增没降，小于 100%者为现象已下降。

（4）利用发展速度分析问题时，要联系事物的性质。发展速度快好还是慢好？是上升好还是下降好？这要看事物的性质。一般来说，期增指标，其发展速度以上升为好，而且上升得越快越好，如产量、利润等；期减指标，其发展速度以下降为好，而且下降得越快越好，如生产费用、单位成本等。

（5）注意对动态相对指标的正确表述。运用百分数形式的发展速度时，一定要注意概念的精确。如“比过去增长 20%”，即过去为“100”，现在是“120”；“比过去降低 20%”，即过去是“100”，现在是“80”；“降低到原来的 20%”，即原来是“100”，现在是“20”。

统计小常识

成本不会“降低 1 倍”

实际工作中，不时会听到有人说：今年的成本降低了 1 倍。这种说法一定是错误的。如某产品成本上年为 80 元/件，今年降低到 40 元/件，有人就说“今年的成本降低了 1 倍”，这一说法的错误之处在于：

（1）偷换了对比的基数。本该用“降低的成本数/上年的成本数=40/80”，即降低了一半（或 50%），而他的计算式则成了“降低的成本数/今年的成本数=40/40”。

（2）降低一倍，即意味着降到 0 了。这对一般的事物来说都是不可思议的，尤其是成本，就更是不可能的了。实际中，如果真的出现“降到 0”的时候，习惯上也不用“倍数”来描述。如：利润降到 0，会直接描述为“利润为零”、“无利可图”、“不赔不赚”等；某一种现象降到 0，也可能会描述为“杜绝了某一现象”等。

总之，增长可有“几倍”之说，但降低一般不用“倍数”来描述。

动态对比法主要有以下几个作用。

（1）反映现象发展的趋势。现象发展的趋势，也就是发展的方向。发展趋势包括增长的趋势和下降的趋势。当发展速度大于 100%时，该现象就呈现为增长的趋势；当小于 100%时则就呈现为下降的趋势。

（2）反映现象增减的速度。当发展速度越接近于 100%时，该现象的增减速度就越慢；越远离 100%时则增减速度就越快。

（3）常用于检查“同比增长”的情况。它是用本年某月（或某季）的水平与上年同月（或同季）的水平之比，用来说明某种现象发展变化情况的一种常用方法。所谓“同比”，就是“相同月份（或季度）之比。“同比增长”情况的分析，也是一种动态对比分析，其公式形式为

$$同比增长率=(本年某月水平/上年同月水平)-100\%$$

四、相关对比法

相关对比法即把两个性质不同但又密切相关的现象进行对比分析的方法，用来反映不同事

物间的数量对比关系，表明现象的强度、密度和普遍程度等。该方法采用的相对指标是相关相对数，也叫强度相对数，计算公式为

$$相关相对数=\frac{某一现象的数值}{另一相关现象的数值} \tag{8.4}$$

注意

公式中分子与分母是两个不同性质的指标，但必须具有一定联系。它表现为“平均”的量，但不是平均数。

公式中的分子指标，是我们要分析研究的现象；分母指标则是用来作为参照的现象。分子与分母是两个性质不同但必须具有一定联系的指标。

【例 8.4】 某地截至某年底，有常住居民 526 万人，该地可用于医疗和疗养的床位共有 6 700 张。则

每万人拥有床位数 = 6 700/526 = 12.7（张/万人）

这里“每万人拥有床位数”就是相关相对数；“可用于医疗和疗养的床位”数是我们研究的对象，该地“常住居民”数则是用来作为参照的现象，这一相关相对数可来说明该地医疗、保健的基本情况。

注意

相关相对数不是相关系数。相关系数是相关分析法中的特有指标，其含义和计算方法等与相关相对数都不相同（详见本书第十一章相关与回归分析法）。

运用相关相对数时应注意以下几个问题。

（1）相关相对数的表现形式多种多样。当分子与分母指标的计量单位相同时，对比的结果就采用抽象化的比值形式，一般多用倍数、百分数或千分数来表示。如人口统计中的出生率、死亡率、自然增长率等。当分子与分母指标的计量单位不同时，对比的结果就采用具体化的复名数形式。如商业网点密度用“个/千人”、人均粮食产量用“千克/人”、人口密度用“人/平方公里”表示等。这类相关相对指标，由于其分子与分母指标的计量单位名称不同，只有使用这种复名数形式的计量单位才能确切反映现象的数量特征。

（2）计算相关相对数必须从社会经济现象的本质方面去把握它们的内在联系。否则，必将使两个总量指标的对比失去意义。如钢产量与人口数可以对比，但却不能与土地面积对比。在社会经济现象中，某一个总量指标有可能与两个或两个以上总量指标有联系，在这种情况下选择对比的总量指标就要取决于统计研究的任务和目的。

（3）相关相对数表现为“平均”的量，但不是平均数。这是因为它的分子和分母是两个总体、两种现象的数值，而不是一个总体的单位总量和标志总量的关系（两者的区别请参见平均分析法一章）。

（4）相关相对数在计算过程中可以将分子与分母互换。在实际工作中，我们通常把相关相对数中数值大小与现象的发展程度或密度成正比的指标称正指标；将与现象的发展程度或密度成反比的指标称逆指标。正、逆指标往往不同时使用，应根据需要加以选择。

相关相对数可以用来说明相关现象之间的关系比例。它与相关分析中的相关系数相比，略

显粗略。相关相对数只是在总体上的比例关系，而不是从分组的角度来反映问题。

由于相关相对数有正指标和逆指标之分，因此，对于正指标来说其数值应越大越好；对于逆指标来说其数值应越小越好。即是说，相关相对数的数值到底大好还是小好，应看两种现象的性质和它们所处的历史条件而定。但在实际中，这类指标常常不是越大越好或越小越好，而是适度为好。如人口密度，在人烟稀少的地区，应大点为好，但超过了一定限度时就要走向其反面。

五、计划完成分析法

计划完成分析法也叫计划的检查。不管是基层企业还是整个国民经济都离不开计划，周密的计划是我们实现工作目标的保证，而计划是否完成则是对我们工作成果的一种检查。计划完成分析法就是把某现象在某一段时间内的实际完成数与其计划任务数相对比，据以分析其计划完成情况的一种方法。该方法采用的相对分析指标是计划完成程度相对数，其基本公式为

$$计划完成程度（\%）=\frac{实际完成数}{计划任务数} \tag{8.5}$$

【例 8.5】 某企业今年计划产值 2 000 万元，而实际产值 2 200 万元。则

$$计划完成程度=2\,200/2\,000=110\%$$

即该企业超额 10%完成了产量计划。

根据不同形式的计划指标计算计划完成程度相对数计算方法略有不同。

（1）根据绝对数计算计划完成程度，见计划完成程度相对数的基本公式。

（2）根据相对数计算计划完成程度，计算公式为

$$计划完成程度相对数=\frac{实际为上期的百分数}{计划为上期的百分数} \tag{8.6}$$

【例 8.6】 某企业 2012 年计划总产值比上年提高 10%，实际执行结果比上年提高了 12%，则

$$该企业总产值的计划完成程度=\frac{100\%+12\%}{100\%+10\%}=\frac{112\%}{110\%}=101.82\%$$

该企业总产值实际比计划超额完成 1.82%。

【例 8.7】 某企业计划规定某产品的单位成本比上年降低 5%，实际降低了 7%，则

$$计划完成程度相对数=\frac{1-7\%}{1-5\%}=\frac{93\%}{95\%}=97.89\%$$

该企业实际成本比计划超额完成 2.11%。

（3）当计划数为平均数时。其计划检查的方法与绝对数形式相同，不再赘述。

一般的计划完成程度指标，都是在计划期末时才进行计算和检查的，这属于“事后检查”，它只能对下一个生产周期起作用。若将其改为“事中检查”就能起到对本期生产更有利的促进作用，这时就要用到“计划执行进度”指标，其计算公式为

$$计划执行进度=\frac{累计至本期止实际完成数}{全期计划数} \tag{8.7}$$

计划执行进度指标的检查标准是“实际进度要与计划进度相同”。在各期计划指标均等的情

况下，进度指标的检查标准就变为“指标进度要与时间进度相同”，这就是实际工作中所说的“时间过半，进度过半”的标准。一般来说，当任务进度小于时间进度时，为没有完成计划执行进度；当任务进度大于时间进度时，为超额完成计划执行进度。

【例 8.8】 某企业的计划产值和实际产值完成情况见表 8.6。

表 8.6 某企业产值的计划进度控制情况

	计划产值（万元）	实际产值（万元）		计划执行进度（%）	情况分析
		各季度	累计		
甲	（1）	（2）	（3）	（4）	
第一季度	2 000	1 800	1 800	22.5	没到 25%，没完成进度计划
第二季度	2 000	2 000	3 800	47.5	没到 50%，没完成进度计划
第三季度	2 000	2 300	6 100	76.25	已超 75%，超额完成了进度计划
第四季度	2 000	2 400	8 500	106.25	已超 100%，超额完成全年计划
合　计	8 000	8 500	—	106.25	此指标已变为计划完成程度指标

运用计划完成相对数时应注意以下几个问题。

（1）计划完成程度相对数一般用百分数来表示。

（2）计划完成程度相对数的分子与分母不能互换。

（3）分子、分母皆为“完成数”，而不是“增减数”。分子是实际完成数，是工作完成后的总成果；分母是计划完成数，是工作实施前制定的总目标。“完成数”包括原来的基数在内，而“增减数”则不包括基数。

【例 8.9】 某企业上年产值为 5 000 万元，今年计划比上年增加 500 万元，而实际比上年增加了 800 万元。这里的“500 万元”和“800 万元”都是“增减数”（即没有包括原来的基数 5 000 万元），而不是“完成数”，因此在计算时应将其还原为“完成数”后再来计算：

$$计划完成程度（\%）=\frac{5\,000+800}{5\,000+500}=105.45\%$$

（4）对计划完成情况的评价，一定要注意指标的性质。一般来说，等于 100%为完成计划；对期增指标来说，大于 100%为超额完成计划；对期减指标来说，小于 100%为超额完成计划。例如，单位成本的计划完成程度为 90%，则说明单位成本比计划降低了 10%，这是超额完成了成本的降低计划。

计划完成分析法的主要作用有以下三点。

（1）可用于检查某项任务的计划完成程度。这是计划完成分析法最主要的任务。

（2）可用于监督某项任务的计划执行进度。这也是计划完成情况分析法的一个重要任务。

（3）可用以分析计划本身是否合理。这不是主要任务。一般情况下，在进行计划检查时，都应默认计划为正确的。但在实际中，如果客观情况发生了变化，而计划又没有及时调整，计划就有可能不符合实际情况。在这种情况下，通过对计划的检查就能发现其问题，这当然也应该是计划完成分析法的另一作用。

六、运用相对分析法时应注意的问题

相对指标是一个抽象的比值，要使其在统计分析中起到应有的作用，在计算和应用相对指标时就必须注意以下问题。

1. 指标的可比性

相对指标是表明两个指标间数量对比关系的综合指标，因此，指标的可比性是计算和运用相对指标的前提。如果把不可比的两个指标硬凑在一起进行比较，必然歪曲事实，导致错误。

若使指标间有可比性，进行对比的两个指标首先应该是相互联系的，其次必须在经济内容、总体范围、计算方法、计量单位、时间范围、空间范围等方面协调一致。特别是在国际间统计资料进行对比计算时，许多指标的经济内容、计算口径、计算方法不一致，更应该进行具体分析，经过必要的换算与调整之后才能对比。

2. 相对指标要与总量指标结合起来运用

相对指标是由总量指标抽象化得到的，在有些情况下，如果不将相对指标和有关的总量指标结合起来，就不能深刻说明现象的实质。

【例 8.10】 我国钢产量发展状况见表 8.7。

从表 8.7 中我们可以看到 1950 年我国的钢产量较 1949 年增长了 286.1%，2006 年我国钢产量较 2005 年增长了 17.7%，但我们不能因此就断定 1950 年钢产量生产水平高，从增长的绝对量看 1950 年钢产量比 1949 年增加 45.2 万吨，而 2006 年钢产量比 2005 年增加 6 298 万吨，增加数是前者的 139.3 倍。

表 8.7 我国钢产量发展状况

年　份	1949	1950	2005	2006
产量（万吨）	15.8	61.0	35 580	41 878
增长量（万吨）	—	45.2	—	6 298
发展速度（%）	—	386.1	—	117.7
增长速度（%）	—	286.1	—	17.7

注：表中的增长量与发展速度等指标，都是与上年相比的计算结果。

通过例 8.10 的比较我们可以看到，高速度的相对数下不一定是高水平，低速度下的相对数不一定是低水平，在分析事物时一定要注意把相对数与绝对数结合起来运用，才能对事物有一个深刻的认识。

3. 将有关相对指标结合运用

任何事物都有多方面的特征，一种相对指标只能反映现象某一方面的特点，要想较全面地认识一个复杂现象，就应将许多相对指标结合起来运用，才能较全面地反映客观经济现象的全貌。同时社会经济现象之间的联系是错综复杂的，一事物与其他事物之间的关系发生变化，往往会引起另外事物之间的关系变化。所以，为了全面深入地分析事物的发展变化情况，就需要将各种相对指标结合起来进行分析和研究。

4. 相对指标一般不能相加但能相减

除同一总体的比重外，相对指标是不能直接相加的。因为它们在进行对比时采用的基数不同（即分母指标数值不同）。

但同类的相对指标是可以相减的，相减的结果称为相差的“百分点”。如某企业 2011 年产品计划完成程度为 105%，2012 年完成了 115%，则可以说 2012 年比 2011 年上升了 10 个百分点。

统计小常识

百分数与百分点的区别

百分数是两个指标相除所获得的相对数形式，而百分点是两个相对数相减所获得的相对数形式。例如，我国国内生产总值中，第三产业占的比重由2008年的41.8%上升到2009年的42.6%。我们可以说：国内生产总值中，第三产业占的比重，2009年比2008年上升了0.8个百分点（42.6－41.8＝0.8），但不能说上升0.8%。

第三节　利用Excel计算相对数

相对数就是两个有关系的数字相比的结果，所以在利用Excel进行运算时就比较简单了，只要用一般的算术运算和填充运算就可以了。

一、比重的计算

下面举例说明利用Excel计算比重的方法。

【例8.11】 某年我国第一、二、三产业占国内生产总值的资料，如图8.1中A、B两栏所示。

C3　fx =B3/B$6*100

	A	B	C
1	某年我国一、二、三产业所占比重（%）		
2	产业	增加值（亿元）	比重（%）
3	第一产业	24700	11.7952122
4	第二产业	102004	48.7108836
5	第三产业	82703	39.4939042
6	合计	209407	100

图8.1　Excel计算比重

要求：运用Excel计算第一、二、三产业增加值占国内生产总值的比重。

其操作过程如下。

（1）编制Excel表格。

（2）把光标定在C3上，输入“＝B3/B$6*100↙”，此时在C3上出现11.7952122；再单击C3；按住填充柄向下拖至C6即可。

二、其他相对数的计算

其他相对数，包括静态相对数、动态相对数、强度相对数、计划完成程度相对数，其运算方法也都与比重的计算基本相同。此处仅以动态相对数（发展速度）为例进行说明。

【例8.12】 某企业产量资料如图8.2中第2、3行所示。

D4　fx =D3/$C$3*100

	A	B	C	D	E	F	G
1	某企业产量资料						
2	年份		2008	2009	2010	2011	2012
3	产量（万吨）		2650	2800	3200	3290	3620
4	发展速度%	以2008年为基期	——	105.7	120.8	124.2	136.6
5		以上年为基期	——	105.7	114.3	102.8	110

图8.2　Excel计算动态相对指标

以2008年为基期时，动态相对数计算过程如下。

（1）首先编制Excel表格。

（2）把光标定在D4上，输入“＝D3/$C$3*100↙”；再单击D4；按住填充柄向右拖至G4即可。

以上年为基期的情况下，动态相对数计算过程如下。

（1）首先编制 Excel 表格。

（2）把光标定在 D5 上，输入"=D3/C3*100↙"；再单击 D5；按住填充柄向右拖至 G5 即可。

复习思考题

1. 什么是相对分析法？常用的相对分析法有哪些种类？
2. 相对数的表现形式有几种？
3. 运用相对分析法分析问题时，应注意哪些问题？
4. 为什么要将相对指标与总量指标结合运用来分析问题？
5. 为什么要将各相对指标结合运用来分析问题？
6. 怎样区别各种相对指标？
7. 运用计划完成相对数应注意哪些问题？其主要作用是什么？
8. 什么是计划执行进度指标？它同计划完成程度有什么不同？
9. 如何利用 Excel 求各组的比重？如何求各时期的计划完成进度？

技能实训

【技能目标】

能够根据不同的资料形式，正确地选择相对数的形式，并能够正确计算和使用各种相对指标。

会用 Excel 计算各种相对指标，并能利用各种技巧简化计算过程。

熟练运用相对分析法分析社会经济问题。

一、相对指标表现形式的变换

1. 实训材料

在某次调查中使用过的几个相对数见表 8.8 中指标栏。

表 8.8 相对数形式的变换

指 标	倍数或系数	十分数或成数 φ	百分数%	千分数‰	比例（m:n）	复名数
1. 今年利润是去年的 2 倍	2	20	200	2000	2:1	—
2. 固定资产磨损系数为 0.25	0.25					
3. 某产品的折合系数为 5	5					
4. 今年的收成是去年的 9 成		9				
5. 小麦产量比去年减少 1 成		−1				

续表

指　　标	倍数或系数	十分数或成数 φ	百分数%	千分数‰	比例（m:n）	复名数
6. 产量计划完成了 120%			120			
7. 工业产值占工农业总产值的 60%			60			
8. 甲单位产量是乙单位的 80%			80			
9. 大豆商品产量比去年增长 15%			+15			
10. 该地今年的人口出生率为 12‰				12		
11. 某厂的事故发生率为 1.5‰				1.5		
12. 职工的性别比为男:女 =1:3					1:3	
13. 工业利润与商业利润的比例为 1:2					1:2	
14. 该地人口密度为 180 人/km^2						√
15. 该地医疗条件为 80 张病床/万人						√

提示

比例的形式可以化成“*m*:*n*”的形式，也可以化成“*m*:1”或“1:*n*”的形式；对以增减形式给出的相对数，在用比例形式表达时不应带有“+”、“–”号。

2. 实训要求

参照表 8.8 中第 1 个指标（今年利润是去年的 2 倍）的变换方法，将表中第 2～15 个指标的给出形式，变换为其他形式的相对数。

3. 参考答案

参考答案见表 8.9。

表 8.9　相对数形式的变换

指　　标	倍数或系数	十分数或成数 φ	百分数%	千分数‰	比例（m:n）	复名数
1. 今年利润是去年的 2 倍	2	20	200	2 000	1:2	—
2. 固定资产磨损系数为 0.25	0.25	2.5	25	250	1:0.25	—
3. 某产品的折合系数为 5	5	50	500	5 000	1:5	—
4. 今年的收成是去年的 9 成	0.9	9	90	900	1:0.9	—
5. 小麦产量比去年减少 1 成	−0.1	−1	−10	−100	1:0.9	—
6. 产量计划完成了 120%	1.2	12	120	1 200	1:1.2	—
7. 工业产值占工农业总产值的 60%	0.6	6	60	600	1:0.6	—
8. 甲单位产量是乙单位的 80%	0.8	8	80	800	1:0.8	—
9. 大豆商品产量比去年增长 15%	+0.15	+1.5	+ 15	+150	1:1.15	—
10. 该地今年的人口出生率为 12‰	0.012	0.12	1.2	12	1:0.012	—
11. 某厂的事故发生率为 1.5‰	0.001 5	0.015	0.15	1.5	1:0.001 5	—
12. 职工的性别比为男:女 =1:3	3	30	300	3 000	1:3	—
13. 工业利润与商业利润的比例为 1:2	2	20	200	2 000	1:2	—
14. 该地人口密度为 180 人/km^2	—	—	—	—	—	√
15. 该地医疗条件为 80 张病床/万人	—	—	—	—	—	√

二、相对数的计算与判别

（一）结构相对数的计算与判别

1. 实训材料

某局所属三个分厂 2011 年下半年的利润额资料见表 8.10。

表 8.10 某局所属三个分厂 2011 年下半年的利润情况

	第三季度利润（万元）	第四季度利润					第四季度为第三季度的百分比（%）
		计划		实际		计划完成百分比（%）	
		利润（万元）	比重（%）	利润（万元）	比重（%）		
甲	（1）	（2）	（3）	（4）	（5）	（6）	（7）
一分厂	1 500	1 600		1 650			
二分厂	1 750	1 800				90	
三分厂	1 250			1 500		105	
合 计	4 500						

2. 实训要求

1）计算表 8.10 中空格的数值，并指出（1）～（7）栏是何种统计指标。（提示：先利用表中已知数据的关系求出各分厂的“计划利润”和“实际利润”，然后再求其他数值；在求比重时应按正常的“四舍五入”规则确定数值，不必要用“倒挤”的方法有意地增加或减少某些数值）

2）如果未完成计划的分厂能完成计划，则该企业的利润将增加多少？超额完成计划百分之多少？

3）若一、二分厂都能达到三分厂完成计划的程度，则该企业将增加多少利润？超额完成计划百分之多少？

3. 参考答案

1）参考答案见表 8.11。

表 8.11 某局所属三个分厂 2011 年下半年的利润情况

	第三季度利润（万元）	第四季度利润					第四季度为第三季度的百分比（%）
		计划		实际		计划完成百分比（%）	
		利润（万元）	比重（%）	利润（万元）	比重（%）		
甲	（1）	（2）	（3）	（4）	（5）	（6）	（7）
一分厂	1 500	1 600	33.14	1 650	34.59	103.125	110.00
二分厂	1 750	1 800	37.28	1 620	33.96	90	92.57
三分厂	1 250	1 428.57	29.59	1 500	31.45	105	120.00
合 计	4 500	4 828.57	100.00	4 770	100.00	98.79	106.00

表中第（1）、（2）、（4）栏是总量指标，第（3）、（5）栏是结构相对指标，第（6）栏是计

划完成程度相对指标，第（7）栏为动态相对指标。

2）若二分厂也能完成计划，则其利润为 1 800 万元，利润将增加 180（=1 800−1 620）万元，超额完成计划 121.43（=4 770+180−4 828.57）万元，超额 2.51%（=121.43/4828.57）。

3）若一、二分厂都能达到三分厂的计划完成程度，该企业增加利润 300[=1 600 ×(105%−103.125%)+1 800 ×(105%−90%)]万元，超额完成计划 241.43(=4770+300−4 828.57)万元，超额 5%(=241.43/4 828.57)。

（二）相对数的计算和判别

1. 实训材料

某局所属甲、乙两个商场的销售资料见表 8.12。

表 8.12 某局两个商场的销售规模与销售情况

商场	营业面积（m^2）	营业员人数（人）	上月销售额（万元）	本月销售额（万元）	
				计划	实际
甲商场	5 000	320	1 200	1 300	1 370
乙商场	3 000	280	750	800	830
合计	8 000	600	1 950	2 100	2 200

2. 实训要求

1）根据表 8.12 填写表 8.13。

表 8.13 某局两个商场的销售情况分析

商场	占总销售额的比重（%）	甲商场销售额是乙商场销售额的百分比（%）	与上月销售额相比（%）	人均营业面积（m^2）	与计划数对比（%）
甲	（1）	（2）	（3）	（4）	（5）
甲商场 乙商场					
合计					

2）指出表 8.13 中各项相对指标的种类。

3. 参考答案

参考答案见表 8.14。

表 8.14 某局两个商场的销售情况分析

商场	占总销售额的比重（%）	甲商场销售额是乙商场销售额的百分比（%）	与上月销售额相比（%）	人均营业面积（m^2）	与计划数对比（%）
甲	（1）	（2）	（3）	（4）	（5）
甲商场	62.27	165.06	114.17	15.63	105.38
乙商场	37.73	—	110.67	10.71	103.75
合计	100	—	112.82	13.33	104.76
相对数的种类	结构相对数	比较相对数	动态相对数	强度相对数	计划完成相对数

三、结构分析与对比分析

（一）结构相对数与比较相对数的计算

1. 实训材料

我国 2009 年国内生产总值按产业分组的统计资料见表 8.15。

表 8.15 2009 年我国国内生产总值

国内生产总值	增加值（亿元）	比重（%）
第一产业	35 477	
第二产业	156 958	
第三产业	142 918	
合 计	335 353	

2. 实训要求

1）计算各产业增加值占国内生产总值的比重（%）。

2）采用比例的形式，计算第一、二、三产业增加值的比较相对数。

3. 参考答案

1）（略）。

2）第一、二、三产业增加值的比较相对数 = 35 477:156 958:142 918 = 1:4.42:4.03。

（二）利用结构相对数进行分析

1. 实训材料

某企业的工人人数及工资资料见表 8.16。

2. 实训要求

1）计算工人人数的结构相对指标。

2）分析各工种工人的月工资额报告期比基期均有提高，但全厂工人的月工资额却下降了，为什么?

3. 参考答案

1）参考答案见表 8.17。

表 8.16 某企业的工人人数及工资情况

工人类别	2010 年		2011 年	
	月工资额（元）	工人人数（人）	月工资额（元）	工人人数（人）
技术工人	2 300	150	2 500	150
普通工人	1 800	100	1 900	350
合 计	2 100	250	2 080	500

表 8.17 某企业的工人人数及工资情况

工人类别	2010 年		2011 年	
	工人人数（人）	比重（%）	工人人数（人）	比重（%）
技术工人	150	60	150	30
普通工人	100	40	350	70
合 计	250	100	500	100

2）技术工人和普通工人的月工资额 2011 年均比 2010 年有所提高，但全厂工人的平均工资却下降了 20 元。这是因为工人结构发生了变化。月工资较高的技术工人所占比重由 2010 年的 60%下降到了 30%；而月工资额相对较低的普通工人所占比重由原来的 40%上升到了 70%。

四、发展速度的计算

1. 实训材料

某地2000年以来的茶叶产量情况见表8.18。

2. 实训要求

1）以2006年为基期，计算各年的发展速度（%）。

2）以各年的前一年为基期，计算各年的发展速度（%）。

3）对计算结果进行简要分析。

3. 参考答案

1）、2）参考答案见表8.19中“定基发展速度”和“环比发展速度”两栏。

表8.18 某地历年茶叶产量情况表

年份	茶叶产量（吨）	定基发展速度（%）	环比发展速度（%）
2006	50		
2007	61		
2008	65		
2009	62		
2010	72		
2011	80		

表8.19 某地历年茶叶产量情况

年份	茶叶产量（吨）	定基发展速度（%）	环比发展速度（%）
2006	50	—	—
2007	61	122	122.00
2008	65	130	106.56
2009	62	124	95.38
2010	72	144	116.13
2011	80	160	111.11

3）分析：该地茶叶的生产，从总体上说呈上涨趋势。其中2007年增长的速度最快，达到了122%，但是2009年较上一年有所下降，下降的幅度为4.62%。如果再根据此资料绘制一张统计图，就会更加直观和明显。

五、计划完成程度的计算

（一）根据增减计划计算计划完成程度

1. 实训材料

某企业生产三种产品，其产量和生产成本计划执行情况见表8.20。

表8.20 某企业三种产品的计划执行情况

产品	产量			成本		
	计划增加(%)	实际增加(%)	计划完成(%)	计划减少(%)	实际减少(%)	计划完成(%)
甲	14.3	22.9		1.8	4.5	
乙	2.6	2.6		1.3	1.9	
丙	—	−4.6		—	7.1	

2. 实训要求

1）分别计算该企业三种产品的产量计划完成百分比。

2）分别计算该企业三种产品的成本计划完成百分比。

3）对该企业的计划执行情况做出简要分析。

3. 参考答案

1）、2）（略）。

3）分析：该企业甲产品的各项指标完成较好，产量计划完成 107.52%，超额完成了 7.52%，而成本计划完成情况也比较好，完成了计划的 97.25%，超额完成计划的 2.75%；乙产品产量计划完成了 100%，成本计划完成 99.39%，超额完成了计划的 0.61%；丙产品产量计划完成情况为 95.4%，未能完成计划，但是成本计划执行情况较好，降低成本 7.1%，超额完成成本计划。

（二）计划执行进度的检查

1. 实训材料

某厂今年上半年进货计划执行情况见表 8.21。

2. 实训要求

1）计算各季度进货计划完成百分比。

2）上半年计划完成情况。

3）上半年累计计划进度执行情况。

4）对该厂上半年的进货计划执行情况进行简要分析。

表 8.21 某厂上半年进货计划执行情况 单位：吨

材料	全年进货计划	第一季度进货量		第二季度进货量	
		计划	实际	计划	实际
生 铁	2 000	500	490	600	620
钢 材	1 500	400	410	400	400
水 泥	500	100	90	200	210

3. 参考答案

1）、2）、3）参考答案见表 8.22。

表 8.22 某厂上半年进货计划执行情况 单位：吨

材料	全年进货计划	第一季度进货量			第二季度进货量			上半年计划完成情况（%）	上半年累计计划执行情况（%）
		计划	实际	计划完成（%）	计划	实际	计划完成（%）		
生铁	2 000	500	490	98.0	600	620	103.3	100.91	55.5
钢材	1 500	400	410	102.5	400	400	100.0	101.25	54.0
水泥	500	100	90	90.0	200	210	105.0	100.00	60.0

4）从计划完成情况来看：第一季度进货计划执行情况不算太好，三种材料有两种没有完成计划；第二季度都完成了计划，尤其生铁和水泥都对第一季度的“欠缺”做出了有效的补救，也正因为这样，才使上半年的进货情况都完成了计划。

再从累计计划执行情况来看，应该说上半年的累计计划执行情况很不错，完全符合“时间过半，任务过半”的要求。

六、利用 Excel 计算相对指标

1）根据表 8.10 所列出的资料，利用 Excel 计算各种相对数。

2）根据表 8.15、表 8.16 所列出的资料，利用 Excel 计算其比重。

3）根据表 8.18 所列出的资料，利用 Excel 计算以 2009 年为基期各年的发展速度（%）及以前一年为基期的各年发展速度（%）。（注意：运用相对引用和绝对引用）

4）根据表 8.20 所列出的资料，利用 Excel 计算该企业三种产品的产量计划完成百分比和成本计划完成百分比。

第九章

平均分析法

【学习目标】

通过本章的学习，要求学生理解平均分析法的概念与主要作用，掌握各种平均分析法的计算方法，能熟练运用 Excel 计算平均指标，正确运用平均分析法分析实际问题。

【案例导入】

从工资“被增长”看我国工资统计制度的缺陷

工资统计是国内生产总值核算的重要内容，也是国家制定收入分配政策的重要依据。作为工资统计最基本的指标，平均工资除了用于反映职工的一般工资收入水平之外，还是计算社会保障基金，确定获得经济适用房的权利，制订最低工资标准、城镇居民最低生活保障标准、优抚救济标准及司法部门确定人身损害司法赔偿等的重要参考依据。

近年来，国家统计局按年度和季度公布的“职工平均工资”数据连遭公众质疑，有网友戏称自己的工资是“被增长”了，工资“被增长”的感受，形象地反映了我国现行工资统计制度存在的缺陷。缺陷之一，统计范围不全。工资统计范围未包括私营单位和个体工商户。而据调查推算，2008 年底，全国城镇私营单位从业人员 6 676 万人，约为现行工资统计制度所包含从业人员的 54.75%，其平均工资 17 071 元，约为现行工资统计制度平均工资的 58.40%。缺陷之二，统计方法单一。平均工资本身所固有的抽象性，掩盖了个体间的差异；采用算术平均法，用工资总额除以职工平均人数求得平均工资，其弱点是易受极端值的影响。

启发思考

（1）为何部分公众有工资“被增长”的感受？

（2）你认为应该从哪些方面改进工资统计制度？

第一节 平均分析法概述

平均分析法，是指利用平均指标对社会经济现象进行分析的方法。平均指标又称平均数，是某一总体中各单位的某一标志在一定条件下所达到的一般水平。平均数是一个代表值，代表总体各单位标志值分布的集中趋势；平均数是一个抽象值，抹掉了总体各单位间的具体差异，凸现总体各单位的一般水平；平均数的取值介于最小变量值和最大变量值之间，依此可粗略判断平均数的计算是否有误；无论离散型变量还是连续型变量，其平均数都可以有小数。

一、平均分析法的主要作用

1. 对现象进行对比分析

利用平均指标可将同类现象的一般水平在不同空间和时间上进行对比分析，以说明现象在不同条件下的差异和现象发展的过程、趋势及变动规律，见表 9.1。

表 9.1 我国历年职工平均货币工资　　单位：元/人·年

	2001 年	2002 年	2003 年	2004 年	2005 年	2006 年	2007 年	2008 年
全　国	10 870	12 422	14 040	16 024	18 364	21 001	24 932	29 229
国有单位	11 178	12 869	14 577	16 729	19 313	22 112	26 620	31 005
城镇集体单位	6 867	7 667	8 678	9 814	11 283	13 014	15 595	18 338
其他单位	12 140	13 212	14 574	16 259	18 244	20 755	24 058	28 387

注：其他单位包括内资单位（股份合作、联营、有限责任公司、股份有限公司）和外资单位（港澳台商投资、外商投资），不包括乡镇企业、私营单位和个体工商户。

资料来源：国家统计局.http://www.stats.gov.cn/tjsj/

表 9.1 所示的资料表明，同一时期内，国有单位和其他单位职工工资水平差异较小，二者明显高于城镇集体单位；不同单位职工平均货币工资水平逐年提高，国有单位职工平均货币工资增长速度高于其他单位。

2. 分析现象之间的依存关系

在对现象进行统计分组的基础上，结合运用平均指标，可以观察现象之间存在的依存关系，如农作物的耕作深度与单位面积产量之间存在一定的依存关系，商业企业规模的大小和平均流通费用之间存在着一定的依存关系等。

3. 估计或推算

在抽样调查中，利用样本的平均数估计总体平均数；利用平均指标乘以总体单位数来推算总量指标。例如，某县通过抽样调查获得某种农作物单位面积产量样本数据，以此推断全县该种农作物的单产，用单产乘以该种农作物的总种植面积即可推算其总产量。

二、平均分析法的种类

通常将平均分析法分为数值平均法和位置平均法。数值平均法的计算依据是总体各单位的标志值，其计算结果易受极端值的影响；而位置平均法的计算依据是标志值所处的某一位置，其计算结果不受极端值的影响。

数值平均法主要包括算术平均法和几何平均法（详见第十二章第四节），位置平均法主要包括众数法和中位数法。

第二节　算术平均法

算术平均法是利用算术平均数进行平均分析的一种方法，是集中趋势最主要的测度方法，

在统计工作和经济管理中具有广泛的应用。算术平均法的基本公式为

$$算术平均数=\frac{总体标志总量}{总体单位总量} \tag{9.1}$$

根据所掌握资料的不同，算术平均法可分为简单平均法和加权平均法。

技巧点滴

运用算术平均法的基本公式时应注意的问题

标志总量的计算依据是数量标志，而品质标志没有标志总量，不能据以计算算术平均数；公式中的标志总量与单位总量属于同一总体，分子中的每一个标志值都是由分母中的相应单位来承担的，分子随分母同向变动。

一、简单平均法

想一想

算术平均数与强度相对数有何异同？

简单平均法是用来计算未分组资料算术平均数的方法，是将总体各单位的标志值直接相加求得标志总量，再除以单位总量，计算公式为

$$\bar{x}=\frac{x_1+x_2+\cdots+x_n}{n}=\frac{\sum_{i=1}^{n}x_i}{n} \tag{9.2}$$

式中，$\bar{x}$为算术平均数；x_i为各单位标志值；$\sum$为求和符号；n为总体单位数。

【例 9.1】 如设某生产小组 5 名工人，生产某种产品的日产量分别为 40、44、48、56、60 件，则该生产小组人均日产量为

$$\bar{x}=\frac{\sum_{i=1}^{n}x_i}{n}=\frac{40+44+48+56+60}{5}=49.6（件）$$

简单平均法适用于以下两种情况。

（1）未经整理的原始资料。

（2）权数相同的已分组资料。

技巧点滴

在计算算术平均数时，如何减小极端值的影响

算术平均法有一个弱点，就是计算结果易受极端值的影响。所以，在实际工作中，常常用“掐头去尾法”去掉一个（或几个）最大值和一个（或几个）最小值”的办法，以减小极端值对计算结果的影响。

二、加权平均法

加权平均法是用来计算已分组资料算术平均数的方法。它是用各组的标志值乘以各组的单

位数求出各组的标志总量，然后将各组的标志总量相加得到总体标志总量，再除以总体的单位总量，其计算公式为

$$\bar{x}=\frac{x_1f_1+x_2f_2+\cdots+x_nf_n}{f_1+f_2+\cdots+f_n}=\frac{\sum_{i=1}^{n}x_if_i}{\sum_{i=1}^{n}f_i} \tag{9.3}$$

式中，f_i为各组单位数（又称权数、频数、次数）；n为组数。

从公式（9.3）可以看出，加权平均数的大小同时受变量x和权数f两个因素的影响，当权数表现为结构相对数形式时，公式（9.3）变形为公式（9.4）。

$$\bar{x}=\sum\left(x\cdot\frac{f}{\sum f}\right) \tag{9.4}$$

式中，$\frac{f}{\sum f}$为各组比重（又称权重、频率）。

统计小常识

平均数中“加权”的由来

“加权”即在平均数的公式中加上了“权数f”的因素。权数，是用来衡量总体中各组成部分变量值在总体中作用大小的指标，它能决定总体的结构。权数变动，对应的标志值在总体中的作用就会发生变动，进而平均数也随之变动。即哪一个标志值的权数大，平均数就会趋近于这个标志值；反之，平均数就会远离这个标志值。简言之，f对某一标志值来说能够起到“权衡轻重”的作用，所以称之为权数。

权数一般有绝对数和相对数两种表现形式，绝对数用频数或次数表示，相对数以频率或比重表示。

下面分别举例说明根据单项分组资料计算加权平均数和根据组距分组资料计算加权平均数。

【例 9.2】 某车间 50 名工人生产某种产品的日产量分组资料见表 9.2 中第 1 列至第 3 列，要求计算人均日产量。

表 9.2 根据单项分组资料计算加权平均数

已知单项分组资料			计算过程		累计频数（人）	
日产量 x（件）	工人人数 f(人)	比重 $f/\Sigma f$（%）	xf	$x(f/\Sigma f)$	向上累计	向下累计
34	4	8	136	2.72	4	50
35	10	20	350	7	14	46
36	22	44	792	15.84	36	36
37	9	18	333	6.66	45	14
38	5	10	190	3.8	50	5
合 计	50	100	1 801	36.02	—	—

方法一：权数为绝对数时，人均日产量的计算：

$$\bar{x}=\frac{\sum xf}{\sum f}=\frac{136+350+792+333+190}{4+10+22+9+5}=\frac{1801}{50}=36.02（件）$$

方法二：权数为相对数时，人均日产量的计算：

$$\bar{x}=\sum\left(x\cdot\frac{f}{\sum f}\right)=2.72+7+15.84+6.66+3.8=36.02\text{（件）}$$

【例 9.3】 某企业职工工资的分组资料见表 9.3 中第 1 列至第 3 列，要求计算月平均工资，

表 9.3 根据组距分组资料计算加权平均数

已知组距分组资料			计算过程			累计频数（人）	
月工资（元）	职工数 f（人）	比重 $\frac{f}{\sum f}$（%）	组中值 x	xf	$x\cdot\frac{f}{\sum f}$	向上累计	向下累计
<3 000	10	4.76	2 500	25 000	119.05	10	210
3 000～4 000	50	23.81	3 500	175 000	833.33	60	200
4 000～5 000	120	57.14	4 500	540 000	2 571.43	180	150
5 000～6 000	24	11.43	5 500	132 000	628.57	204	30
≥6 000	6	2.86	6 500	39 000	185.71	210	6
合　计	210	100.00	—	911 000	4 338.10	—	—

方法一：权数为绝对数时，月平均工资的计算：

$$\bar{x}=\frac{\sum xf}{\sum f}=\frac{911\ 000}{210}\approx 4\ 338.10\text{（元/人）}$$

方法二：权数为相对数时，月平均工资的计算：

$$\bar{x}=\sum\left(x\cdot\frac{f}{\sum f}\right)\approx 4\ 338.10\text{（元/人）}$$

加权平均数法的使用也有一定的范围，一般适用于以下两种情况：

（1）已分组的资料；

（2）各组权数或比重不同的资料。

想一想

简单平均法与加权平均法有何关系？

三、算术平均法的特殊运用

实际工作中，有时需要根据各组的平均数计算总体的平均数，或根据各组的相对数计算总体的相对数。在计算总体的平均数或相对数时，不能将各组的平均数或相对数直接相加，再除以其组数来计算。正确的处理方法是，根据总体指标的经济含义写出其计算公式，分别计算分子与分母项的总量，代入公式求得。

下面分别举例说明根据各组的平均数计算总体平均数和根据各组的相对数计算总体相对数。

【例 9.4】 某村粮食产量情况见表 9.4 第 1 列至第 3 列，要求计算该村粮食的单产。

计算步骤如下。

（1）写出粮食单产的基本公式。

$$\text{粮食单产}=\frac{\text{粮食总产量}}{\text{总播种面积}}$$

（2）计算粮食总产量，见表 9.4 中最后一栏。

表 9.4 某村粮食产量情况

	单产 x（千克/公顷）	播种面积 f（公顷）	总产量 xf（万千克）
山地	2 400	18	4.32
丘陵	6 000	90	54.00
平原	15 000	72	108.00
合计	—	180	166.32

（3）计算全村粮食单产。

$$\bar{x}=\frac{\sum xf}{\sum f}=\frac{166.32\times 10\ 000}{180}\approx 9\ 240（千克/公顷）$$

拓展阅读

调和平均数

调和平均数是各个变量值倒数的算术平均数的倒数，故又称为倒数平均数。调和平均数可分为简单调和平均数和加权调和平均数，在社会经济统计中，广泛应用的是加权调和平均数，其计算公式为

$$H=\frac{\sum_{i=1}^{n} m_i}{\sum_{i=1}^{n}\frac{m_i}{x_i}} \tag{9.5}$$

式中，H 为加权调和平均数；x_i 为各组标志值；m_i 为权数，为各组标志总量；n 为组数。

加权调和平均数的计算依据是算术平均数的基本公式，即标志总量除以单位总量，故加权调和平均数只是算术平均数的一种变形，一般用于缺乏总体单位总量资料的情况。

启发思考

（1）表 9.4 中，若已知各组单产和总产量，而无播种面积资料，怎样用式（9.5）计算该村粮食单产？

（2）表 9.4 中，用公式（9.3）和公式（9.5）计算平均数，其结果是否相同？

【例 9.5】 某公司 10 个企业产值完成情况资料见表 9.5 中第 1 列至第 3 列，要求计算该公司的产值计划完成程度（即该公司 10 个企业的产值计划平均完成程度）。

表 9.5 某公司各企业产值资料

计划完成程度（%）	企业数（个）	实际总产值 m（万元）	组中值 x（%）	计划总产值 m/x（万元）
90～100	2	190	95	200
100～110	5	840	105	800
110～120	3	575	115	500
合　计	10	1 605	—	1 500

计算步骤如下。

（1）写出产值计划完成程度的基本公式：

$$产值的计划完成程度=\frac{实际总产值}{计划总产值}\times 100\%$$

（2）计算计划总产值，见表 9.5。

（3）代入上述公式，产值的计划完成程度为

$$H=\frac{\sum_{i=1}^{n} m_i}{\sum_{i=1}^{n}\frac{m_i}{x_i}}=\frac{1\ 605}{1\ 500}\times 100\%=107\%$$

第三节 位置平均法

一、众数法

众数法，即通过求得众数以反映变量值一般水平的方法。众数是指总体中出现次数最多的标志值，它直观地反映了总体的集中趋势。

例 9.6 为根据未分组资料确定众数；例 9.7 为根据单项式分组资料确定众数；例 9.8 为根据组距式分组资料计算众数。

【例 9.6】 如设某生产小组 7 名工人，生产某种产品的日产量分别为 40、44、48、48、48、56、60 件。

则该生产小组人均日产量的众数为 48 件。

【例 9.7】 以表 9.2 为例，确定众数的步骤如下：①找出最大频数或频率。表 9.2 中，最大频数为 22 人（最大频率 44%）。②最大频数或频率所对应的变量值即为众数。表 9.2 中，众数为 36 件。

【例 9.8】 以表 9.3 为例，计算众数的步骤如下：①找出众数组。表 9.3 中，众数组是最大频数对应的组别 4 000～5 000 元。②众数组的组中值即为众数。所以，表 9.3 中，众数为 4 500 元。

注意

一般来说，根据组距式分组资料计算的众数都是近似值。只有当众数组内的资料呈均匀分布，相邻组的资料又呈对称分布时，其众数才能是精确值。

拓展阅读

插值法计算众数

插值法计算众数是近似程度更好一些的计算方法。

适用范围：根据组距式分组资料且众数组的资料分布不均匀的情况。当众数组的资料分布均匀时，相邻组的资料又呈对称分布时，还是“组中值法”计算最为简捷。

计算公式：分为“下限公式法”和“上限公式法”。

下限公式
$$M_0 = X_L + \frac{f_m - f_{m-1}}{(f_m - f_{m-1}) + (f_m + f_{m+1})} \cdot d \tag{9.6}$$

上限公式
$$M_0 = X_U - \frac{f_m - f_{m+1}}{(f_m - f_{m-1}) + (f_m - f_{m+1})} \cdot d \tag{9.7}$$

式中，M_0 为众数；X_L、X_U 为众数组下限、上限；f_m、f_{m-1}、f_{m+1} 为众数组频数、众数组前面一组频数、众数组后面一组频数；d 为众数组组距。

例如，依据表 9.3 所示的资料计算的众数为

$$M_0 = X_L + \frac{f_m - f_{m-1}}{(f_m - f_{m-1}) + (f_m - f_{m+1})} \cdot d$$
$$= 4\,000 + \frac{120 - 50}{(120 - 50) + (120 - 24)} \times 1\,000 \approx 4\,421.69（元）$$

二、中位数法

中位数法是通过求得中位数以反映变量值一般水平的方法。将总体各单位某一标志值按大小

顺序排列，居于中间位置的标志值即中位数。中位数本身处于中间位置，代表了现象的一般水平。

根据未分组的资料确定中位数的方法如下。

（1）排序。将标志值按大小进行排序。

（2）确定中位数所在位置。当资料的个数为奇数时，数列的中项位置即为中位数的位置，即位于第$(n+1)/2$的位置上；当资料的个数为偶数时，其中位数的位置应在数列最中间两项的中间，即位于第$n/2$和$[(n/2)+1]$两项的中间。

（3）确定中位数。中位数的计算方法如下：

$$M_e=\begin{cases}X_{\frac{n+1}{2}} & n\text{为奇数}\\ \dfrac{X_{\frac{n}{2}}+X_{\frac{n}{2}+1}}{2} & n\text{为偶数}\end{cases} \tag{9.8}$$

式中，M_e为中位数；n为标志值的个数；$X_{\frac{n+1}{2}}$、$X_{\frac{n}{2}}$、$X_{\frac{n}{2}+1}$为处于中间位置及其相邻位置的标志值。

【例 9.9】 如设某班组有 7 名工人，生产某产品的日产量（单位：kg）分别为 75、72、68、63、60、59、56，则中位数所在位置为$(n+1)/2=(7+1)/2=4$，中位数为 63 kg。

【例 9.10】 如工人数为 8 人，日产量（单位：kg）分别为 75、72、68、63、60、59、56、55，则中位数所在位置为（$n+1$）$/2=(8+1)/2=4.5$，中位数为$(63+60)/2=61.5$(kg)。

下面举例说明根据单项式分组资料确定中位数。

【例 9.11】 以表 9.2 所示的资料为例，确定中位数的步骤如下：①计算各组的累计频数。见表 9.2 最后两列。②确定中位数所在组。中位数应在$\Sigma f/2$的位置上，所以，包含$\Sigma f/2$位置的组即为中位数所在组。本例$\Sigma f/2=50/2=25$，因为第 25 人在“累计人数为 36 人”这一组内，这一组即为中位数组。③确定中位数。中位数组的标志值就是中位数。所以，在表 9.2 中，日产量的中位数为 36 件。

注意

一般来说，根据组距式分组资料计算出的中位数也只能是近似值。只有当中位数组内的资料呈均匀分布时，其中位数才能是精确值。

下面举例说明根据组距式分组资料计算中位数。

【例 9.12】 以表 9.3 所示的资料为例，确定中位数的步骤如下：①计算各组的累计频数。见表 9.3 最后两列。②确定中位数所在组。因为$\Sigma f/2=210/2=105$，第 105 人在“向上累计”人数为 180 人（或“向下累计”人数为 150 人）这一组内，这一组即为中位数组。③中位数组的组中值即为中位数。所以，表 9.3 中，其中位数为 4 500 元。

拓展阅读

插值法计算中位数

插值法计算中位数也是近似程度更好一些的计算方法。

适用范围：根据组距式分组资料且中位数组的资料分布不均匀的情况。当中位数组的资料分布均匀时，还是“组中值法”计算最为简捷。

计算公式：分为“下限公式法”和“上限公式法”。

下限公式
$$M_e = X_L + \frac{\frac{\sum f}{2} - s_{m-1}}{f_m} \cdot d \quad (9.9)$$

上限公式
$$M_e = X_U - \frac{\frac{\sum f}{2} - s_{m+1}}{f_m} \cdot d \quad (9.10)$$

式中，M_e为中位数；X_L、X_U为中位数所在组的下限、上限；f_m为中位数所在组的频数；s_{m-1}、s_{m+1}为中位数所在组以前各组累计频数、中位数所在组以后各组累计频数；d为中位数所在组的组距。

例如，依据表 9.3 所示的资料计算的中位数为

$$M_e = X_U - \frac{\frac{\sum f}{2} - s_{m+1}}{f_m} \cdot d$$

$$= 5\,000 - \frac{\frac{210}{2} - 30}{120} \times 1\,000 \approx 4\,375\text{（元）}$$

第四节 利用 Excel 计算平均数

根据统计资料所处的状况不同，可选择用函数法或公式来计算平均数，对于未经整理过的原始资料，应采用函数法计算平均数；对于已分组资料，可用公式计算平均数。

一、用函数法计算平均数

计算平均数的函数主要有简单算术平均数 AVERAGE、中位数 MEDIAN 和众数 MODE，其操作步骤如下。

（1）在 Excel 工作表中录入原始数据。

（2）选中存放计算结果的单元格。

（3）在“插入”菜单中，选择“函数”命令，或单击工具栏上的“插入函数”按钮 fx；打开“插入函数”对话框，在“选择类别”中选择“统计”，在“选择函数”列表框中选择函数（如 AVERAGE）；单击“确定”按钮，出现“函数参数”对话框。

（4）在“函数参数”对话框中的参数框“Number1”中直接输入原始数据区域（或用鼠标选择区域），单击“确定”按钮即可。

也可直接在目标单元格或编辑栏中输入函数名称及参数，按 Excel 键即得计算结果。

统计小常识

用 Excel 计算众数的有关问题

假设有以下四组数字，分别对其计算众数，其结果如下。

	第一组 （升序）	第二组 （降序）	第三组 （升序）	第四组 （降序）
具体数字	2	7	22	44
	3	6	22	44
	4	5	33	33
	5	4	33	33
	6	3	44	22
	7	2	44	22
众数=	#N/A	#N/A	22	44

从第一组和第二组数字可以看出，每个数字都出现 1 次时，**Excel 会认为不存在众数**。**从第三组和第四组数字可以看出，只要一个数字出现 2 次以上就认为它可能是众数**；当某些数字出现的次数相等时，哪个数字排在前面，Excel 就会认为哪个数字是众数。

这就是 Excel 在计算众数时的缺陷。

二、手工操作计算平均数

下面举例说明 Excel 手工操作计算平均数的方法。

【例 9.13】 以表 9.2 为例，用手工操作的办法计算人均日产量的操作步骤如下。

（1）在 Excel 工作表中录入表 9.2 所示的单项分组资料。

E4 =A4*C4/100

	A	B	C	D	E
1	表9-2 根据单项分组资料计算加权平均数				
2	已知单项分组资料			计算过程	
3	日产量 x（件）	工人数 f（人）	比重 $\frac{f}{\sum f}$（%）	$x \cdot f$	$x \cdot \frac{f}{\sum f}$
4	34	4	8	136	2.72
5	35	10	20	350	7.00
6	36	22	44	792	15.84
7	37	9	18	333	6.66
8	38	5	10	190	3.80
9	合 计	50	100	1801	36.02

图 9.1 Excel 计算加权算术平均数

（2）计算各组总产量。如图 9.1 所示，在 D4 单元格中，录入 “=A4*B4”，按 Enter 键，选中 D4 单元格，拖动填充柄至 D8 单元格。

（3）计算总产量。选中 D4:D8 单元格区域，单击自动求和按钮 Σ ▾。

（4）计算平均日产量。选中目标单元格，录入 “=D9/B9”，按 Enter 键，其值为 36.02（件）。

或如图 9.1 所示，在 E4 单元格中，录入 “=A4*C4/100”，按 Enter 键；再选中 E4 单元格，拖动填充柄至 E8 单元格；最后，再选中 E9 单元格，单击自动求和按钮 Σ ▾，即可求出平均数为 36.02（件）。

复习思考题

1. 什么是平均分析法？它主要有哪些作用？
2. 如何区别算术平均数与强度相对数？
3. 数值平均法与位置平均法的主要区别是什么？
4. 简单平均法与加权平均法的适用条件有何不同？
5. 加权平均数的计算有哪几种形式？各适用于何种情况？
6. 怎样由各组平均数（或相对数）计算总平均数（或相对数）？
7. 什么是众数？众数法的适用条件是什么？

8. 什么是中位数？为什么计算中位数时要先排序？
9. 怎样利用 Excel 的函数计算平均数？
10. 怎样利用 Excel 进行手工操作计算加权平均数？

技能实训

【技能目标】

掌握算术平均法、调和平均法、众数和中位数的计算。并能正确运用平均分析法分析实际问题。能熟练运用 Excel 计算平均指标。

一、识别平均指标

1. 实训材料

一组指标如下：人均国内生产总值；人均耕地面积；月平均工资；人口密度；全员劳动生产率；平均工龄；每万人拥有汽车量及公路里程；人均淡水资源占有量。

2. 实训要求

指出该组指标中哪些是平均指标。

3. 参考答案

平均指标为月平均工资、全员劳动生产率、平均工龄。

二、简单法计算平均指标

1. 实训资料

某地区 50 家商店的日营业额（单位：万元）资料如下。

17	19	16	14	7	24	20	14	19	6
28	20	13	9	19	26	16	8	13	11
19	14	14	11	14	20	20	19	16	12
16	9	20	14	29	17	8	27	8	16
20	16	27	17	18	14	16	14	16	10

2. 实训要求

1）对以上数据求其平均日营业额。
2）对以上数据求其中位数。
3）对以上数据求其众数。

3. 参考答案

1）平均日营业额=16.2（万元）。

2）日营业额的中位数=16（万元）。

3）不存在众数（因 14 与 16 均出现 8 次）。

三、根据单项式分组表计算平均指标

1. 实训材料

见上题“50 家商店的日营业额”资料。

2. 实训要求

1）对 50 家商店的日营业额资料进行整理，用点线法形成一个单项式分组表。

2）根据整理后形成的单项式分组表计算日营业额的算术平均数、中位数和众数。（提示：在求中位数时，需要计算累计次数）

3. 参考答案

1）反映 50 家商店日营业额的单项式分组表，见表 9.6。

表 9.6 50 家商店日营业额分布情况

日营业额（万元）	商店数(个)	日营业额（万元）	商店数(个)	日营业额（万元）	商店数（个）	日营业额（万元）	商店数（个）
6	1	11	2	17	3	26	1
7	1	12	1	18	1	27	2
8	3	13	2	19	5	28	1
9	2	14	8	20	6	29	1
10	1	16	8	24	1	合计	50

2）日营业额的算术平均数、中位数和众数的答案见上题。

四、根据组距式分组表计算平均指标

1. 实训资料

仍见“50 家商店的日营业额”资料。

2. 实训要求

1）对 50 家商店的日营业额资料进行整理，用点线法形成一个组距式分组表。其组别为：5～10、10～15、15～20、20～25、25～30 五个组。

2）根据整理后形成的组距式分组表计算日营业额的算术平均数、中位数和众数。（提示：在求中位数时，需要计算累计次数）

3）根据整理后形成的组距式分组表绘制直方图。

4）根据以上情况进行简要分析。

3. 参考答案

1）50 家商店日营业额频数分布表，见表 9.7 中前两栏。

2）平均日营业额=820/50=16.4（万元）。可见，依据组距式分组表计算的数值只能是近似值。

日营业额的中位数=17.5（万元）　　（组中值法）

=15+(25−21/17)×5=16.18（万元）　　（插值法）

日营业额的中位数=17.5（万元）　　（组中值法）

=15+[17/(17+7)]×5=18.54（万元）　　（插值法）

注：本资料应该不存在众数，但因整理成组距式分组表，就使日营业额 14 和 16 两个数值分别整理到两个组当中去了，而且这两个组的次数又不相同，这就掩盖了 14 和 16 出现次数相同的真相。所以，依据组距式分组表计算出来的数值只能是近似值（在此题中，其结论就“相差甚远”了）。

3）绘制直方图。如图 9.2 所示。

4）简要分析。50 家商店营业额基本上呈钟形分布，主要集中在 15～20 万元、10～15 万元这两组，比例达 62%。日营业额一般水平约为 16 万元。

表 9.7　50 家商店日营业额频数分布表

日营业额（万元）	频数（家）	组中值	XF	累计频数
5～10	7	7.5	52.5	7
10～15	14	12.5	175	21
15～20	17	17.5	297.5	**38**
20～25	7	22.5	157.5	45
25～30	5	27.5	137.5	50
合　计	50	—	820	—

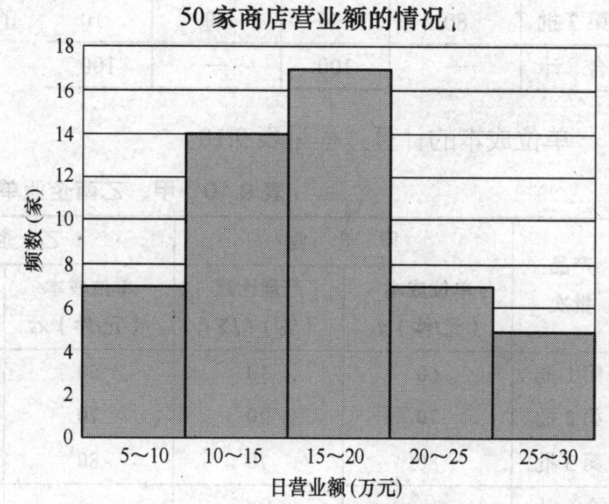

图 9.2　直方图（频数分布图）

五、计算总的计划完成程度指标

1. 实训资料

天成公司所属 15 个企业，7 月份 A 产品的计划完成情况见表 9.8。

表 9.8　各企业 7 月份 A 产品生产情况

计划完成程度（%）	企业数（个）	实际产量（件）
85～90	2	25 500
90～95	9	59 500
95～100	4	34 200
合　计	15	119 200

2. 实训要求

根据表 9.8 的资料，计算天成公司 7 月份 A 产品的计划完成情况。

提示

因是组距式分组表，所以要用组中值来求；又因是依据各组的计划完成程度来求总公司的计划完成程度，即根据相对数计算总的相对数，所以，必须先推算出各组的计划产量后才能计算。

3. 参考答案

因为所给资料是各个企业的计划完成程度，需要计算的是总公司的相同指标，所以必须用加权平均法来进行计算。其计算结果为：天成公司7月份A产品计划完成程度为92.73%。

六、利用相对权数计算平均数

1. 实训材料

甲、乙两企业2月份生产某产品的单位成本及产量比重资料见表9.9。

表9.9 甲、乙两企业2月份生产情况

产品批次	甲企业		乙企业	
	单位成本（元/件）	产量比重（%）	单位成本（元/件）	产量比重（%）
第1批	60	10	60	50
第2批	70	20	70	40
第3批	80	70	80	10
合 计	—	100	—	100

2. 实训要求

根据表9.9的资料，计算并比较哪个企业的单位成本高，说明原因。

3. 参考答案

单位成本的计算过程见表9.10。

表9.10 甲、乙两企业单位产品成本计算表

产品批次	甲企业		乙企业		平均成本 $x(f/\sum f)$	
	单位成本（元/件）x_1	产量比重（%）$f_1/\Sigma f_1$	单位成本（元/件）x_2	产量比重（%）$f_2/\Sigma f_2$	甲企业	乙企业
第1批	60	10	60	50	6	30
第2批	70	20	70	40	14	28
第3批	80	70	80	10	56	8
合 计	—	100	—	100	76	66

可见，甲企业的单位成本高于乙企业的单位成本。原因是甲企业成本高的第3批次产品产量比重较大，而成本低的第1批次产品产量比重较小。

七、利用Excel计算平均数

1. 实训材料

以上第二、第三、第四、第五、第六题的实训资料。

2. 实训要求

1）对本章第二题“50家商店的日营业额”的原始资料，用Excel计算日营业额的算术平均数、中位数和众数。

2）见表9.6，用Excel计算日营业额的算术平均数、中位数和众数。（提示：因已知资料是分组表的形式，所以，应用手工操作法进行计算）

3）见表9.7的前两栏资料，用Excel计算日营业额的算术平均数、中位数和众数，并根据表9.7的前两栏资料绘制直方图。

4）见表 9.8 的资料，用 Excel 计算天成公司 7 月份 A 产品的计划完成情况。

5）见表 9.9 的资料，用 Excel 计算甲乙两个企业的平均成本。

3. 参考答案

1）平均日营业额=16.2（万元），日营业额的中位数=16（万元），不存在众数。（提示：在用 Excel 计算众数时，因为 16 和 14 出现了相同的次数，所以，当数字 16 排在前面时则众数为 16，当数字 14 排在前面时则众数为 14，但实际上应该为“无众数”，这是软件的问题，不是计算方法有何不对）

2）平均日营业额=16.2（万元），日营业额的中位数=16（万元），不存在众数。

3）其答案见第四题（根据组距式分组表计算平均指标）的参考答案。

4）天成公司 7 月份 A 产品计划完成程度为 92.73%。

5）甲企业的平均成本=76（元/件），乙企业的平均成本=66（元/件）。

第十章

差异分析法

【学习目标】

通过本章学习，应当理解差异分析法、标志变异指标的概念，掌握两者之间差异分析及总体内部差异分析的方法。能够将差异分析指标与平均指标结合起来，对社会经济现象进行正确、全面的分析。熟练掌握各种差异分析指标的计算方法和使用方法。

【案例导入】

有甲、乙两个生产小组，每组各抽出 5 人进行生产技能竞赛。通过紧张激烈的角逐，在相同时间里生产的合格产品数见表 10.1。

表 10.1　两个生产小组生产的合格产品数　　单位：件

	1	2	3	4	5	合　计	平 均 数
甲	480	490	500	510	520	2 500	500
乙	440	460	500	540	560	2 500	500

从表 10.1 计算结果得知，两个小组完成的合格产品总数都是 2 500 件，其平均数都是 500 件。

启发思考

（1）两组的竞赛成绩应为并列第一名吗？

（2）两组的生产技能真的一样吗？

（3）如果第一名的奖品只有一份，又不进行“加时赛”，你有什么办法能够解决吗？

差异分析法，就是对现象之间的差异或某一总体内部各单位之间的差异进行分析的方法。它包括两者之间的差异分析和总体内部的差异分析两种。差异分析法与平均分析法结合运用可以使我们对事物有更全面的认识。

差异分析法是通过差异分析指标来分析问题的。差异分析法的作用如下。

（1）差异分析指标可反映现象分布或发展的均衡性、稳定性和节奏性。一般来说，某现象所表现出来的差异越小，说明该现象分布或发展得越均衡；否则，该现象分布或发展得越不均衡。

（2）差异分析指标可说明平均指标的代表性大小。用平均指标来代表某种现象的一般水平时，其代表性的大小与总体各单位标志值的差异程度有直接关系。一般说来，某一总体内部的差异越小，其平均数的代表性就越大；反之，其平均数的代表性就越小。因此，在研究平均数的代表性时，差异分析就显得非常重要了。

（3）差异分析指标可以用来评价两个总体或两个个体之间的差距程度，以说明工作的好坏。

（4）差异分析指标是科学地进行抽样推断、统计预测应考虑的重要因素。

第一节　两者之间的差异分析

两者之间的差异，即两个总体之间或两个个体之间的差异。它用来说明同一现象在不同总体之间或不同个体间的差异状况，通过比较说明事物的不同点及差异程度。两者间差异测定的基本公式为

$$两者间差异 = x_1 - x_2 \tag{10.1}$$

两者间的差异一般以正值来表示，即用大数减小数。计算出来的数值越大，说明其差异就越大。它可以是两个总量指标的差，也可以是两个相对量或平均量的差。

一、绝对量差的测定

绝对量差，即两个总量指标之差。常见的绝对量差有以下几类。

（1）甲–乙，即静态的绝对量差，是指某一时间，两个同类总体或两个同类个体绝对量的差。如某年、某季、某月或某一时刻甲乙两个单位或两个地区等同类数值的差。

（2）报告期–基期，即动态的绝对量差，是指同一总体或同一个体在不同时间上绝对量的差。如某一绝对量在两个年份、两个季度或两个月份等数值的差。这种动态的绝对量差，在动态分析时又称为增长量，有关增长量的问题将在动态数列分析法中详细讲解。

（3）实际–计划，即实际数与计划数之差。它是在计划检查时常常用到的指标，说明实际和计划间相差的程度。

使用绝对量差时应注意以下几个问题。

（1）应统一计量单位。总量指标的计量单位相同才能进行差值计算。如甲村粮食产量用千克计量，乙村用吨来计量，这种情况不能直接计算差值，必须统一计量单位后才能进行计算。

（2）计算结果的计量单位不变。如原来指标的计量单位是“吨”，则计算出来的绝对量差的计量单位也是“吨”。

（3）对绝对量差的分析结论要视具体情况而定。如在对动态的绝对量差进行分析时，对于期增指标（如产量）来说，则以“正值”为好，且数值越大表明增长得越多，也表明效果越好；而对于期减指标（如成本）来说，则以“负值”为好，且数值越大表明降低得越多，这样才表明效果越好。

二、相对量差的测定

相对量差，即同一类相对指标在两个总体或两个个体间的差异。

相对量差在数学上是不符合理论要求的，因为它们的计算基数是不相同的。但在实际工作当中，为了计算和使用上的方便且误差又相对很小的情况下，在经济界“开创”了“百分点”的计算和使用，也一度为群众和统计界所接受，形成了相对量差这一统计方法。

常见的相对量差有以下几类。

（1）甲–乙，是指甲单位的相对指标与乙单位同类相对指标的差。它可以是两个单位的“计划完成百分比”之差、也可以是两个单位的“结构相对数”、“相关相对数”之差等。

（2）报告期–基期，是指报告期的相对指标与基期同类相对指标的差。它也可以是两个时期的“计划完成百分比”、“结构相对数”、“相关相对数”的差。这类指标在实际中的应用是比较多的，但一般多用于百分数形式之间的相对量差。

使用相对量差时应注意以下几个问题。

（1）计算结果的计量单位不变。如甲地的人口密度为 150 人/平方千米，乙地的人口密度为 100 人/平方千米，则两地的人口密度之差为 50 人/平方千米。

（2）百分数之差称为增减的“百分点”。即是说：“百分点”是用两个“百分数”相减的方法获得的，而“百分数” 是用两个绝对量或平均量相除的方法获得的。

三、平均量差的测定

平均量差，即同类平均指标在两个总体或两个个体间的差异。常见的平均量差及其运用，可参见绝对量差部分，此处不再赘述。

注意

增减的百分点，不能叫作增减了“百分之几”。例如，某产品的生产计划由去年的 105%上升到 110%，这时应说“比去年提高了 5 个百分点”，而不能说“提高了 5%”。

第二节 总体内部的差异分析

总体之间存在差异，总体内部各单位之间也存在着差异。在平均分析中，我们把总体内部各单位标志值之间的差异抽象化了，用平均指标来反映某一数量标志值的一般水平，将其作为总体水平的代表值。但是，总体内部各单位标志值之间的差异是客观存在的，有的差异不大，有的相差悬殊，所以，我们在运用平均指标分析问题的同时，还必须对总体内部各单位标志值间的差异进行分析，从而全面认识总体的数量特征。

反映总体各单位标志值差异程度的统计指标称为标志变异指标或标志变动度。常见的标志变异指标包括极差与极差系数、平均差与平均差系数、标准差与标准差系数。

一、极差与极差系数

（一）极差

极差也称全距，是指总体内各单位标志值中最大值与最小值之差。极差说明总体标志值变动范围的大小，通常用 R 表示。其计算公式为

$$R = X_{\max} - X_{\min} \tag{10.2}$$

式中，$X_{\max}$ 为最大标志值；$X_{\min}$ 为最小标志值。根据掌握资料形式的不同，全距的计算也

有所不同。

1. 未分组或单项式分组资料

对于未分组或单项式分组资料，其全距的计算非常简单，只要用其中的最大值减去最小值即可求得。

【例 10.1】 假定某车间两个小组工人的日产量资料如下（单位：件），求其全距。

甲组：80，90，100，110，120　　$R_{甲}$=120−80=40（件）
　　　　　　　　　　　　　　　则
乙组：90，95，100，105，110　　$R_{乙}$=110−90=20（件）

可见，虽然甲、乙两组工人的平均日产量相同，都是 100 件，但两组工人日产量的变动范围不同：甲组为 40 件，乙组为 20 件。这说明甲组工人日产量的变动程度大于乙组。因此甲组工人平均日产量代表性低于乙组。

【例 10.2】 某企业工人平均日产量的分组资料见表 10.2，计算其全距。

从表 10.2 可知，最大的标志值 $X_{max}=95$（件），最小的标志值 $X_{min}=55$（件）。所以，其全距为

$$R=95-55=40\text{（件）}$$

2. 组距式分组资料

组距式分组资料有开口组和闭口组两种，一般只对闭口组分组资料计算全距（按变量值从小到大的顺序排列），其计算公式为

$$R=\text{末组上限}-\text{首组下限}$$

【例 10.3】 某企业工人平均日产量的分组资料见表 10.3，计算其全距。

表 10.2 某企业工人平均日产量情况

按日产量分组（件）	职工人数（人）
55	100
65	140
75	260
85	600
95	240
合　计	1 340

表 10.3 某企业工人平均日产量情况

按日产量分组（件）	职工人数（人）
50～60	100
60～70	140
70～80	260
80～90	600
90～100	240
合　计	1 340

从表 10.3 可知，$X_{max}=100$（件），$X_{min}=50$（件）。所以，其全距为

$$R=100-50=50\text{（件）}$$

全距是测定标志变动程度的一种粗略方法。它计算简便，容易理解。但它直接决定于标志的两个极端数值，而不考虑总体内部的分配状况，因而不能充分地反映标志值的实际变动程度。

实际工作中，全距常用于检查产品质量的稳定性和进行质量控制。

（二）极差系数

当所对比的两个总体平均数不同时，要通过计算差异的相对量指标——极差系数，来评价平均数的代表性。极差系数的公式为

$$V_R = \frac{X_{\max}}{X_{\min}} \tag{10.3}$$

极差系数越大，平均数的代表性越小；反之，平均数的代表性越大。

（三）极差与极差系数的优缺点

极差与极差系数有以下两个优点：①计算方法简单、易懂，容易理解；②能说明标志值变动的最大范围，这一点在数值估算、统计分组等工作中都有很重要的意义。

极差与极差系数有以下两个缺点：①不能反映总体所有单位标志值的差异分布情况；②极差的大小完全决定于极端数值的大小，在实际应用中有一定的片面性和局限性。

二、平均差与平均差系数

（一）平均差

平均差是总体各单位的标志值与其平均数的离差绝对值的算术平均数。它能够反映总体单位标志值的变动程度，但由于总体中各单位的标志值与其算术平均数的离差之和恒等于零，即$\Sigma(x-\bar{x})=0$，故对离差取绝对值计算。平均差与极差之间的不同之处，在于它考虑了总体单位标志值的变动影响。平均差通常用AD表示。但由于掌握的资料不同，平均差又分为简单式与加权式。

1. 简单平均差

简单平均差适用于未分组资料（或标志值出现的次数均相同时）的情况，其计算公式为

$$\mathrm{AD} = \frac{\Sigma|x-\bar{x}|}{n} \tag{10.4}$$

式中，x为总体各单位标志值；$\bar{x}$为总体的平均数；n为总体单位数。

【例 10.4】 两个车间工人生产技能成绩及其平均差的计算资料见表 10.4。

表 10.4 平均差计算表

第一车间			第二车间		
技能成绩	离差	离差绝对值	技能成绩	离差	离差绝对值
x_1	$x_1-\bar{x}_1$	$\lvert x_1-\bar{x}_1\rvert$	x_2	$x_2-\bar{x}_2$	$\lvert x_2-\bar{x}_2\rvert$
60	−15	15	20	−55	55
70	−5	5	80	5	5
80	5	5	100	25	25
90	15	15	100	25	25
Σ	—	40	Σ	—	110

依据表 10.4 中的资料计算如下：

$$\bar{x}_1 = \frac{\sum x_1}{n} = \frac{300}{4} = 75\text{（分）} \qquad \bar{x}_2 = \frac{\sum x_2}{n} = \frac{300}{4} = 75\text{（分）}$$

$$\mathrm{AD}_1 = \frac{\sum|x_1-\bar{x}_1|}{n} = \frac{40}{4} = 10\text{（分）} \qquad \mathrm{AD}_2 = \frac{\sum|x_2-\bar{x}_2|}{n} = \frac{110}{4} = 27.5\text{（分）}$$

计算结果表明，在两个车间的平均分数相同时，第一车间的平均差（10 分）小于第二车间（27.5 分），所以，第一车间平均分数（75 分）的代表性好于第二车间。

2. 加权平均差

加权平均差适用于分组资料且标志值出现的次数不都相同的情况，其计算公式为

$$AD = \frac{\Sigma|x-\bar{x}|f}{\Sigma f} \tag{10.5}$$

式中，f 为权数或标志值出现的次数。

【例 10.5】 已知甲组工人的平均工资为 767 元，其平均差为 80 元；乙组工人的工资情况见表 10.5。

表 10.5 平均差计算表

按工资水平分组（元）	组中值	工人人数	工资总额（元）	离差的绝对值	离差绝对值乘以次数
	x	f	xf	$\lvert x-\bar{x}\rvert$	$\lvert x-\bar{x}\rvert f$
500～600	550	2	1 100	217	434
600～700	650	3	1 950	117	315
700～800	750	5	3 750	17	85
800～900	850	6	5 100	83	498
900 以上	950	2	1 900	183	366
合计	—	18	13 800	—	1 734

$$\bar{x}_{乙} = \frac{\Sigma xf}{\Sigma f} = \frac{13\,800}{18} = 767（元）$$

根据表 10.5 中的资料，其平均差的计算如下：

$$AD_{乙} = \frac{\Sigma|x-\bar{x}|f}{\Sigma f} = \frac{1\,734}{18} = 96.3（元）$$

计算结果表明，两组的平均工资相同，但乙组工人工资的平均差（96.3 元）大于甲组工人工资的平均差（80 元），所以，甲组工人平均工资的代表性好于乙组。

3. 平均差的运用条件

在说明两个总体标志值差异的大小时，当两者的平均数相等时，则应该使用平均差比较其差异状况。

4. 平均差的优缺点

平均差的优点：平均差是根据全部变量值计算出来的，不只是受极端数值的影响，所以能比较全面、准确地综合反映总体的离散程度。

平均差的缺点：采用绝对值计算，不便于代数运算，实际中应用较少。

（二）平均差系数

平均差系数即平均差与其平均数之比。平均差系数的计算公式为

$$V_{AD} = \frac{AD}{\bar{x}} \tag{10.6}$$

平均差系数的应用条件：当所对比的两个总体平均数不相同或计量单位不同时，要用平均差系数进行比较。

【例 10.6】 甲、乙两组工人的日产量资料见表 10.6。

表 10.6 甲、乙两组工人的日产量的差异比较

	平均日产量 $\bar{x}$	日产量的平均差 AD	日产量的平均差系数（%）
甲 组	80	6.00	7.5
乙 组	90	6.48	7.2

从表 10.6 可知：乙组的平均差大于甲组的平均差，但不能因此断定乙组的标志变异程度就大。甲、乙两组工人的平均日产量不同，应该用平均差系数进行比较。由于甲组工人日产量的平均差系数大于乙组，所以，正确的结论应该是甲组工人的产量差异大，其平均数代表性小于乙组。

请思考

你能说明在计算平均差的时候，公式中的分子为什么要采用绝对值的形式吗？这样计算有什么局限性？

三、标准差与标准差系数

（一）标准差

标准差是总体各单位标志值与其平均数离差平方的平均数的算术平方根。它是测定标志变异程度最常用、最主要的指标。标准差的意义在于考虑了总体各单位标志值的变动影响，而且标准差采用了平方和的方法来消除正、负离差的影响，更符合数学的运算要求。所以说，标准差不仅具有平均差的优点，而且还弥补了平均差的不足，它是综合反映标志变异程度最理想的指标，在实际工作中得到了极为广泛的使用。标准差一般用σ表示。

根据掌握资料的不同，标准差也有简单式和加权式两种。

1. 简单标准差

简单标准差适用于未分组资料（或标志值出现的次数均相同时）的情况，其计算公式为

$$\sigma=\sqrt{\frac{\Sigma\left(x-\bar{x}\right)^2}{n}} \tag{10.7}$$

【例 10.7】 两组学生统计学成绩及标准差计算资料见表 10.7。

表 10.7 标准差计算表

第一组			第二组		
成绩	离差	离差平方	成绩	离差	离差平方
x_1	$x_1-\bar{x}_1$	$(x_1-\bar{x}_1)^2$	x_2	$x_2-\bar{x}_2$	$(x_2-\bar{x}_2)^2$
60	−15	225	20	−55	3 025
70	−5	25	80	5	25
80	5	25	100	25	625
90	15	225	100	25	625
Σ	—	500	Σ	—	4 300

第一、二组平均成绩均为 75 分，其标准差计算如下。

第一组标准差：
$$\sigma_1=\sqrt{\frac{\Sigma\left(x_1-\bar{x}_1\right)^2}{n}}=\sqrt{\frac{500}{4}}=11.2(\text{分})$$

第二组标准差：
$$\sigma_2=\sqrt{\frac{\Sigma\left(x_2-\bar{x}_2\right)^2}{n}}=\sqrt{\frac{4\,300}{4}}=32.8(\text{分})$$

计算结果表明，在这两组学生平均成绩相等（$\bar{x}$=75 分）的情况下，第一组的标准差（11.2 分）小于第二组的标准差（32.8 分），说明第一组平均成绩的代表性好于第二组。

2. 加权标准差

加权标准差适用于分组资料且权数不完全相同时的情况，其计算公式为

$$\sigma=\sqrt{\frac{\Sigma\left(x-\bar{x}\right)^2 f}{\Sigma f}} \tag{10.8}$$

【例 10.8】 已知甲组工人的平均工资为 767 元，其标准差为 92 元；乙组工人工资情况见表 10.8。

表 10.8　标准差计算表

按工资水平分组（元）	组中值（元）	工人人数	工资总额（元）	离差平方	离差平方乘以次数
	x	f	xf	$(x-\bar{x})^2$	$(x-\bar{x})^2 f$
500～600	550	2	1 100	47 089	94 178
600～700	650	3	1 950	13 689	41 067
700～800	750	5	3 750	289	1 445
800～900	850	6	5 100	6 889	41 334
900 以上	950	2	1 900	33 489	66 978
合　计	—	18	13 800	101 445	245 002

乙组工人平均工资亦为 767 元，根据表 10.8 中资料，其标准差计算如下：

$$\sigma_{乙}=\sqrt{\frac{\Sigma\left(x-\bar{x}\right)^2 f}{\Sigma f}}=\sqrt{\frac{245\,002}{18}}=116.7(\text{元})$$

计算结果表明，在两组工人平均工资相等的情况下，乙组的标准差（116.7 元）大于甲组的标准差（92 元），说明乙组工人平均工资的代表性较甲组差。

3. 标准差的运用条件

当说明两个总体标志值差异大小时，只有当两者的平均数相等，才可以使用标准差比较其差异状况。

4. 标准差的优缺点

标准差的优点：①能全面反映总体分布的差异情况；②用平方法消除正负符号，更便于数学上的处理；③具有更广泛的数学性质，尤其在数理统计中，标准差的应用更为广泛。

标准差的缺点：计算麻烦。

（二）标准差系数

标准差系数即标准差与其平均数之比，又称离散系数，其计算公式为

$$V_\sigma=\frac{\sigma}{\bar{x}}\times 100\% \tag{10.9}$$

标准差系数的应用条件：当所对比的两个总体，其平均数不同或计量单位不同时，要用标准差系数进行比较。注意，此时不能直接用标准差来进行比较。

【例 10.9】 甲商店职工的平均工资为 900 元，标准差为 20 元；乙商店职工的平均工资为 600 元，标准差为 18 元。问哪个商店的平均工资更有代表性？

从资料看，$\sigma_{甲}>\sigma_{乙}$，似乎可以判断乙商店平均工资的代表性好于甲商店。是否如此？我们可以通过计算标准差系数来进行说明。现分别计算如下：

$$V_{\sigma甲}=\frac{\sigma}{\bar{x}}\times 100\%=\frac{20}{900}\times 100\%=2.2\%$$

$$V_{\sigma乙}=\frac{\sigma}{\bar{x}}\times 100\%=\frac{18}{600}\times 100\%=3\%$$

计算结果表明，$V_{\sigma甲}<V_{\sigma乙}$，这说明甲商店平均工资的代表性好于乙商店，与我们的直观判断结果相反。

从以上分析可以看出，离散系数越大，说明平均数的代表性越差；相反，离散系数越小，说明平均数的代表性越好。

第三节　利用 Excel 计算标准差

由于实际中以标准差的应用为最多，所以，本节只介绍标准差的计算。标准差的计算有两种办法：一是利用现有函数进行计算；二是手工操作进行计算。

一、简单标准差的计算

目前，Excel 的现有函数只能计算简单标准差。能够进行标准差计算的 Excel 函数有总体标准差函数（STDEVP）和样本标准差函数（STDEV）。

Excel 中的“总体标准差”，并不是真正意义上的总体标准差，而是指公式中除以 n 的标准差，其公式为式（10.7），即使用样本资料进行计算，也要使用 Excel 的“总体标准差”函数。而 Excel 中的“样本标准差”，也不是真正意义上的样本标准差，它是指公式中除以“$n-1$”的标准差，其公式为 $S=\sqrt{\frac{\Sigma\left(x-\bar{x}\right)^2}{n-1}}$。这一不标准的概念，在计算器中也是这样运用的。

注意

这里的总体标准差和样本标准差的概念，是不标准的概念。实际上，前者就是普通意义上的标准差，因而也是平时最常用的标准差公式；后者仅是在抽样推断时使用的公式，因而平时一般不用。

（一）总体标准差的计算

下面举例说明利用 Excel 计算总体标准差。

【例 10.10】 资料如图 10.1 所示，要求计算其总体标准差。

Excel 计算总体标准可以用插入函数，也可以手工录入函数。插入函数法的操作过程如下。

（1）首先编制 Excel 表格。

（2）确定存放标准差的位置，如 C14；单击“插入”；单击“函数”；在“选择类别”中选择“统计”；在“选择函数”中选“STDEVP”；单击“确定”按钮；出现对话框，在“Number1”中填写“C3：C12”；单击“确定”按钮即可。其值为 245.725 5。

C14　=STDEVP(C3:C12)

	A	B	C
4	2	张立	2000
5	3	刘月	2200
6	4	李虹	2300
7	5	付玉	2350
8	6	张兰	2520
9	7	李莉	2550
10	8	杨月娇	2600
11	9	李楠	2650
12	10	郑朔	2680
13	平均工资（元）	—	2383
14	总体标准差（元）	—	245.7254566
15	样本标准差（元）	—	259.0173739

图 10.1　Excel 计算标准差

录入函数法的操作过程如下。

（1）首先编制 Excel 表格。

（2）在 C14 单元格中，用手工输入“＝STDEVP(C3：C12)↙”即可。

（二）样本标准差的计算

利用 Excel 计算样本标准差的操作过程同例 10.10 方法，只是在“选择函数”中选择“STDEVP”即可。

二、加权标准差的计算

由于利用 Excel 的现有函数不能直接对整理后带有权数的分组资料进行标准差运算，所以，我们必须掌握手工操作计算标准差的方法，下面举例说明标准差和标准差系数的计算。

【例 10.11】 资料如图 10.2 所示，要求计算其标准差和标准差系数。

计算标准差的步骤如下。

（1）首先编制 Excel 表格。见图 10.2 中 A3：C8。

D10　=SQRT(E8/C8)

	A	B	C	D	E
2	按考试成绩分组	组中值	人数	xf	$(x-\bar{x})^2 f$
3	50—60	55	5	275	2247.2
4	60—70	65	8	520	1003.52
5	70—80	75	20	1500	28.8
6	80—90	85	10	850	774.4
7	90—100	95	7	665	2474.08
8	合计	—	50	3810	6528
9	平均数			76.2	
10	标准差			11.42628549	
11	标准差系数（%）			14.99512531	
12					

图 10.2　Excel 计算加权式标准差

（2）计算平均数。①先计算 D3 至 D7 的数字：光标定在 D3 单元格上，输入“＝B3*C3↙”；单击 D3，用填充的办法算出 D4 至 D7 的所有数字；②求 Σ*xf*：单击 D8 单元格，对 D3 至 D7 求和；③计算平均数：再单击 D9，输入“＝D8/C8↙”即可得出平均数 76.2。

（3）计算 $(x-\bar{x})^2 f$ 的值。单击 E3，输入“＝(B3－D$9)^2*C3↙”，得出数据 2 247.2；再单击 E3，用填充的办法算出 E4 至 E7 的所有数字；单击 E8，对 E3 至 E7 求和；最后再单击 D10，输入“＝sqrt(E8/C8)↙”即得标准差为 11.426 285 49。

把光标定在合适的单元格中，如 D11，输入“＝D10/D9*100↙”即可求得标准差系数。

利用Excel手工操作的办法还可以计算极差、平均差等，此处不再赘述。

复习思考题

1. 什么是差异分析法？为什么要进行差异分析？
2. 反映两者间差异的指标有哪几类？
3. 常见的绝对量差有哪些？相对量差中的百分数之差称为什么？
4. 反映总体内部差异的指标有哪几种？
5. 什么是极差？什么是极差系数？应如何计算和使用？
6. 什么是平均差？什么是平均差系数？应如何计算和使用？
7. 什么是标准差？什么是标准差系数？应如何计算和使用？
8. 平均差和标准差有什么区别和联系？
9. 差异分析指标有哪些作用？
10. 在Excel中，“总体标准差”和“样本标准差”的函数名称各是什么？如何计算？
11. 在Excel中，分组资料的标准差应如何计算？

技 能 实 训

【技能目标】

能够将差异分析指标与平均指标结合起来，对社会经济现象进行正确、全面的分析。

会运用Excel计算差异指标。

熟练掌握各种差异分析指标的计算，熟练掌握函数型计算器的使用方法。

一、差异指标的计算与分析

实训目的：（1）掌握差异指标的计算；（2）能够区分绝对数形式与相对数形式的差异指标的运用条件；（3）能够正确运用差异指标的计算结果分析问题。

（一）对身高进行差异分析

1. 实训材料

对10名成年人和10名幼儿的身高（cm）进行抽样调查，结果如下。

成年组：166 169 172 177 180 170 172 174 168 173

幼儿组：68 69 68 70 71 73 72 73 74 75

2. 实训要求

比较分析哪一组的身高差异大？

3. 参考答案

成人身高平均数=172.1（cm）；标准差=3.80（cm）；标准差系数=0.02；

幼儿身高平均数=71.3（cm）；标准差=2.26（cm）；标准差系数=0.03。

由于幼儿身高的标准差系数（0.03）大，因此幼儿的身高差异大。

（二）对工资情况进行差异分析

1. 实训材料

某企业工人按年工资分组资料见表10.9。

表10.9　某企业工人年工资情况

按年工资分组（元）	工人数（人）
600～700	10
700～800	15
800～900	35
900～1 000	12
1 000～1 100	8
合　计	80

2. 实训要求

计算工人工资的平均数、全距、平均差、标准差、平均差系数、标准差系数。

3. 参考答案

平均数＝841.25 元；全距＝400 元；平均差＝5.22 元；平均差系数＝6.2%；标准差＝141.42 元；标准差系数＝16.8%。

（三）对袋装产品质量进行差异分析

1. 实训材料

某企业生产某种袋装产品，某月份的质量检查情况见表10.10。

2. 实训要求

1）计算该企业某月份袋装产品的平均每袋质量。

2）计算该企业某月份袋装产品的极差。

3）计算该企业某月份袋装产品的平均差和平均差系数。

4）计算该企业某月份袋装产品的标准差和标准差系数。

表10.10　某月份的质量检查情况

袋装质量（kg）	袋　数	比重（%）
50.2	1 050	10.6
50.1	2 130	21.4
50.0	5 800	58.4
49.9	950	9.6
合　计	9 930	100.0

3. 参考答案

1）平均每袋质量：50.03（kg）。

2）极差＝50.2−49.9＝0.3（kg）。

3）平均差＝0.06（kg），平均差系数＝0.001。

4）标准差＝0.08（kg），标准差系数＝0.002。

（四）对两批材料进行质量检验

1. 实训材料

从甲、乙两批材料中各抽出10支测量某种成分的含量，其数据如下。

甲材料（%）：10.2，10.4，10.6，10.8，11.0，11.2，11.4，11.6，11.8，12.0。

乙材料（%）：5.1，5.2，5.3，5.4，5.5，5.6，5.7，5.8，5.9，6.0。

2. 实训要求

1）计算这两种材料某种成分的平均含量，并指出它们之间的相对量差是多少。

2）计算这两种材料某种成分的标准差和标准差系数。

3）根据计算结果，对这两种材料进行质量分析。

3. 参考答案

1）甲材料的平均含量：$\bar{x}=11.1\%$。

乙材料的平均含量：$\bar{x}=5.55\%$。

可见，两种材料的平均含量相差＝11.1－5.55＝5.55（百分点）。

2）应使用简单标准差公式 $\sigma=\sqrt{\frac{\sum(x-\bar{x})^2}{n}}$ 来进行计算。

甲材料的标准差：$\sigma=0.5744$，标准差系数：$V_\sigma=5.17\%$。

乙材料的标准差：$\sigma=0.2872$，标准差系数：$V_\sigma=5.17\%$。

3）两种材料中某种成分的含量不同，应该说它们的产品质量是不同的（如果产品的质量就是由该种成分的含量所决定的话）。

从标准差系数都等于 5.17%这一结果来看，该企业的生产工艺水平是很稳定的。可以说，这两种材料的质量问题，应是设计上的问题，而不是生产上的问题。

（五）对工人日产量的差异分析

1. 实训材料

甲乙两组工人的日产量资料见表 10.11。

2. 实训要求

表 10.11 两组工人日产量资料

甲组		乙组	
日产量（件）	工人数（人）	日产量（件）	工人数（人）
20 以下	2	20	3
20～30	4	25	4
30～40	5	28	5
40～50	6	30	6
50 以上	3	35	2

1）计算甲乙两组平均日产量和两组的平均量差。

2）计算甲乙两组的标准差及标准差系数。

3）简要说明甲乙两组的平均日产量哪组的代表性大，为什么？

3. 参考答案

1）甲组的平均日产量为 37 件，乙组为 27.5 件；两组的平均量差为 9.5 件。

2）甲组的标准差为 12.08 件，标准差系数为 32.65%；乙组的标准差为 4.15 件，标准差系数为 15.1%。

3）因为两组的平均数不等，所以必须用标准差系数来分析平均数的代表性。又因为甲组的标准差系数（32.65%）大于乙组（15.1%），因而甲组均值的代表性低于乙组。

（六）对考试成绩进行差异分析

1. 实训材料

某学院财务管理系注会 051 班第一学期的考试成绩见表 10.12。

表 10.12　注会 051 班第一学期的考试成绩情况　　单位：分

序号	姓名	会计	经济法	统计	总分数	平均分	序号	姓名	会计	经济法	统计	总分数	平均分
1	赵　利	95	88	95	278	92.7	14	蒋　婧	81	70	87	238	79.3
2	钱丽梅	92	84	95	271	90.3	15	沈　毅	86	70	82	238	79.3
3	孙　钰	94	81	93	268	89.3	16	韩再晶	85	68	84	237	79.0
4	孙　翠	88	87	91	266	88.7	17	杨　凯	87	65	83	235	78.3
5	李　洋	89	73	92	254	84.7	18	孔宪婷	85	64	83	232	77.3
6	周晓伟	87	73	91	251	83.7	19	曹　新	83	70	77	230	76.7
7	吴春雨	86	70	94	250	83.3	20	严　艳	81	62	84	227	75.7
8	郑　靖	88	72	90	250	83.3	21	华　巍	89	59	76	224	74.7
9	王秀娟	86	75	88	249	83.0	22	何国庆	78	69	73	220	73.3
10	冯　姗	88	70	87	245	81.7	23	吕　刚	87	47	84	218	72.7
11	陈晓明	89	70	85	244	81.3	24	施伟民	82	50	80	212	70.7
12	楚术娟	88	64	91	243	81.0	25	章　波	82	46	71	199	66.3
13	魏国亮	83	71	89	243	81.0							

2. 实训要求

1）计算注会 051 班会计成绩的平均数、标准差和标准差系数。

2）计算注会 051 班经济法成绩的平均数、标准差和标准差系数。

3）计算注会 051 班统计成绩的平均数、标准差和标准差系数。

3. 参考答案

1）会计成绩平均数为 86.36 分，标准差为 3.95 分，标准差系数为 0.05。

2）经济法成绩平均数为 68.72 分，标准差为 7.48 分，标准差系数为 0.11。

3）统计成绩平均数为 85.8 分，标准差为 5.41 分，标准差系数为 0.06。

（七）对大豆单产进行差异分析

1. 实训材料

某地区 2007 年大豆单产情况见表 10.13。

表 10.13　某地区 2007 年大豆单产情况

每公顷产量（kg）	县数（个）	总播种面积（公顷）	播种面积比重（%）
1 500 以下	1	14 200	5.2
1 500～1 875	3	59 300	21.6
1 875～2 250	6	101 400	36.9
2 250～2 625	3	38 700	14.1
2 625～3 000	2	40 800	14.8
3 000 以上	1	20 800	7.5
合　计	16	275 200	100.0

2. 实训要求

1）计算该地区 2007 年大豆的平均每公顷产量。（提示：用比重做权数会更简单）

2）计算该地区 2007 年大豆单产的标准差和标准差系数。

3. 参考答案

1）平均每公顷产量为 2 192 kg。

2）标准差为 640.4 kg，标准差系数为 0.29。

（八）对工人劳动生产率进行差异分析

1．实训材料

某生产车间 40 名工人日加工零件数（件）如下。

30 26 42 41 36 44 40 37 43 35
37 25 45 29 43 31 36 49 34 47
33 43 38 42 32 25 30 46 29 34
38 46 43 39 35 40 48 33 27 28

2．实训要求

1）将以上资料分成如下几组：25～30，30～35，35～40，40～45，45～50，计算出各组的频数和频率，编制次数分布表。

2）根据整理表计算工人的平均日产零件数与标准差。

表 10.14 某车间工人日加工零件数情况

加工零件数	组中值	工人数（频数）	比重（频率）（%）
25～30	27.5	9	22.5
30～35	32.5	8	20
35～40	37.5	9	22.5
40～45	42.5	9	22.5
45～50	47.5	5	12.5
合 计	—	40	100

3．参考答案

1）次数分布表见表 10.14。

2）平均日产零件数为 36.975 件，标准差为 6.70 件。

（九）利用标准差分析平均数

1．实训材料

某企业两个生产班组的工人日产量资料见表 10.15。

表 10.15 某企业两个班组的工人日产量情况

甲班组		乙班组	
日产量（件）	人数（人）	日产量（件）	人数（人）
5	3	8	6
7	5	12	7
9	6	14	3
10	4	15	3
13	2	16	1
合 计	20	合 计	20

2．实训要求

分别计算两个班组工人的平均日产量，并说明哪个班组的平均数代表性大，为什么？

3．参考答案

甲班组平均日产量=8.5（件）；标准差=2.17（件）；标准差系数=0.26；

乙班组平均日产量=11.8（件）；标准差= 2.67（件）；标准差系数=0.23。

由于乙班组标准差系数（0.23）小，因此乙班组的波动性小，其平均数的代表性大。

（十）均值和标准差计算

1．实训材料

在某地区抽取的 120 家企业，按利润额进行分组，其结果见表 10.16。

2. 实训要求

计算 120 家企业利润额的均值和标准差。

3. 参考答案

利润额的均值 = 426.67 万元；标准差 = 116.00 万元。

（十一）差异指标的计算

1. 实训材料

某企业 100 名工人生产某种产品的资料见表 10.17。

表 10.16　某地区 120 家企业的利润分组情况

按利润额分组（万元）	企业数（个）
200～300	19
300～400	30
400～500	42
500～600	18
600 以上	11
合　计	120

表 10.17　某企业工人生产资料

日产量（件）	工人数（人）	
	一　月　份	二　月　份
40 以下	8	4
40～50	25	20
50～60	37	40
60～70	28	30
70 以上	2	6
合　计	100	100

2. 实训要求

1）计算一、二月份的平均日产量。

2）计算一、二月份日产量的平均差、平均差系数。

3）计算一、二月份日产量的标准差和标准差系数。

4）简要说明一、二月份工人生产情况的变化。

3. 参考答案

1）一月份平均日产量 = 54.1（件）。二月份平均日产量 = 56.4（件）。

2）一月份平均差 = 7.61（件）；平均差系数 = 0.14。
　　二月份平均差 = 7.39（件）；平均差系数 = 0.13。

3）一月份标准差 = 9.60（件）；标准差系数 = 0.177。
　　二月份标准差 = 9.38（件）；标准差系数 = 0.166。

4）由于二月份与一月份相比，劳动生产率（即每人平均日产量）提高了，而且其差异变小了。可见，二月份工人生产情况比上个月强。

（十二）出口茶叶质量的差异分析

1. 实训材料

某公司出口一种茶叶，规定每包质量不低于 200 克，现对 100 包茶叶进行检查，结果见表 10.18。

2. 实训要求

1）计算这 100 包茶叶的平均质量。

2）计算其平均差和标准差。

3）对茶叶的质量进行简要分析。

3. 参考答案

1）平均质量=200.58（克）。

2）平均差 = 1.36（克）；标准差 = 1.70（克）。

3）可见，这批茶叶不低于标准质量，且比标准质量稍有偏高，不会损害消费者的利益，而且平均差和标准差都不大，说明没有过多或过少的包装。因而，从包装上说应无问题，可以出口上市。

（十三）水稻的品种试验

1. 实训材料

两种不同品种的水稻，分别在生产条件相同的 5 个田块上试种，其产量资料见表 10.19。

表 10.18 某公司出口茶叶包装情况检查结果

每包质量（克）	包 数
196～198	8
198～200	25
200～202	47
202～204	20
合 计	100

表 10.19 两种水稻产量资料

试验田块	甲品种		乙品种	
	田块面积（亩）	产量（斤）	田块面积（亩）	产量（斤）
1	1.2	1 200	1.5	1 680
2	1.1	1 045	1.3	1 300
3	1.0	1 100	1.3	1 170
4	0.9	810	1.0	1 208
5	0.8	840	0.9	630
合计	5.0	4 995	6.0	5 988

2. 实训要求

1）计算两个品种的平均亩产量。

2）分析哪一个品种具有较大的稳定性和推广价值。

3. 参考答案

1）两个品种的平均亩产量分别为

甲品种平均亩产量 = 999（斤/亩）

乙品种平均亩产量 = 998（斤/亩）

2）要分析品种的稳定性和推广价值，就必须计算其标准差或标准差系数。其计算过程和结果见表 10.20。

表 10.20 两种水稻产量标准差计算过程资料

	试验田块	田块面积（亩）f	产量（斤）xf	x（注意：需先求出）	x^2	x^2f
	（甲）	①	②	③=②/①	④	⑤=④×①
甲品种	1	1.2	1 200	1 000	1 000 000	1 200 000
	2	1.1	1 045	950	902 500	992 750
	3	1.0	1 100	1 100	1 210 000	1 210 000
	4	0.9	810	900	810 000	729 000
	5	0.8	840	1 050	1 102 500	882 000
	合 计	5.0	4 995	—	—	5 013 750

续表

	试验田块	田块面积（亩）f	产量（斤）xf	x（注意：需先求出）	x^2	x^2f
	（甲）	①	②	③=②/①	④	⑤=④×①
乙品种	1	1.5	1 680	1 120	1 254 400	1 881 600
	2	1.3	1 300	1 000	1 000 000	1 300 000
	3	1.3	1 170	900	810 000	1 053 000
	4	1.0	1 208	1 208	1 459 264	1 459 264
	5	0.9	630	700	490 000	441 000
	合　计	6.0	5 988	—	—	6 134 864

根据上表计算结果可计算出：

甲品种的标准差 = 68.9 斤；标准差系数 = 0.069

乙品种的标准差 = 162.7 斤；标准差系数 = 0.163

由此可见，甲品种平均亩产量高（999 斤），而且产量稳定（标准差系数小）。因而，有更大的推广价值。

统计小常识

标准差的简捷计算公式

在手工计算情况下，标准差的计算可采用另一种形式的公式

$$\sigma^2=\frac{\sum x^2 f}{\sum f}-\left(\frac{\sum xf}{\sum f}\right)^2$$

该公式，从形式上看似乎不简单，但实际上计算起来很简单，而且还能提高精确程度。如上例中，甲品种的标准差可计算如下：

$$\sigma=\sqrt{\frac{5\,013\,750}{5}-999^2}=68.9\text{（斤）}$$

二、利用 Excel 计算差异指标

（一）实训 1

1. 实训材料

见表 10.12 资料。

2. 实训要求

利用 Excel 计算：

1）注会 051 班会计成绩的平均数、极差、标准差和标准差系数。

2）注会 051 班经济法成绩的平均数、极差、标准差和标准差系数。

3）注会 051 班统计成绩的平均数、极差、标准差和标准差系数。

（二）实训2

1. 实训材料

见表10.13资料。

2. 实训要求

利用Excel计算：

1）该地区2007年大豆的平均每公顷产量。

2）该地区2007年大豆单产的极差、标准差和标准差系数。

（三）实训3

1. 实训材料

见表10.10资料。

2. 实训要求

利用函数型计算器计算：

1）该企业某月份袋装产品的平均每袋质量。

2）该企业某月份袋装产品的标准差和标准差系数。

（四）实训4

1. 实训材料

见表10.15资料。

2. 实训要求

利用Excel计算平均日产零件数和标准差。

（五）实训5

1. 实训材料

见表10.18资料。

2. 实训要求

利用Excel计算平均每包茶叶的质量、标准差。

（六）实训6

1. 实训材料

见表10.19资料。

2. 实训要求

利用Excel计算两个品种水稻各自的平均产量、标准差及标准差系数。

第十一章

相关与回归分析法

【学习目标】

通过本章学习，理解现象之间存在的相关关系；掌握简单线性相关分析、一元线性回归分析的理论与方法；把握相关系数与回归系数的联系与区别；能够依据实际资料具体运用简单线性相关与一元线性回归方法进行分析和预测。

【案例导入】

案例 1

某医院在进行眼晶状混浊程度与患者年龄关系的研究中，积累了1 029例记录，见表11.1。

启发思考

（1）从总体上说，眼晶状体混浊程度与年龄之间有关系吗？应该是什么关系？

（2）20～29 岁的人群，眼晶状体混浊程度呈现什么规律？30～39 岁的人群呈现什么规律？40 岁以上的人群呈现什么规律？这三个人群所呈现的规律相同吗？

（3）眼晶状体混浊程度为“+”者，与不同的年龄段有关吗？混浊度为“++”者，与年龄呈现什么关系？混浊度为“+++”者，与年龄呈现什么关系？

表 11.1　晶状体混浊程度与年龄的关系（眼数）

晶状体混浊程度	患者人数（人）			
	20～29 岁	30～39 岁	40 岁以上	合计
+	215	131	148	494
++	67	101	128	296
+++	44	63	132	239
合　计	326	295	408	1 029

（4）为什么在研究眼晶状体混浊程度与年龄之间的关系时，要把人群分成不同的年龄段呢？

案例 2

2012年初，北京市智华有限公司决定逐步实行管理会计，以加强对企业内部管理，实现最佳经济效益。财务主管李经理要求负责成本核算的会计小王对公司经营进行成本动态分析。于是，小王整理了2011年有关的成本资料，对各种成本分别用适当的方法进行成本动态分析。小王在分析公司生产费用时，认为生产费用是混合成本，它与产量有很密切的关系。小王整理出了2011年5月至12月的生产费用和产量的资料，见表11.2。

小王通过分析得出本企业的生产费用与产量具有高度的线性相关关系，相关系数为 0.98，并建立了生产费用分析模型：$\hat{y}=51.2+13.0x$。据此模型可以进一步对其进行分析和预测。

表 11.2　2011 年 5～12 月生产费用与月产量有关数据

月　份	月产量（万吨）	生产费用(万元）
5	1.3	63
6	2.1	85
7	3.2	81
8	3.9	109
9	5.1	114
10	6.0	133
11	7.1	136
12	7.7	159
合计	36.4	880

启发思考

（1）小王是如何分析的呢？相关系数为 0.98，说明了什么？

（2）模型 $\hat{y}=51.2+13.0x$ 是如何建立的？用它能够进行预测吗？

（3）如果把表 11.2 的资料给你，你会如何分析？你的分析能力与小王相比会如何？

任何社会经济现象的存在和运动，都或多或少地受到其他现象的影响和制约，它们彼此依赖，相互联系，相互影响。经营管理者往往运用现象之间的这种相互关系，分析市场、运筹谋划、决策未来和组织经济活动过程。例如，企业以广告来扩大商品的社会影响，通过增加广告次数和频率，增强对消费者的刺激，进而促进商品销售量的扩大；工厂根据商品的市场状况来组织产品的生产、设计和研制。相关分析就是为了揭示现象之间的联系方向和密切程度；回归分析则是在相关分析的基础上，进一步揭示一事物影响另一事物变动的一般水平。这类统计分析方法，可以帮助经营管理者提高分析问题、预测事物发展变化的精确性和判断、决策的科学性，因而在社会经济活动中得到了广泛的运用。随着计算机的应用与发展，多变量的相关、回归分析不再受手工操作的局限，有了越来越广阔的应用前景。

第一节　相关与回归分析概述

一、函数关系与相关关系

社会经济现象彼此之间都是相互联系、相互依赖、相互制约的，如圆的面积与半径的关系，施肥量与单位面积产量的关系，广告费支出与商品销售额的关系等。总的说来，现象之间的这种关系可以分为两种类型，即函数关系和相关关系。

1. 函数关系

函数关系是指现象之间在数量上存在的严格的对应关系。在这种关系中，对于一个变量的每一个数值，另一个变量都有确定的值与之相对应，如圆的面积与半径的关系即可表示为 $S=\pi r^2$。

2. 相关关系

相关关系是指现象之间在数量上存在的非确定性的依存关系。其主要特点是某一现象与另一现象之间存在一定的依存关系，但它们又不是确定的和严格的数量对应关系。如单产与施肥量之间就不存在严格的数量对应关系，这是因为单产不仅受施肥量一个因素的影响，还受到种子、生产技术条件、自然条件等许多因素的影响，但即使这样，它们之间依然存在着一定的规律性，即在一定范围内，施肥量增加，单产也会相应提高。类似这种关系就是相关关系。再如广告费支出与商品销售额的关系，也是一种相关关系。

统计小常识

统计是认识规律的有效方法。

社会是发展的，人们对社会现象的认识也是永远在发展的。对于一时还不能确切认识的现象，要掌握其规律总要有一个过程，但人们并不希望"非要等到有了确切认识"之后再利用规律，而更希望能够"认识多少先利用多少"，这种想法是明智的。而统计的方法恰是实现这一希望的很好途径。

相关分析和回归分析，就是认识相关现象规律的最有效的方法。

二、相关分析法与回归分析法

对相关现象进行分析的方法，可分为相关分析法和回归分析法两种。

1. 相关分析法

相关分析法就是对相关现象进行相关性质和相关密切程度分析的方法。如分析产量与利润之间是否有关系、关系是否密切等。

2. 回归分析法

回归分析法就是对相关现象之间的规律性进行分析的方法。确切地说，回归分析法就是通过对相关现象的实际观察值，采用数学方法回归为直线或曲线形式的方程，以反映现象之间的数量关系及变化规律的一种分析方法。例如，对产量与利润进行回归分析，就是要分析二者之间应是什么样的对应关系、应表现为什么样的具体方程形式（如 $\hat{y}=100+5x$）等。

回归分析法是对动态数列进行分析的常用方法。

三、相关分析与回归分析的关系

（一）相关关系是回归分析的前提

只有现象之间具有较为密切的相关关系，才有进行回归分析的必要，用回归分析所获得的结论才有实际意义。如劳动量与产值之间就存在着相关关系，就可以对其进行回归分析。如果现象之间不具有相关关系或相关程度不密切，对其进行回归分析就没有实际意义。因此说相关关系是回归分析的前提。

（二）相关关系决定回归分析

现象之间的相关关系是很复杂的，它们以不同的方向、不同的程度、不同的形式等相互作用，表现出不同的类型和形态。但无论现象的相关类型呈现为何种状态，它对回归分析都是起决定作用的因素。

1. *相关的类型决定回归的类型*

经济现象之间的关系，按其所表现的形式不同可分为直线相关和曲线相关。直线相关的特点是：其观察点基本分布在一条直线带上，如图 11.1 所示。对于直线相关的现象，就只能进行直线回归分析，否则就歪曲了客观事实，这样的回归是没有意义的。

曲线相关的特点是：其观察点基本分布在一条曲线带上，如图 11.2 所示。对于曲线相关的现象，就只能进行曲线回归分析，否则也是歪曲了客观事实，这样的回归也是没有意义的。

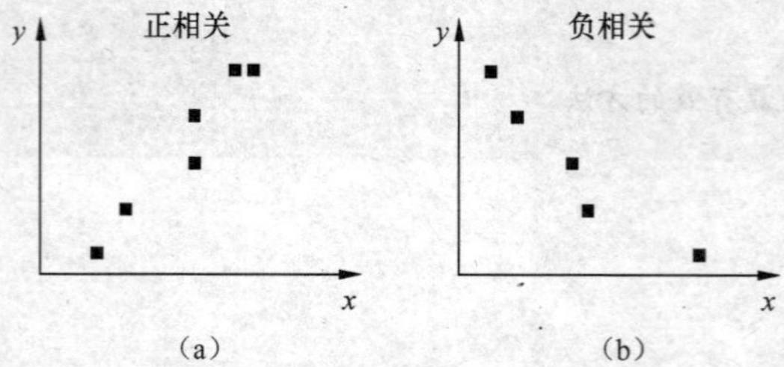

图 11.1　直线相关示意图

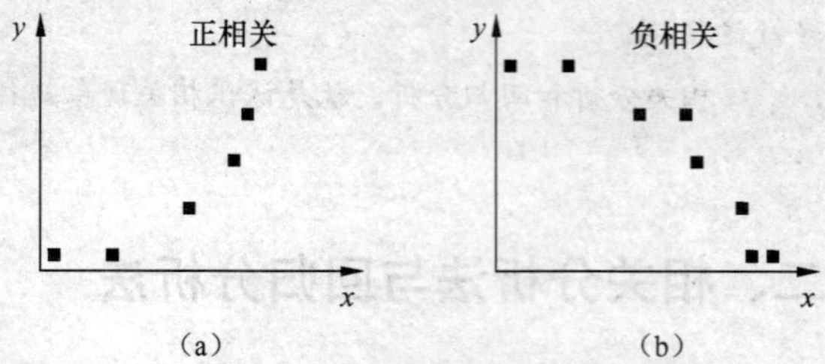

图 11.2　曲线相关示意图

2. *相关的性质决定回归系数*

经济现象之间的关系，按其性质不同可分为正相关和负相关。如图 11.1、图 11.2 所示。如在一定范围内施肥量增加，单产也增加，这就表明施肥量与单产属正相关的关系；劳动生产率提高，单位产品的消耗时间就会减少，即为负相关的关系。

在直线相关的情况下，正相关时回归系数为正，负相关时回归系数为负。即在回归方程 $y=a+bx$ 中，b 为回归系数。正相关时，$b>0$；负相关时，$b<0$。

3. *现象相关的密切程度决定回归预测的准确程度*

按现象相关的密切程度可分为完全相关、不完全相关和不相关。其中完全相关即函数关系，不完全相关即前面说的相关关系，不相关即现象之间没有关系。以直线关系为例，若现象呈函数关系，则观察点都落在一条直线上，这种情况下进行回归预测，其准确程度可达100%。若现象呈相关关系，则观察点只能落在一个直线带上，这一直线带越窄，进行回归预测的准确程度就越高；反之，回归预测的准确程度就越低。至于不相关现象，则不存在回归分析问题。

（三）回归分析是相关分析的继续和深入

相关分析只能对现象是否相关和相关的密切程度做出说明；而回归分析却能用数学方程式的形式拟合回归方程，从而说明现象之间的数量对应规律，并能进行回归预测。

可见，相关分析是回归分析的前提和基础，回归分析是相关分析的继续和深入。所以，我们也可以认为相关分析是回归分析的第一阶段。

请思考

请指出下面相关关系的种类。

（1）商品流通费和商品销售额之间的关系。

（2）单位产品固定成本和产品产量之间的关系。

（3）人的体重和其家庭收入之间的关系。

（4）产品变动成本总额和产品产量之间的关系。

第二节 相关分析的常用方法

对现象进行相关分析的常用方法有相关表分析法、相关图分析法和相关系数分析法。

一、相关表分析法

对两种现象作相关分析时，将一系列的成对观察值排列在统计表中，就形成了相关表。从相关表中可观察变量之间的相互关系，如某作物耕作深度与单产的关系见表 11.3。

表 11.3 某作物耕作深度与单产相关表

按耕作深度分组（cm）	单产（t/hm^2）
8	6.0
10	7.5
12	7.8
14	9.1
16	10.8
18	12.0

从相关表中可以看出，耕作深度与单产之间存在着正相关的关系。因为耕作深度增加时，单产也随之增加。

二、相关图分析法

相关图又称散点图或散布图，它是利用直角坐标，将变量值用相对应的坐标点描绘出来，从坐标点的分布状况观察变量之间的相互关系的图形。如上例耕作深度与单产的关系可绘成相关图，如图 11.3 所示。

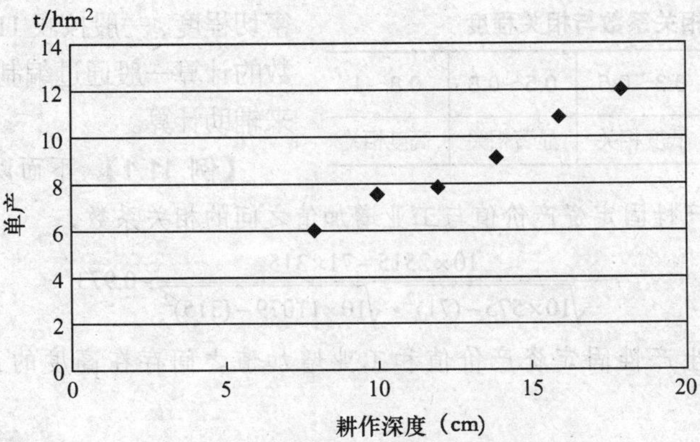

图 11.3 耕作深度与单产的相关图

从相关图上可以看出，耕作深度与单产之间存在比较密切的直线相关关系。

绘制相关图时需要注意：①自变量应置于横轴上。否则，容易给人造成错觉，不易判断是正相关还是负相关。②点与点之间不可用线段连接。因为这些坐标点本来就都是一些独立的试验点，正是在这个意义上，相关图也叫散点图。相关图的优点比较明显，它直观、易读、信息量大，以下列举几种典型的相关图。

（1）直线相关、正相关，如图 11.1（a）所示；

（2）直线相关、负相关，如图 11.1（b）所示；

（3）曲线相关、正相关（上翘、下翘），如图 11.2（a）所示；

（4）曲线相关、负相关（上翘、下翘），如图 11.2（b）所示；

（5）圆团状不相关，如图 11.4（a）所示；

（6）柱带状不相关，如图 11.4（b）所示；

（7）横带状不相关，如图 11.4（c）所示。

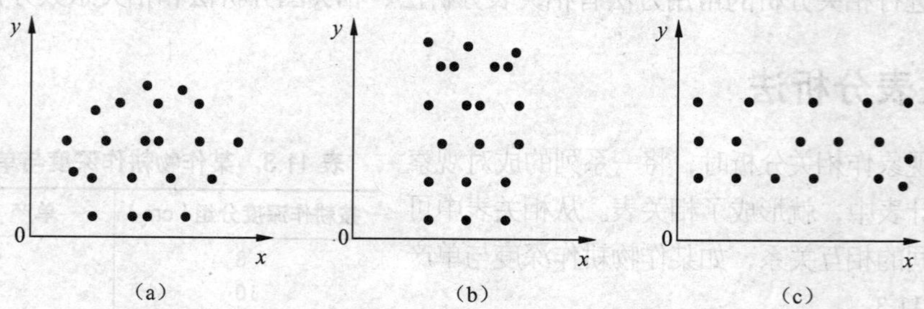

图 11.4 不相关示意图

三、相关系数分析法

相关系数，是判断两种现象在直线相关条件下相关密切程度的统计分析指标，其计算公式为

$$r=\frac{n\Sigma xy-(\Sigma x)(\Sigma y)}{\sqrt{n\Sigma x^2-(\Sigma x)^2}\cdot\sqrt{n\Sigma y^2-(\Sigma y)^2}} \tag{11.1}$$

式中，r 表示相关系数，$-1<r<1$；x 表示自变量，y 表示因变量，n 表示观测值的对数。

根据相关系数 r 判断两变量直线相关的密切程度，一般按表 11.4 进行判断。相关系数的计算一般通过编制“相关系数计算表”来辅助计算。

表 11.4 相关系数与相关程度

$\lvert r\rvert$	0.3 以下	0.3～0.5	0.5～0.8	0.8～1
相关程度	不相关	低度相关	显著相关	高度相关

【例 11.1】 下面以表 11.5 中的观察资料计算 10 个企业生产性固定资产价值与工业增加值之间的相关系数。

$$r=\frac{10\times2515-71\times315}{\sqrt{10\times575-(71)^2}\bullet\sqrt{10\times11079-(315)^2}}=0.973$$

计算结果表明生产性固定资产价值和工业增加值之间存在高度的正相关关系。

通过例 11.1 的计算与分析过程，我们看到，统计所研究现象之间的相关关系，应该是真实的、客观存在的联系关系，而不是主观臆造，或形式上的偶然巧合。这就要求在实际进行相关关系分析时，应依据有关的科学理论，通过观察和试验，在对现象作深入分析的基础上，来确定这种联系关系，而且还要经过理论和实践的进一步检验。只有这样，才能得到正确的结论。

计算相关系数，可用这种列表的方法，也可用函数型计算器，还可用 Excel 中的统计函数，但最好的方法应该是计算器。

当两变量是曲线相关时，反映其相关关系密切程度用相关指数表示，此处不予研究。

表 11.5 相关系数计算表 单位：百万元

序号	生产性固定资产价值 x	工业增加值 y	x^2	y^2	xy
1	3	14	9	196	42
2	4	16	16	256	64
3	5	25	25	625	125
4	6	28	36	784	168
5	6	30	36	900	180
6	8	32	64	1 024	256
7	8	36	64	1 296	288
8	9	42	81	1 764	378
9	10	45	100	2 025	450
10	12	47	144	2 209	564
合计	71	315	575	11 079	2 515

请思考

相关分析中自变量和因变量可以互换吗？如果将例 11.1 中的自变量和因变量互换位置，重新计算相关系数，你能得出什么结论？

第三节 回归分析与回归预测

如果我们知道两种现象之间是相关的，又要对其进行预测，那就要进行回归分析。

回归分析法中所用的数学表达式叫回归模型（如 $y=a+bx$），根据具体的观测数据对回归模型求其参数后所获得的具体结果则称为回归方程（如 $\hat{y}=50+10x$）。

回归分析法具有多种类型：①按回归模型的类型不同可分为直线回归和曲线回归（本书只讲直线回归分析法）；②按回归模型中自变量的多少可分为一元回归和多元回归（本书只讲一元回归分析法）；③按自变量是否为时间因素，分为静态回归和动态回归。

一、静态直线回归及预测

只有当两种现象之间呈现为直线相关时，才能运用直线回归法进行直线回归。直线回归，也叫线性回归。它又有静态回归和动态回归之分。

静态直线回归，即没有时间变量的线性回归。

运用静态直线回归法的一般程序如下。

（1）确定自变量和因变量。自变量一般用 x 来表示，因变量一般用 y 来表示。何者为自变量和因变量，需要根据不同的研究对象来具体确定，如单位面积施肥费用与单产之间，其自变量应为单位面积施肥费用；单产与单位面积收益之间，其自变量应为单产。

（2）整理资料。至少应有五对以上的资料，否则保证不了回归的质量，也必然影响预测。

（3）判断相关性质及密切程度。主要看是直线相关还是曲线相关，以及相关的密切程度如何。判断时可选用三种相关分析方法之一，但实际中以运用绘制相关图的方法居多。这是因为这种方法既简便又直观，一般不易出错。

（4）确定回归模型。直线相关时只能选择直线回归模型，曲线相关时就只能选择曲线回归模型。

【例 11.2】 仍以表 11.5 为例，就只能选择直线回归模型：$y=a+bx$。其中：a 为截距；b 为斜率，也称回归系数。a 与 b 也可称参数或待定参数。

关键是确定 a、b 的值。当 a、b 不确定时，$y=a+bx$ 就只能称为直线回归模型；当 a、b 确定以后，把 y 改成 $\hat{y}$ 后，$\hat{y}=a+bx$ 就称为直线回归方程了。

（5）求参数 a、b，方法是利用“最小二乘法”对下式求极小值：

$$S=\Sigma(y-\hat{y})^2=\Sigma[y-(a+bx)]^2=\Sigma(y-a-bx)^2$$

解
$$\begin{cases}\dfrac{\partial s}{\partial a}=2\sum(y-a-bx)\cdot(-1)=0\\ \dfrac{\partial s}{\partial b}=2\sum(y-a-bx)\cdot(-x)=0\end{cases}$$

得 a、b 的通用公式：

$$\begin{cases}b=\dfrac{n\sum xy-(\sum x)\cdot(\sum y)}{n\sum x^2-(\sum x)^2}\\ a=\dfrac{1}{n}(\sum y-b\sum x)\end{cases} \tag{11.2}$$

当参数 a、b 确定以后，即可建立一元线性回归模型。

【例 11.3】 以表 11.5 的资料为例，对生产性固定资产价值与工业增加值之间的关系建立一个回归方程。若选择直线回归模型 $y=a+bx$，设，y 代表工业增加值（因变量），x 代表生产性固定资产价值（自变量）。

$$r=\frac{10\times2\,515-71\times315}{\sqrt{10\times575-(71)^2}\cdot\sqrt{10\times11\,079-(315)^2}}=0.973$$

依据公式计算如下：

$$b=\frac{n\sum xy-(\sum x)\cdot(\sum y)}{n\sum x^2-(\sum x)^2}=\frac{10\times2\,515-71\times315}{10\times575-71^2}=3.93$$

$$a=\frac{1}{n}(\Sigma y-b\Sigma x)=\frac{1}{10}(315-3.93\times71)=3.6$$

（6）确定直线回归方程。

【例 11.4】 接上例，将 a、b 的值代入 $y=a+bx$ 中即可。如上例当 $a=3.6$ 和 $b=3.93$ 时，则直线回归方程为

$$y=3.6+3.93x$$

（7）直线回归预测。回归分析法的作用绝不仅仅是描绘两种现象之间的数量对应关系，更重要的是利用这种关系对观察数据进行补值和对现象进行预测。当把 x 的赋值范围限定在观察

值的范围之内时，利用回归方程获得回归值 $\hat{y}$ 的方法即为补值；当把 x 的赋值范围扩大到观察值的范围之外时，利用回归方程获得回归值 $\hat{y}$ 的方法即为预测。可见，补值和预测的方法是一样的，其区别只在于对 x 赋值的范围不同。

【例 11.5】 接上例，从表 11.5 的资料可知，x 的变化范围是 3～12（百万元），所以，若求 $3<x<12$ 时所对应的 $\hat{y}$ 值就是补值，若求 $x>12$ 时所对应的 $\hat{y}$ 值就是预测值。

若想预测当生产性固定资产价值增至 15 百万元时工业增加值可达到多少？其方法就是将 $x=15$ 代入已知的回归方程中，求出 $\hat{y}$ 的值即可：

$$\hat{y}=3.6+3.93x=3.6+3.93\times15=62.55\text{（百万元）}$$

即当生产性固定资产价值增至 15 百万元时，工业增加值可达到 62.55 百万元。

二、动态直线回归及预测

动态直线回归，即自变量为时间变量时的线性回归，所谓时间变量就是表示时间的变量，如 x 的值为年份数或月份数等。

动态直线回归法的一般程序如下。

（1）确定自变量和因变量。自变量一般用 x 来表示，因变量一般用 y 来表示。但作为动态回归，x 只能是表示时间的变量。

（2）整理资料。至少应有 5 个时期以上的资料，否则就保证不了回归的质量，也必然影响预测。

（3）判断相关关系及密切程度。这里的相关关系是指某种经济现象与时间因素之间的相关关系，即看随着时间的变化该种现象是否有上升或下降的趋势。可用相关图的方法进行判断。

（4）确定回归模型。直线相关时只能选择直线回归模型，曲线相关时就只能选择曲线回归模型。

【例 11.6】 某企业 2004—2012 年的利税额见表 11.6。通过散点图可知应选择直线回归模型。

表 11.6 某企业利税额回归分析计算表

年　份	利税额（万元）y	x	x^2	xy
2004	85	1	1	85
2005	180	2	4	360
2006	230	3	9	690
2007	240	4	16	960
2008	260	5	25	1 300
2009	285	6	36	1 710
2010	295	7	49	2 065
2011	330	8	64	2 640
2012	400	9	81	3 600
Σ	2 305	45	285	13 410

（5）求参数 a、b。

【例 11.7】 接上例，求参数 a、b，其方法仍是利用 a、b 的通用公式进行计算。为了方便计算，应列出直线回归计算表（见表 11.6），并将表中相应数据代入公式得

$$b=(9\times13\,410-45\times2\,305)/(9\times285-45^2)=31.42$$

$$a=(2\,305-31.42\times45)/9=99.01$$

（6）确定回归方程。

【例 11.8】 接上例，确定回归方程为

$$\hat{y}=99.01+31.42x\quad（x=1\text{ 时为 }2004\text{ 年}）$$

这里需要注意的是：在对动态数列确定回归方程时，必须标明 $x=1$ 时为哪一年份，以便预测时使用。

（7）进行预测。

注意

预测的时期不可往后推得太远，否则其预测值是不可靠的。

【例 11.9】 接上例，对 2013 年进行预测，即当 $x=10$ 时的回归值 $\hat{y}$：

$$\hat{y}=99.01+31.42x=99.01+31.42\times10$$
$$=413.21\text{（万元）}$$

它表明根据近年来的发展规律可以预测出该企业 2013 年利税额应在 413.21 万元左右。

第四节 Excel 在相关与回归中的运用

一、利用 Excel 计算相关系数

使用的函数名称：CORREL。

1. 输入形式

其输入形式为"＝CORREL（Array1，Array2）↙，"即

$$r=\text{CORREL}（x\text{ 值的范围}，y\text{ 值的范围}）$$

其中，Array1 为第一个变量 x 的观察值（或数组），Array2 为第二个变量 y 的观察值（或数组）。

【例 11.10】 例如，某项试验中有关 X 与 Y 的试验数据如图 11.5 所示。

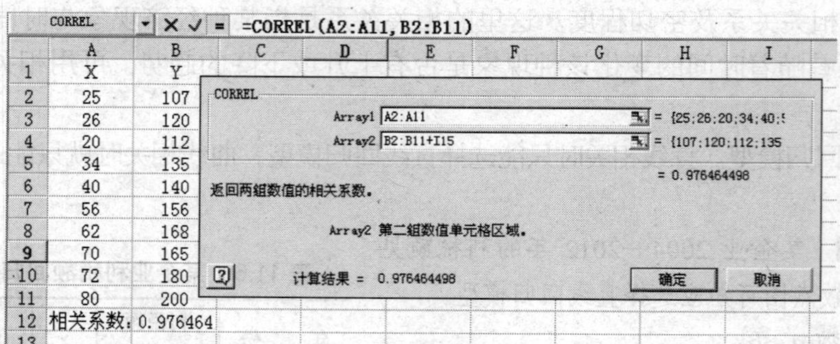

图 11.5 相关系数的计算

若用输入形式计算相关系数，则输入：＝CORREL(A2: A11，B2: B11)↙，回车后其结果为 0.976 464（见图 11.5 中的单元格 B12；注意：用输入形式计算时，没有图 11.5 中的对话框）。当相关系数为 0.976 464 时，按表 11.4 的标准进行判断，X 与 Y 的关系应为"高度相关"。

2. 导入形式

【例 11.11】 仍如图 11.5 中的资料，要求计算其相关系数，则操作过程如下。

先确定存放相关系数的位置(如放在 B12 的位置；为了过后也能知道 B12 的数字是相关系数，可在 A12 中输入"相关系数:"作为其提示)；导入函数；单击"确定"按钮后会出现一个函数参数对话框；先在 Array1 后导入 X 的数据（A2 至 A11）；再在 Array2 后导入 Y 的数据（B2 至

B11）；再单击“确定”按钮即可。此时，B12 的位置会出现 0.976 464，即相关系数为 0.976 464。

二、Excel 在回归分析中的应用

直线回归，即数学模型为 $y=a+bx$ 的回归。其中 a、b 为待定参数。

（一）求截距 *a*

求截距 a 使用的函数名称为 INTERCEPT。其输入形式为＝INTERCEPT（Known_ y' s，Known_x' s）↙，即

a＝INTERCEPT（y 值的范围，x 值的范围）

【例 11.12】 仍如图 11.6 中的资料，若对其求 a，则操作过程如下。先确定存放回归截距的位置（如放在 B13 的位置）；导入函数；单击“确定”后会出现一个函数参数对话框（见图 11.6）；先在 Known_y's 导入 Y 的数据（B2 至 B11）；再在 Known_x，s 后导入 X 的数据（A2 至 A11）；再单击“确定”即可。此时，B13 的位置会出现 82.565 6，即回归截距为 82.565 6。

注意

在式中的括号里，应先输入 y 的取值，后输入 x 的取值。如：对于图 11.6 中的资料，其输入形式为

＝INTERCEPT（B2：B11，A2：A11）↙

回车后，其取值应为 82.565 6，见图 11.6 中的单元格 B13。它表明，对于该资料来说，其直线回归的截距为 82.565 6。

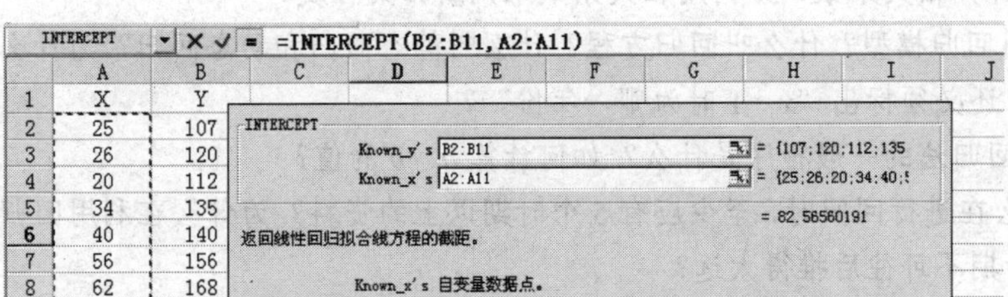

图 11.6　回归预测示意图

（二）求斜率 *b*

求斜率 b 使用的函数名称为 SLOPE，其输入形式为＝SLOPE（Known_y's，Known_x's）↙，即

b＝SLOPE（y 值的范围，x 值的范围）

【例 11.13】 如对于图 11.6 中的资料，其输入形式为＝SLOPE（B2：B11，A2：A11）↙，

回车后，其取值应为 1.355 348，见图 11.6 的单元格 B14。它表明，对于该资料来说，其直线回归的斜率为 1.355 348。

求斜率 b 的操作与 a 的导入基本相同，只是把导入函数的名称换为 SLOPE 即可。

（三）求预测值 Y_0

使用的函数名称为FORECAST，其输入形式为=FORECAST（X_0，Known_y's，Known_x's）↙，即

Y_0=FORECAST（给定的 X_0 值，y 值的范围，x 值的范围）

【例 11.14】 仍如图 11.6 中的资料。若当 X=85 时，预测 Y 值应为多少？其输入形式为

=FORECAST（85，B2∶B11，A2∶A11）↙

可得预测值为 197.770 2（见图 11.6 中的 B15 单元格）。

求预测值 Y_0 的操作与 a、b 的导入基本相同，此处从略。

复习思考题

1. 举例说明什么是函数关系、什么是相关关系。

2. 什么是相关分析法？什么是回归分析法？它们具有什么关系？

3. 在对现象进行相关分析时，常用的方法有哪些？为什么说相关图分析法是最好的一种方法？

4. 用相关图进行相关分析时，如何判断直线相关和曲线相关？如何判断正相关和负相关？如何判断完全相关、相关（或称一般相关）和不相关？

5. 用相关图如何判断直线相关的密切程度？

6. 如何计算相关系数？如何用相关系数来判断相关程度？

7. 什么叫回归模型？什么叫回归方程？什么叫静态回归和动态回归？为什么在获得了动态回归方程后，还必须标出“x=1 时为哪一年份”？

8. 直线回归法的一般程序是什么？如何计算 a、b 的值？

9. 为什么在进行回归时，至少应有 5 个时期以上的资料？为什么在利用回归方程进行预测时，预测的时期不可往后推得太远？

10. 如何利用 Excel 计算相关系数？

11. 在直线回归分析中，如何利用 Excel 计算 a、b 的值？如何预测？

技能实训

【技能目标】

能够正确运用相关系数法进行相关分析，能够根据不同的统计资料正确选择回归模型。会设计相关分析计算表和回归分析计算表。

熟练掌握相关图分析法进行相关分析，能熟练掌握直线回归及预测的方法。

一、相关分析法

（一）对收入与储蓄进行相关分析

1. 实训材料

银行为了了解居民每年收入与储蓄的关系，以便制订发展存款业务计划，对月收入在 500～2 000 元的 100 个居民进行了调查。设月收入为 x（元），储蓄金额为 y（元），经初步整理与计算，得到如下结果：

$$\Sigma x = 998 \quad \Sigma y = 1450 \quad \Sigma xy = 644\,000 \quad \Sigma x^2 = 596\,000 \quad \Sigma y^2 = 1\,213\,000$$

2. 实训要求

确定居民每年收入与储蓄的关系，并解释两者相关的密切程度。

3. 参考答案

$$\text{两者相关系数 } r = \frac{100\times 12\,354 - 998\times 1\,450}{\sqrt{100\times 11\,832-(998)^2}\cdot\sqrt{100\times 25\,243-(1\,450)^2}} = 0.753$$

即 $r = 0.753$。因其大于 0，所以为正相关；又因介于 0.5～0.8 之间，所以居民每年收入与储蓄的关系应为显著相关。

（二）对考试成绩的相关分析

1. 实训材料

为研究数学考试成绩与统计考试成绩之间的关系，现从某学校中随机抽取 10 人进行调查，所得结果见表 11.7。

表 11.7 学生成绩表

项 目	学生编号									
	1	2	3	4	5	6	7	8	9	10
数学分数	86	74	95	79	64	76	98	75	91	79
统计分数	82	76	94	77	66	82	89	79	88	86

2. 实训要求

1）根据所给的数据绘制相关图，判断数学考试成绩与统计考试成绩之间的相关形态。

2）计算数学考试成绩与统计考试成绩之间的相关系数，并对相关程度进行说明。

3. 参考答案

1）绘制的相关图如图 11.7 所示。从图中可看出，数学考试成绩与统计考试成绩之间大体上呈现为直线形式的正相关关系。

2）相关系数的计算。应先制作一个相关系数计算表，见表 11.8。从表 11.8 中可知：Σx=817；Σy=819；Σxy=67 594；Σx^2=67 761；Σy^2=67 647。所以，

$$相关系数 r=\frac{n\Sigma xy-(\Sigma x)(\Sigma y)}{\sqrt{n\Sigma x^2-(\Sigma x)^2}\cdot\sqrt{n\Sigma y^2-(\Sigma y)^2}}=0.90$$

因相关数大于 0，所以为正相关；又因在 0.8 以上，所以统计分数与数学分数之间呈高度相关的关系。

表 11.8 相关系数计算表

学生编号	数学分数 x	统计分数 y	xy	x^2	y^2
1	86	82	7 052	7 396	6 724
2	74	76	5 624	5 476	5 776
3	95	94	8 930	9 025	8 836
4	79	77	6 083	6 241	5 929
5	64	66	4 224	4 096	4 356
6	76	82	6 232	5 776	6 724
…	…	…	…	…	…
10	79	86	6794	6241	7396
Σ	817	819	67 594	67 761	67 647

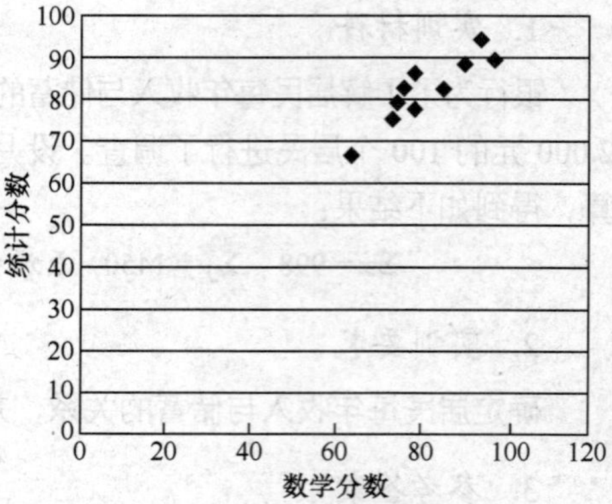

图 11.7 统计分数与数学分数的相关图

二、静态直线回归分析法

(一) 对收入与储蓄进行回归分析

1. 实训材料

某商业银行为了解该市居民每月收入与储蓄的关系，对月收入在 500～2 000 元的 100 户居民进行了调查。设每户月收入为 x（元），储蓄金额为 y（元），调查数据经初步整理结果如下：

$$\Sigma x=1\,239 \qquad \Sigma y=879 \qquad \Sigma xy=11\,430 \qquad \Sigma x^2=17\,322$$

2. 实训要求

对收入和储蓄进行回归分析，并解释回归系数 b 的实际含义。

3. 参考答案

因为回归系数：

$$\begin{cases} b=\dfrac{n\Sigma xy-(\Sigma x)\cdot(\Sigma y)}{n\Sigma x^2-(\Sigma x)^2}=\dfrac{100\times 11\,430-1\,239\times 879}{100\times 17\,322-1\,239^2}=0.27 \\ a=\dfrac{1}{n}(\Sigma y-b\Sigma x)=(879-0.27\times 1\,239)/10=5.44 \end{cases}$$

所以，其回归方程为 $\hat{y}=5.44+0.27x$（其中 x 为收入，y 为储蓄）。

回归系数 b 的含义：该市居民每户月收入每增加 1 元，储蓄金额就会增加 0.27 元。

(二) 对广告支出和销售收入的回归分析

1. 实训材料

根据某公司 2012 年对某种洗发产品在 8 个地区的销售情况进行统计，其统计数据见表 11.9。

2. 实训要求

1）测定广告支出与销售收入之间的相关程度。

2）试建立该种洗发产品的销售收入和广告支出的线性回归方程。

3）利用回归方程预测当月平均广告支出为 12 万元时，月平均销售收入会达到多少万元?

表 11.9　某产品 2012 年的销售情况　　单位：万元

地区编号	1	2	3	4	5	6	7	8
月平均销售收入	31	40	30	34	25	20	35	40
月平均广告支出	5	10	5	7	4	3	7	9

3. 参考答案

1）月平均广告支出 x 与月平均销售收入 y 的相关系数为（相关计算表略，但通过计算可知：Σx=50；Σy=255；Σxy=1 708；Σx^2=354；Σy^2=8 467）

$$r=\frac{n\Sigma xy-(\Sigma x)(\Sigma y)}{\sqrt{n\Sigma x^2-(\Sigma x)^2}\cdot\sqrt{n\Sigma y^2-(\Sigma y)^2}}=0.963$$

计算结果表明：月平均广告支出与月平均销售收入之间存在高度正相关关系。

2）求回归系数和回归方程。先求 a、b 的值：

$$b=\frac{n\Sigma xy-(\Sigma x)\cdot(\Sigma y)}{n\Sigma x^2-(\Sigma x)^2}=\frac{8\times 1\,708-50\times 255}{8\times 354-50^2}=2.753$$

$$a=\frac{1}{n}(\Sigma y-b\Sigma x)=\frac{1}{8}(255-2.753\times 50)=14.669$$

因此，该种洗发产品的月平均销售收入 y 和月平均广告支出 x 的线性回归方程为

$$\hat{y}=14.669+2.753x$$

3）预测。当月平均广告支出为 12 万元时，则

$$\hat{y}=14.669+2.753\times 12=47.7（万元）$$

所以，当月平均广告支出为 12 万元时，月平均销售收入可达到 47.7 万元。

（三）对人均收入与商品销售额的回归分析

1. 实训材料

根据某地区历年人均收入（元）与商品销售额（万元）资料，计算出有关数据如下（x 代表人均收入，y 代表销售额）：

$$n=9\quad \Sigma x=546\quad \Sigma y=260\quad \Sigma x^2=34\,362\quad \Sigma xy=16\,918$$

2. 实训要求

1）建立以商品销售额为因变量的直线回归方程，并解释回归系数 b 的含义。

2）若 2010 年人均收入为 5 400 元，试推算该年商品销售额。

3. 参考答案

1）经计算可知：$b=0.92$，$a=-27.20$，所以，其直线回归方程为

$$\hat{y}=-27.2+0.92x$$

回归系数 b 的含义：人均收入每增加 1 元，销售额增加 0.92 万元。

2）推算。若人均收入为 5 400 元时，则 2010 年的商品销售额应为

$$\hat{y} = -27.2 + 0.92 \times 5\,400 = 4\,940.8 \text{（万元）}$$

（四）对产量与生产费用的回归分析

1. 实训材料

某企业某种产品产量与生产费用资料见表 11.10。

2. 实训要求

1）根据资料绘制产量与生产费用的散点图，并根据散点图判断生产费用与产量之间的相关关系类型。

2）计算相关系数，对月产量与生产费用相关关系的密切程度作出判断。

3）根据资料，用最小二乘法求直线回归方程，并对产量为 4 千件、7 千件、9 千件时的生产费用进行预测。

3. 参考答案

1）根据资料绘制的散点图见图 11.8，可看出，产量与生产费用之间应呈直线相关的关系。

2）相关系数 $r = 0.97$。因大于 0.8，所以为高度相关。

3）直线回归方程：$\hat{y} = 51.3 + 12.9x$。

产量为 4 千件时的生产费用：$\hat{y} = 102.9$（万元）；

表 11.10 某产品产量与生产费用情况

月 份	产量（千件）	生产费用（万元）
1	1.2	62
2	2.0	86
3	3.1	80
4	3.8	110
5	5.0	115
6	6.1	132
7	7.2	135
8	8.0	160

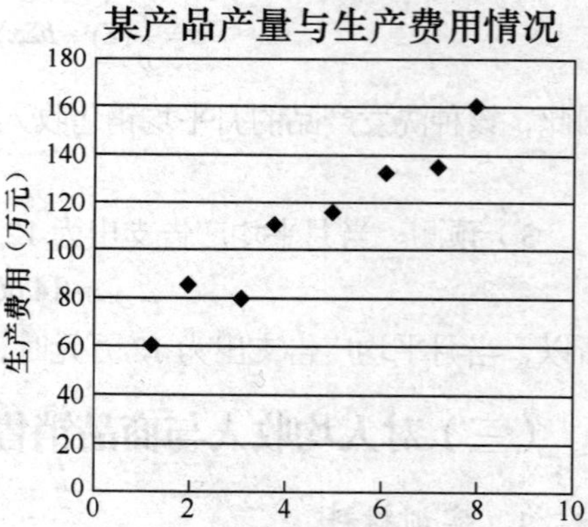

图 11.8 某产品产量与生产费用情况

产量为 7 千件时的生产费用：$\hat{y} = 141.6$（万元）；

产量为 9 千件时的生产费用：$\hat{y} = 167.4$（万元）。

三、动态直线回归分析法

（一）对产量的回归预测

1. 实训材料

某企业各月份产量资料见表 11.10。

2. 实训要求

1）根据资料绘制各月份产量的散点图，并根据散点图判断其产量呈何种趋势。

2）用最小二乘法求直线回归方程。

3）预测 9 月份的产量。

3. 参考答案

1）各月份产量的散点图如图 11.9 所示。由图 11.9 可看出，各月份产量呈直线发展趋势。

2）直线回归方程：$\hat{y}=0.06+1.00x$（$x=1$ 时为 1 月份）。

3）9 月份的产量：$\hat{y}=9.04$（千件）。

（二）对生产费用的回归分析

1. 实训材料

某企业各月份生产费用资料见表 11.10。

2. 实训要求

1）根据资料绘制各月份生产费用的散点图，并根据散点图判断生产费用呈何种趋势。

2）用最小二乘法求直线回归方程。

3）预测 9 月份和 12 月份的生产费用。

3. 参考答案

1）各月份生产费用的散点图如图 11.10 所示。由图 11.10 可看出，各月份生产费用呈直线发展趋势。

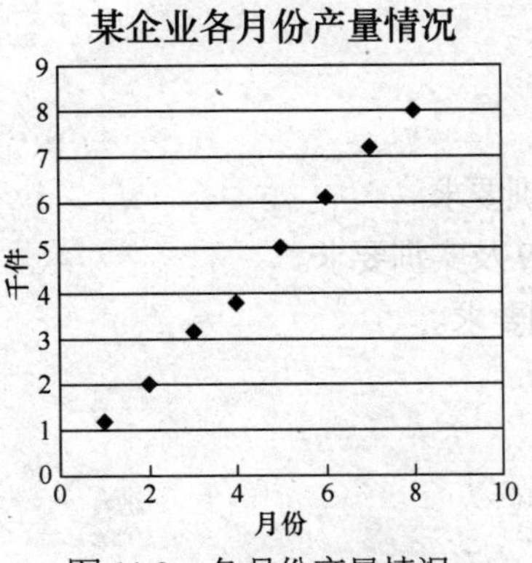

图 11.9　各月份产量情况

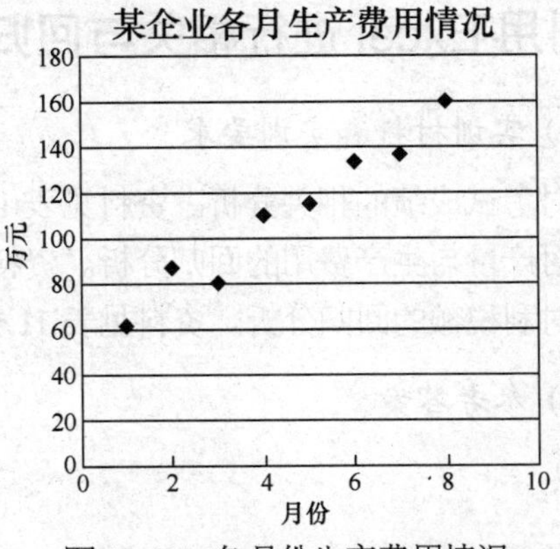

图 11.10　各月份生产费用情况

2）直线回归方程：$\hat{y}=51.5+13x$（$x=1$ 时为 1 月份）。

3）9 月份的生产费用：$\hat{y}=168.5$（万元）；12 月份的生产费用：$\hat{y}=207.5$（万元）。

（三）对利税额的回归分析

1. 实训材料

某企业 2006～2012 年的利税额见表 11.11。

2. 实训要求

1）根据表 11.11 的资料绘制散点图，并判断该企业利税额大致呈现为何种趋势。

2）根据资料，用最小二乘法求直线回归方程。（提示：最好把年份的数值化成时间变量 1、2、3、4、5、6、7 的形式。）

3）预测 2014 年的利税额。

3. 参考答案

1）各年利税额的散点图如图 11.11 所示。

表 11.11 某企业 2006～2012 年利税额情况

年 份	利税额（万元）y
2006	230
2007	240
2008	260
2009	285
2010	295
2011	330
2012	400

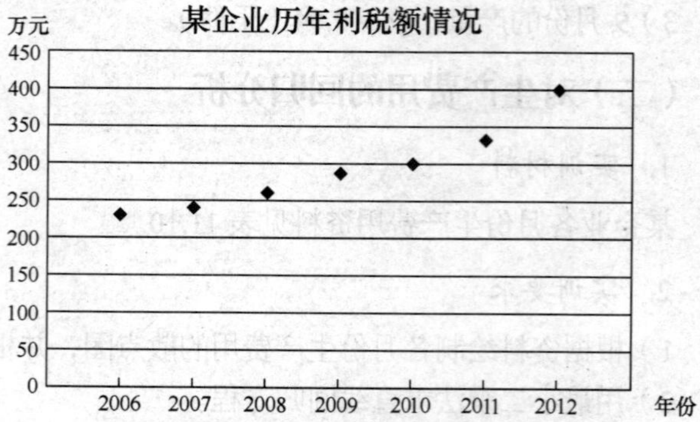

图 11.11 各年利税额情况

由图 11.11 可看出，各年利税额大致呈直线发展趋势。

2）直线回归方程：$\hat{y}=187.86+25.89x$（$x=1$ 时为 2006 年）。

3）2014 年的利税额：$\hat{y}=420.87$（万元）。

四、利用 Excel 进行相关与回归分析

（一）实训材料和实训要求

1）对考试成绩的相关分析。资料见表 11.7 及实训要求。

2）对产量与生产费用的回归分析。资料见表 11.9 及实训要求。

3）对利税额的回归分析。资料见表 11.11 及实训要求。

（二）参考答案

（略）

第十二章

动态数列分析法

【学习目标】

通过本章的学习，要求理解动态数列的概念、构成与作用，掌握动态数列的编制规则，能够正确区分各种动态数列并计算各种动态分析指标，学会运用各种动态分析方法。

【案例导入】

2012 年 1～2 月份全国房地产开发和销售情况

据国家统计局 2012 年 3 月 9 日公布的数据显示，2012 年 1～2 月份，全国房地产开发投资 5 431 亿元，同比增长 27.8%，增速比 2011 年全年回落 0.1 个百分点。其中，住宅投资 3713 亿元，增长 23.2%，增速回落 7 个百分点，占房地产开发投资的比重为 68.4%。

2012 年 1～2 月份，东部地区房地产开发投资 3 327 亿元，同比增长 26.0%，增速比 2011 年全年回落 1.2 个百分点；中部地区房地产开发投资 996 亿元，增长 29.4%，增速提高 3.9 个百分点；西部地区房地产开发投资 1 108 亿元，增长 31.9%，增速回落 0.9 个百分点。

启发思考

（1）国家对房地产价格的控制对房地产投资是否产生了影响？

（2）增长速度回落了，说明了什么问题？

（3）要反映某种现象在一个长时期内的动态过程，应该以什么形式来收集资料？

第一节　动态数列概述

动态数列分析法是指利用动态数列来研究现象发展变化的方向、水平与速度，揭示其变化规律并据以预测未来的方法。

一、动态数列的概念及构成

动态数列，又称时间数列，是将反映某一现象的某种指标的一系列数值按时间先后顺序排列而成的分组表，见表 12.1。

表 12.1　2009 年 1～3 季度我国国内生产总值

季　　度	1 季度	2 季度	3 季度
国内生产总值（亿元）	65 745	139 862	217 817

注：表中数据为初步核算数据，按现价计算。

资料来源：国家统计局.国内生产总值季度统计数据.http://www.stats.gov.cn/tjsj/jidusj/

由表 12.1 可以看出，动态数列一般由两个基本要素构成，即现象所属的时间及与时间相对应的反映该现象的某种指标数值。

二、动态数列的作用

动态数列描述了现象的发展过程与结果，是进行各种动态分析的前提条件，在统计分析中具有重要作用，主要表现在以下几个方面。

（1）反映现象在一定时间上的状况和水平。

（2）研究现象的发展速度和发展趋势。

（3）分析现象发展变化的规律性，科学预测现象的未来。

（4）比较分析现象在不同地区或国家之间的发展情况。

三、动态数列的种类

动态数列按数列中指标表现形式的不同，可以分为绝对数动态数列、相对数动态数列和平均数动态数列。绝对数动态数列是基本数列，后两类则是以前者为基础计算得出的派生数列。

1. 绝对数动态数列

绝对数动态数列是指将说明某一现象的某种总量指标的一系列数值，按照时间先后顺序排列而成的动态数列。根据数列中总量指标所反映现象的性质，分为时期数列和时点数列。

时期数列是指数列中的每个指标数值反映的是现象在一段时期内发展过程总量的动态数列，见表 12.1。

时点数列是指数列中的每个指标数值反映的是现象在一定时点所达到水平的动态数列，见表 12.2。时点数列按其时间的间隔状况不同，可分为连续时点数列和间断时点数列。

表 12.2 我国历次普查总人口

普查时间	1953 年 7 月 1 日零时	1964 年 7 月 1 日零时	1982 年 7 月 1 日零时	1990 年 7 月 1 日零时	2000 年 11 月 1 日零时	2010 年 11 月 1 日零时
总人口数（万人）	59 435	69 458	100 818	113 368	126 583	133 972

资料来源：国家统计局.人口普查.http：//www.stats.gov.cn/was40/gjtjj_detail

（1）连续时点数列。连续时点数列是指逐日登记的资料所形成的时点数列。连续时点数列分为两种情况：按日排列的连续时点数列和按连续时段排列的时点数列，见表 12.3。

（2）间断时点数列。间断时点数列是指数列中各指标数值在时间上出现间断的时点数列，可分为间隔相等和间隔不等两种情况，见表 12.2 和表 12.4。

表 12.3 某车间某月上旬的职工人数

日期	1～4 日	5～8 日	9～10 日
人数（人）	420	410	416

表 12.4 某企业上半年职工人数

时间	1 月 1 日	2 月 1 日	3 月 1 日	4 月 1 日	5 月 1 日	6 月 1 日	7 月 1 日
月初人数（人）	4 120	4 200	4 200	4 300	4 300	4 200	4 220

2. 相对数动态数列

相对数动态数列是指将说明某一现象的某种相对指标的一系列数值，按照时间先后顺序排列而成的动态数列。如由各月计划完成程度所形成的动态数列见表 12.5。

3. 平均数动态数列

平均数动态数列是指将说明某一现象的某种平均指标的一系列数值，按照时间先后顺序排列而成的动态数列。如由各月劳动生产率所形成的动态数列 c 见表 12.6。

表 12.5 某商业企业第一季度各月商品销售情况

	1月	2月	3月
实际销售额（万元）a	1 080	1 120	980
计划销售额（万元）b	1 000	1 100	950
计划完成程度（%）c	108	102	103

表 12.6 某企业第一季度的生产情况

	1月	2月	3月
产量（件）a	14 000	12 600	12 384
月初工人数（人）b	200	168	172
劳动生产率（件／人）c	76	74	70

注：3 月末工人数为 180 人。

第二节 动态差异分析法

动态差异分析法是用减法对动态数列中的指标数值进行差异分析，从而反映现象变动状况的方法。

一、发展水平

在动态数列中，每个指标数值称为发展水平。发展水平是计算其他动态分析指标的基础，它可以是总量指标，也可以是相对指标或平均指标。

在动态数列中，第一项指标数值称为最初水平，最后一项指标数值称为最末水平，其余各项指标数值称为中间水平。本章以 $a_0, a_1, a_2, \mathrm{L}, a_n$ 代表动态数列中的各项发展水平，见表 12.7。其中 a_0=7 488.3 为最初水平，a_n=7 668.4 为最末水平，$a_1, a_2, \mathrm{L}, a_7$ 为中间水平。

表 12.7 2007 年 1～9 月我国社会消费品零售情况

月份		1 月 a_0	2 月 a_1	3 月 a_2	4 月 a_3	5 月 a_4	6 月 a_5	7 月 a_6	8 月 a_7	9 月 a_8
社会消费品零售总额（亿元）		7 488.3	7 013.7	6 685.8	6 672.5	7 157.5	7 026.0	6 998.2	7 116.6	7 668.4
增长量（亿元）	逐期	—	−474.6	−327.9	−13.3	485.0	−131.5	−27.8	118.4	551.8
	累计	—	−474.6	−802.5	−815.8	−330.8	−462.3	−490.1	−371.7	180.1
发展速度（%）	环比	—	93.7	95.3	99.8	107.3	98.2	99.6	101.7	107.8
	定基	100	93.7	89.3	89.1	95.6	93.8	93.5	95.0	102.4
增长速度（%）	环比	—	−6.3	−4.7	−0.2	7.3	−1.8	−0.4	1.7	7.8
	定基	—	−6.3	−10.7	−10.9	−4.4	−6.2	−6.5	−5.0	2.4
增长 1%的绝对值（亿元）		—	74.883	70.137	66.858	66.725	71.575	70.260	69.982	71.166

资料来源：国家统计局.社会消费品零售总额月度统计数据.http：//www.stats.gov.cn/tjsj/

在动态分析中，将所研究的那一时间的指标数值称为报告期水平或计算期水平，而将用来作为比较基础的那一时间的指标数值称为基期水平。

二、增长量分析

增长量是现象的报告期水平与基期水平之差，用以说明现象在一定时期内增长变化的绝对数量。增加时为正值，减少时为负值。因采用的基期不同，增长量可分为逐期增长量、累计增长量和年距增长量。

1. 逐期增长量

逐期增长量是现象的报告期水平与其前一期水平之差，说明报告期较前一期增长的绝对数量。其计算公式为

$$\text{逐期增长量}=a_i-a_{i-1} \tag{12.1}$$

式中，$i=1,2,\cdots,n$。逐期增长量的计算见表 12.7。

2. 累计增长量

累计增长量是现象的报告期水平与某一固定时期水平（通常为最初水平）之差，用以说明现象在某一较长时期内的总增长量。其计算公式为

$$\text{累计增长量}=a_i-a_0 \tag{12.2}$$

式中，$i=1,2,\cdots,n$。累计增长量的计算见表 12.7。

统计小常识

累计增长量与逐期增长量之间的换算关系

一定时期的累计增长量是相应时期内各逐期增长量之和，如公式（12.3）所示。利用这一关系，可以进行相系推算，如两个相邻的累计增长量相减，即得相应的逐期增长量。

$$a_n-a_0=\sum_{i=1}^{n}(a_i-a_{i-1}) \tag{12.3}$$

3. 年距增长量

年距增长量，又称为同比增长量，是现象的报告期水平与去年同期水平之差，用以说明现象报告期比去年同期增长的绝对数量。年距增长量可消除季节变动的影响，在实践中应用广泛。其计算公式为

$$\text{年距增长量}=\text{本期发展水平}-\text{去年同期发展水平} \tag{12.4}$$

第三节　动态平均分析法

动态平均分析法是指对动态数列中的指标数值计算序时平均数，以反映现象在一段时间内发展所达到的一般水平的分析方法。通过动态平均分析，可以消除现象在短时间内偶然波动的

影响，便于观察现象长期发展趋势，便于进行更广泛的对比分析。

一、平均增长量

平均增长量是动态数列中各项逐期增长量的简单算术平均数，用以反映现象的平均增长水平。其计算公式有以下两种形式：

$$平均增长量=\frac{\sum(逐期增长量)}{逐期增长量的项数}=\frac{\sum_{i=1}^{n}(a_i-a_{i-1})}{n} \qquad (12.5)$$

$$平均增长量=\frac{累积增长量}{逐期增长量的项数}=\frac{a_n-a_0}{n} \qquad (12.6)$$

式中，n为逐期增长量的项数。

【例 12.1】 在表 12.7 中，某年 1~9 月我国社会消费品零售总额（以 1 月份为基期）月平均增长量为

$$\frac{a_n-a_0}{n}=\frac{7\ 668.4-7\ 488.3}{8}=\frac{180.1}{8}\approx 22.5(亿元)$$

二、平均发展水平

平均发展水平是动态数列中各项发展水平的平均数，又称为动态平均数或序时平均数，从动态上说明现象在一段时间内发展的一般水平。平均发展水平一般用$\bar{a}$来表示。

1．根据时期数列计算平均发展水平

采用简单算术平均法，计算其平均发展水平，其公式为

$$\bar{a}=\frac{\sum_{i=1}^{n}a_i}{n} \qquad (12.7)$$

【例 12.2】 根据表 12.1 所示的资料，2009 年 1~3 季度，我国国内生产总值的平均发展水平为

$$\bar{a}=\frac{\sum_{i=1}^{n}a_i}{n}=\frac{65\ 745+139\ 862+217\ 817}{3}\approx 141141.3（亿元）$$

2．根据连续时点数列计算平均发展水平

（1）根据按日排列的连续时点数列计算平均发展水平。采用简单算术平均法，计算其平均发展水平，其计算公式用式（12.7）表示。

（2）根据按连续时段排列的时点数列计算平均发展水平。采用加权算术平均法，计算其平均发展水平，其计算公式用式（12.8）表示。

$$\bar{a}=\frac{\sum_{i=1}^{n}a_i f_i}{\sum_{i=1}^{n}f_i} \qquad (12.8)$$

式中，f为权数，代表两个时点间的时间间隔长度。

表 12.8　某车间某月上旬的职工人数

日　期	1~4 日	5~8 日	9~10 日
人数（人）a	420	410	416
权数（日）f	4	4	2

【例 12.3】 根据表 12.8 的资料，某车间某月上旬的平均职工人数为

$$\overline{a}=\frac{\sum_{i=1}^{n}a_if_i}{\sum_{i=1}^{n}f_i}=\frac{420\times4+410\times4+416\times2}{4+4+2}\approx415(\text{人})$$

3. 根据间断时点数列计算平均发展水平

（1）根据间隔相等的时点数列计算平均发展水平。采用“首尾折半法”，计算其平均发展水平，计算公式为

$$\overline{a}=\frac{\frac{a_1}{2}+a_2+a_3+\cdots+a_{n-1}+\frac{a_n}{2}}{n-1} \tag{12.9}$$

【例 12.4】 根据表 12.4 所示的资料，该企业上半年平均职工人数为

$$\overline{a}=\frac{\frac{4\ 120}{2}+4\ 200+4\ 200+4\ 300+4\ 300+4\ 200+\frac{4\ 220}{2}}{7-1}\approx4\ 230(\text{人})$$

（2）根据间隔不等的时点数列计算平均发展水平。采用分段加权平均法，计算其平均发展水平，计算公式为

$$\overline{a}=\frac{\frac{a_1+a_2}{2}\times f_1+\frac{a_2+a_3}{2}\times f_2+\cdots+\frac{a_{n-1}+a_n}{2}\times f_{n-1}}{\sum_{i=1}^{n-1}f_i} \tag{12.10}$$

式中，f 为权数，代表两个时点间的时间间隔长度。

【例 12.5】 如表 12.9 所示资料，该企业年均钢材库存量为

$$\overline{a}=\frac{\frac{60+70}{2}\times3+\frac{70+90}{2}\times4+\frac{90+64}{2}\times5}{3+4+5}=75\ (\text{吨})$$

4. 根据相对数或平均数动态数列计算平均发展水平

表 12.9 某企业某年库存钢材量

日 期	1 月初	3 月末	7 月末	12 月末
钢材库存量（吨）a	60	70	90	64
权数（月）f	—	3	4	5

由静态相对数或平均数构成的动态数列都是由两个有联系的绝对数动态数列相比得到的，计算其平均发展水平的基本方法如下。

（1）列出基本数列。列出形成相对数或平均数动态数列的两个绝对数数列，如表 12.5、表 12.6 的分子数列 a 与分母数列 b。

（2）分别计算分子数列和分母数列的平均发展水平 $\overline{a}$ 与 $\overline{b}$。

（3）计算平均发展水平 $\overline{c}$，将 $\overline{a}$ 与 $\overline{b}$ 进行对比求得，其计算公式为

$$\overline{c}=\frac{\overline{a}}{\overline{b}} \tag{12.11}$$

【例 12.6】 如表 12.5 中数列 c，计算其平均计划完成程度的方法是：先列出分子（实际销售额）数列 a 和分母（计划销售额）数列 b，根据分子数列和分母数列的种类选择计算 $\overline{a}$ 与 $\overline{b}$ 的公式，再计算 $\overline{c}$。其结果为

$$\overline{c}=\frac{\overline{a}}{\overline{b}}=\frac{\sum_{i=1}^{n}a_i}{n}/\frac{\sum_{i=1}^{n}b_i}{n}=\sum_{i=1}^{n}a_i/\sum_{i=1}^{n}b_i=\frac{1\ 080+1\ 120+980}{1\ 000+1\ 100+950}=\frac{3\ 180}{3\ 050}\approx104\%$$

【例 12.7】 如表 12.6 中数列 c，计算其第一季度平均月劳动生产率的方法是：先列出分子

（产量）数列 a 和分母（月初工人数）数列 b，根据分子数列和分母数列的种类选择计算 $\overline{a}$ 与 $\overline{b}$ 的公式，再计算 $\overline{c}$。其结果为

$$\overline{c}=\frac{\overline{a}}{\overline{b}}=\frac{38\,984}{530}\approx 74\ （件/人）$$

第四节　动态速度分析法

动态速度分析法是指对动态数列中的指标数值计算相对数，以反映现象在一段时间内发展变化的程度及方向的分析方法。主要包括发展速度、增长速度、平均发展速度和平均增长速度的计算与分析。

一、发展速度

发展速度是现象报告期水平与基期水平的比值，用以表明现象的报告期水平已发展到基期水平的若干倍或百分之几，其计算公式为

$$发展速度=\frac{报告期水平}{基期水平} \tag{12.12}$$

由于对比的基期不同，发展速度分为环比发展速度、定基发展速度和年距发展速度。

1. 环比发展速度

环比发展速度是现象报告期水平与其相邻前一期水平的比值，用以说明现象逐期的发展速度，其计算公式为

$$环比发展速度=\frac{a_i}{a_{i-1}} \tag{12.13}$$

式中，$i=1,2,\cdots,n$。环比发展速度的计算见表 12.7。

2. 定基发展速度

定基发展速度，又称总速度，是现象报告期水平与某一固定时期水平（通常为最初水平）的比值，用以说明现象在较长时期内总的发展速度，其计算公式为

$$定基发展速度=\frac{a_i}{a_0} \tag{12.14}$$

式中，$i=1,2,\cdots,n$。定基发展速度的计算见表 12.7。

统计小常识

环比发展速度与定基发展速度之间的换算关系

一定时期的定基发展速度等于相应时期内的各环比发展速度的连乘积，如公式（12.15）所示。利用这一关系可以进行推算，如两个相邻的定基发展速度相除，即得相应的环比发展速度：

$$\frac{a_n}{a_0}=\prod\frac{a_i}{a_{i-1}} \tag{12.15}$$

3. 年距发展速度

年距发展速度，又称同比发展速度，是现象的报告期水平与去年同期水平的比值，用以说明现象报告期相对于去年同期发展的程度。年距发展速度可消除季节变动的影响，在实践中应用广泛。年距发展速度计算公式为

$$年距发展速度=\frac{本期发展水平}{去年同期发展水平} \tag{12.16}$$

二、增长速度

增长速度是增长量与基期水平的比值，用以表明现象的报告期水平比基期水平增长了若干倍或百分之几，其计算公式为

$$增长速度=\frac{增长量}{基期水平}=\frac{报告期水平-基期水平}{基期水平}=发展速度-1 \tag{12.17}$$

当发展速度大于 1 时，增长速度为正值，表明现象增长的程度；当发展速度小于 1 时，增长速度为负值，表明现象降低的程度。由于对比的基期不同，增长速度分为环比增长速度、定基增长速度和年距增长速度。

1. 环比增长速度

环比增长速度是现象的逐期增长量与前一时期水平的比值，用以说明现象报告期水平比其前一期增长了若干倍或百分之几，其计算公式为

$$环比增长速度=\frac{逐期增长量}{前一期水平}=环比发展速度-1 \tag{12.18}$$

环比增长速度的计算见表 12.7。

2. 定基增长速度

定基增长速度，又称总增长速度，是现象的累计增长量与最初水平的比值，用以说明现象在较长时期内总的增长程度，其计算公式为

$$定基增长速度=\frac{累计增长量}{最初水平}=定基发展速度-1 \tag{12.19}$$

定基增长速度的计算见表 12.7。

技巧点滴

环比增长速度与定基增长速度之间的关系

二者之间并无直接的换算关系，但具有间接的推算关系。其关系式为

$$定基增长速度=\prod(环比增长速度+1)-1 \tag{12.20}$$

3. 年距增长速度

年距增长速度，又称同比增长速度，是现象的年距增长量与去年同期发展水平的比值，用以说明现象报告期比去年同期增长的程度，其计算公式为

$$年距增长速度=\frac{年距增长量}{去年同期水平}=年距发展速度-1 \quad (12.21)$$

4. 增长 1%的绝对值

增长速度分析利用的是相对数，具有相对数所固有的局限性，需要将增长速度与绝对水平结合起来进行分析，计算增长 1%的绝对值，以弥补其局限性。

增长 1%的绝对值，是现象的逐期增长量与环比增长速度的比值，用以说明现象每增长一个百分点所增加的绝对数量，其计算公式为

$$增长1\%的绝对值=\frac{逐期增长量}{环比增长速度\times 100}=\frac{前一期水平}{100} \quad (12.22)$$

增长 1%的绝对值计算见表 12.7。

三、平均速度

平均速度的分析包括平均发展速度和平均增长速度的计算和分析，它们常用于长期计划的编制和检查。平均发展速度是现象各期环比发展速度的平均数，用以反映现象在一段较长的时期内发展变化的一般速度。平均增长速度用以表明现象在一段较长的时期内增长变化的一般程度，二者的关系可用公式表示为

$$平均增长速度=平均发展速度-1 \quad (12.23)$$

根据所研究现象的不同特点，平均发展速度的计算通常采用水平法或累计法。

1. 水平法

水平法，又称几何平均法，是先计算现象各项环比发展速度连乘积，再对其连乘积按环比发展速度的项数求方根的计算方法，其计算公式为

$$\bar{X}=\sqrt[n]{\prod X_i}=\sqrt[n]{\frac{a_n}{a_0}}=\sqrt[n]{R} \quad (12.24)$$

式中，X_i 为各期环比发展速度，$i=1,2,\cdots,n$；n 为环比发展速度的项数；a_0 为动态数列最初水平；a_n 为动态数列最末水平；R 为全期总速度（定基发展速度）。对本公式作以下三点解释。

（1）公式（12.24）包括了三个计算公式，可根据所掌握的资料不同，选用相应的计算公式。

（2）目前常用的计算工具有四种：①《对数表》和《反对数表》；②《平均增长速度查对表》；③函数型计算器；④电子计算机。其中以函数型计算器最为便捷。

（3）应用范围。水平法侧重于考查最末一期的水平是否达到规定水平的情况，适用于水平计划的编制与检查。如人口、产量、产值、国民收入、工资总额、劳动生产率、单位成本、商品流通费等的增长，通常考查长期计划的最末一年应达到的数值水平，宜采用水平法计算平均速度指标。从公式（12.24）可看出，以水平法计算的平均发展速度实质上取决于最末水平与最初水平的比值，不受中间水平的影响。

【例 12.8】 如表 12.7 所示资料，如果用水平法计算其平均发展速度，式（12.24）中三个计算公式都可选用，最简捷的计算为

$$\overline{X}=\sqrt[n]{R}=\sqrt[8]{102.4\%}=100.3\%$$

2. 累计法

累计法，又称方程法，是从最初水平 a_0 出发，设每期按固定的平均发展速度 $\overline{X}$ 发展变化，列出各期计算水平之和等于各期实际水平之和的方程式，通过求解方程式来计算平均发展速度的方法。

（1）方程式。用累计法计算平均发展速度，没有简捷的计算公式，只能利用求解方程式的办法获得。

各期计划水平之和 $=a_0\overline{X}+a_0\overline{X}^2+a_0\overline{X}^3+\cdots a_0\overline{X}^n$

各期实际水平之和 $=a_1+a_2+a_3+\cdots+a_n$

列出方程式，整理后为

$$\overline{X}+\overline{X}^2+\overline{X}^3+\cdots+\overline{X}^n=(\sum_{i=1}^{n}a_i)/a_0 \tag{12.25}$$

（2）计算工具。目前常用的工具有两种：①《平均增长速度查对表》，见表 12.10；②电子计算机。两种工具中以前者更为便捷。利用《平均增长速度查对表》求值的步骤如下：① 计算 $(\sum_{i=1}^{n}a_i)/a_0$；② 确定 n 值，n 即年数，不包括基期在内；③ 查表求出平均增长速度。在相应的年数栏中找到与“总发展速度”最相近的数值，该数值所对应平均每年增长%加上 1 即为所求平均发展速度。

（3）应用范围。累计法侧重于考查整个计划期内各年的发展水平之和能否达到规定的总水平的情况，适用于总额计划的编制与检查。如基建投资额、造林总面积等，通常考查长期计划的累计完成量，宜采用累计法计算平均速度指标。从式（12.25）可看出，以累计法计算的平均发展速度受各期发展水平的影响。

【例 12.9】 如表 12.11 所示资料，以累计法求其五年计划期间基建投资额的平均增长速度。具体计算如下。

表 12.10 平均增长速度查对表

平均每年增长%	各年发展水平总和为基期水平的%			
	2 年	3 年	4 年	5 年
…	…	…	…	…
7.6	223.38	347.95	482.00	626.23
7.7	223.69	348.62	483.16	628.06
7.8	224.01	349.28	484.32	629.90
…	…	…	…	…

表 12.11 某地“十一五”计划期间各年的基建投资额

年　度	2006	2007	2008	2009	2010
基建投资额（亿元）	19	24	27	30	32

注：基期为 2005 年，基建投资额为 21 亿元。

第一步，计算 $(\sum_{i=1}^{n}a_i)/a_0$ 值。

$$(\sum_{i=1}^{n}a_i)/a_0=(19+24+27+30+32)/21=628.57\%$$

第二步，确定 n 值。n=5 年。

第三步，查《平均增长速度查对表》，确定平均增长速度。在表 12.10 中“5 年”一栏中查得与 628.57 最为相近的值为 628.06，与此数字相对的“平均每年增长%”为 7.7，即该地“十一五”期间基建投资额的平均增长速度为 7.7%。

第五节　利用 Excel 计算动态分析指标

动态数列分析指标包括本章前四节所涉及的各项动态分析指标，其计算特点是作为计算依据的数据不多，但需要计算的指标多，利用 Excel 可快速准确地获得计算结果。现以图 12.1 所示的资料为例自造运算器，图中虚线框内 C3∶G3 单元格区域为其入口，有阴影的单元格区域为其出口，其构建及运用技巧如下。

H6　fx =(G7/100)^(1/4)*100

	A	B	C	D	E	F	G	H
1	我国历年国内生产总值动态分析表							
2	年　份		2001	2002	2003	2004	2005	平均值
3	国内生产总值（亿元）		107449.7	117208.3	128958.9	141964.5	156775.3	130471.3
4	增长量（亿元）	逐期	—	9758.6	11750.6	13005.6	14810.8	12331.4
5		累计	—	9758.6	21509.2	34514.8	49325.6	
6	发展速度（%）	环比	—	109.1	110.0	110.1	110.4	109.9
7		定基	100	109.1	120.0	132.1	145.9	
8	增长速度（%）	环比	—	9.1	10.0	10.1	10.4	9.9
9		定基	—	9.1	20.0	32.1	45.9	
10	增长1%绝对值（亿元）		—	1074.497	1172.083	1289.589	1419.645	1239.0
11	说明：国内生产总值按2000年不变价格计算。							
12	资料来源：国家统计局.统计数据.http://www.stats.gov.cn/tjsj/							

图 12.1　动态分析指标的计算

一、构建自造运算器

1. 设计自造运算器的入口

运算器的入口图 12.1 中 C3 到 G3 的单元格区域。

首先，在 Excel 工作表中设计一个动态分析指标计算表，其格式如图 12.1 所示。但其中最为关键的部分是 C3 到 G3 的单元格区域，这才是“自造运算器的入口”，即这个区域就是将来可以录入新的数据的“入口”。

2. 设计运算器出口

运算器的出口图 12.1 所示阴影部分，它由 D4 到 G10，以及 H3 到 H10 的单元格区域所构成。运算器出口是自造运算器中最为重要的部分，这是因为在这两块单元格区域中输入了各种计算公式，当“运算器的入口”的数值变化时，这两块单元格区域的数值也会随之变化。这就为以后的使用提供了极大的方便。

（1）计算逐期增长量。见图 12.1 中的 D4 到 G4。其操作过程为：选中 D4 单元格，录入“= D3 − C3”↙；再选中 D4 单元格，拖动填充柄至 G4 单元格。

（2）计算累计增长量。见图 12.1 中的 D5 到 G5。其操作过程为：选中 D5 单元格，录入“= D3 − $C3”↙；再选中 D5 单元格，拖动填充柄至 G5 单元格。

（3）计算环比发展速度。见图 12.1 中的 D6 到 G6。其操作过程为：选中 D6 单元格，录入“= D3/C3*100”↙；再选中 D6 单元格，拖动填充柄至 G6 单元格。

（4）计算定基发展速度。见图 12.1 中的 D7 到 G7。其操作过程为：选中 D7 单元格，录入“= D3/$C3*100”↙；再选中 D7 单元格，拖动填充柄至 G7 单元格。

（5）计算环比增长速度。见图 12.1 中的 D8 到 G8。其操作过程为：选中 D8 单元格，录入“= D6 − 100”↙；再选中 D8 单元格，拖动填充柄至 G8 单元格。

（6）计算定基增长速度。见图 12.1 中的 D9 到 G9。其操作过程为：选中 D9 单元格，录入“= D7 − 100”↙；再选中 D9 单元格，拖动填充柄至 G9 单元格。

（7）计算增长 1%绝对值。见图 12.1 中的 D10 到 G10。其操作过程为：选中 D10 单元格，录入“= C3/100”↙；再选中 D10 单元格，拖动填充柄至 G10 单元格。

（8）计算平均发展水平。见图 12.1 中的 H3。其操作过程为：选中虚线框内 C3：H3 单元格区域，单击“自动求和”按钮Σ·右侧下拉菜单，选择“平均值”，确定即可。或选中 H3 单元格录入“=AVERAGE(C3：G3)”↙。

（9）计算平均增长量。见图 12.1 中的 H4 和 H5 的合并单元格。其操作过程为：选中 H4 单元格录入“=AVERAGE(D4：G4)”，或“=G5/4” ↙。

（10）计算平均发展速度。见图 12.1 中的 H6 和 H7 的合并单元格。其操作过程为：选中 H6 单元格，录入公式“=(G7/100)^(1/4)*100”↙。

（11）计算平均增长速度。见图 12.1 中的 H8 和 H9 的合并单元格。其操作过程为：选中 H8 单元格，录入公式“=H6－100”↙。

注意

为了使自造运算器能够适合更长的动态数列，可以把自造运算器的入口设计得更长一点，如在 G3 的右面再留出一些空的单元格，以备将来之用。

3. 自造运算器的使用

（1）在自造运算器入口处录入或改变数据。

（2）在自造运算器出口处取数。此时，各项动态分析指标的计算结果，就会随着每一步的数据录入而自动显示在阴影区域相应的单元格中。

二、自造运算器的扩展运用

1. 快速获得选手得分

在演讲、小品、歌咏及各种表演类的竞赛中，竞赛成绩一般靠评委在现场即时打分获得，存在着一定的主观性。为使评价结果更为公正，通常去掉一个最高分，再去掉一个最低分后，取其平均值。竞赛成绩的计算越快越好，要尽可能达到“选手表演完毕，分数立马可见”的要求，利用 Excel 即可获得较好的效果。

图 12.2 就是一个自造运算器。图中虚线框内区域 B4：F13 为其入口，第 14 行至第 17 行为其出口，其构建及运用技巧如下。

（1）在 Excel 工作表中设计一个选手得分计算表。如图 12.2 所示。

（2）确定最高分。选中 B14 单元格，录入“=MAX（B4：B13）”，按 Enter 键。

（3）确定最低分。选中 B15 单元格，录入“=MIN（B4：B13）”，按 Enter 键。

（4）确定选手应得总分。即去掉一个最高分和一个最低分后的选手得分总数。选中 B16 单元格，录入“=SUM（B4：B13）-B14-B15”，按 Enter 键。

（5）确定选手最后得分。最后得分为选手应得总分除以去掉两个评委后的剩余评委数。选中 B17 单元格，录入“=B16/(COUNT(B4：B13)-2)”，按 Enter 键。

（6）完善本运算器的出口。选中单元格区域 B14：B17，按住填充柄右拖至最后一名选手所在列。至此，自造运算器构建完毕。

（7）自造运算器的使用。在各选手所在列中，依次录入各评委所打分数，即可从“出口”直接读出该选手的最后得分。

2. 当选票数统计

在众多选民推荐各类代表时，其特点是“二项式”选举，即只有当选（√）或未当选（×）两种可能结果。在每张选票上有多个可供选择的候选代表时，统计“当选”票数工作量大，运用 Excel 可实现快速统计。

图 12.3 是一个自造的计数器。图中虚线框内区域 B4：F105 为其入口，第 106 行为其出口，其构建及运用技巧如下。

B16　=SUM(B4:B13)-B14-B15

	A	B	C	D	E	F
1	选手得分计算表					
2	评委	参赛选手				
3		选手1	选手2	选手3	选手4	……
4	评委1	9.5				
5	评委2	9.7				
6	评委3	9.4				
7	评委4	9.6				
8	评委5	9.8				
9	评委6	9.7				
10	评委7	9.6				
11	评委8	9.6				
12	评委9	9.6				
13	评委10	9.3				
14	最高分	9.8	0	0	0	0
15	最低分	9.3	0	0	0	0
16	总分	76.7	0	0	0	0
17	最后得分	9.5875	0	0	0	0
18	说明：1）假设有10个评委；					
19	2）表中“总分”是去掉一个最高分和一个最低分后的总分；					
20	3）表中“最后得分”为最后平均得分。					

图 12.2　选手得分计算表

B106　=SUM(B4:B105)

	A	B	C	D	E	F
1		当选票数统计表				
2	选票排序	得票人姓名				
3		候选人1	候选人2	候选人3	候选人4	……
4	选票1					
5	选票2					
6	选票3					
7	选票4					
8	……					
102	选票99					
103	选票100					
104	选票101					
105	选票102					
106	合计	0	0	0	0	0
107	说明：假设共收到选票102张。					

图 12.3　当选票数统计表

（1）在 Excel 工作表中设计一个当选票数统计表。如图 12.3 所示。

（2）设计计数器出口。选中 B106 单元格，录入“=SUM（B4：B105）”，按 Enter 键，选中 B106 单元格，按住填充柄拖动至最后一个候选人所在列即可。

（3）自造计数器的使用。候选代表名字出现 1 次，计数为 1，把每张选票的计数结果，依次录入到图 12.3 中相对应的位置，每个候选代表所得总票数就会自动显示在第 106 行。

拓展阅读

一位养猪专业户的统计经

按常理，养猪与统计是两码事，毫不相干，但北山乡的养猪专业户文支书与统计却成了黄金搭档。

创业，缘于统计。文支书 20 世纪 80 年代初就在村里负责村财务会计和统计，他勤思考、爱琢磨，做事有板有眼，从不马虎草率。他所负责的账目和统计报表，除了账本和统计报表外，在他的笔记本中大部分也能找到。他 20 世纪 80 年代初开始跑拖拉机，之后，小四轮、大货车、小面的，一路捣鼓过来，又开了一间农机维修店。20 世纪 90 年代末，随着运输车辆的增多，运输市场竞争激烈，僧多粥少，修理店生意还算红火，怎耐年岁不饶人，加上孩子大了，汽车交给了儿子，另谋出路的想法应运而生，但思来想去却不知干什么好。

2000 年年底的一个中午，忙了一天修理的他，想坐下来休息片刻，顺手拉开抽屉，找出一个笔记本翻了翻，翻了几页后，一组全村历年屠宰税数据映入眼帘，每年的征收头数和税金历历在目。出于好奇，他又翻开了全村历年的总人口、总户数资料，计算出户均出栏数，结果发现：

全村生猪出栏从1980年开始，保持较大的增长势头，到1998年全村出栏猪最多，户均2.1头；以后逐年减少，取消屠宰税的前一年，全村户均出栏只有0.4头，其中20世纪90年代中期减少最多，户均养猪从1994年的1.6头下降到1998年的0.6头；1998年以后，基本保持在户均0.4～0.6头。农户养猪数量逐年减少，这不是一条创业之路吗？经过近半年的张罗，2001年8月，养猪场终于有了眉目，当时只有4间临时栏舍，第一批饲养肉猪36头，接着又有了第二批、第三批……

发展，倚仗统计。文支书发现了统计数据的作用后，更加重视数据的搜集与整理。为核算生猪养殖收益，他买来了账本，分批记录收支情况。2002年，通过对3批出栏猪出售价格、饲养期和饲料消耗对比分析，他发现赢利与饲养周期长短、肉价和仔猪价格密切相关，但影响最大的是仔猪价格。仔猪价格波动大，外购仔猪移栏后适应期长，何不来个自繁自育！说干就干，2002年年底，他引进了6头良种母猪和一头公猪。2003年11月，自繁自育的第1批肉猪36头出栏，每头猪赢利250元，经对比计算，每头赢利比外购仔猪高60元。从积累投入产出资料，充分挖掘资料价值中受益的文支书，更增强了利用统计资料指导生产经营的信心，从2004年年初开始，他设计出一套统计台账，对以前的资料进行了精心整理。为更准确地核出每一窝猪的饲养收益，他对每一窝仔猪的饲养周期、饲料成本、出售价格、净收益一一登记，根据这些资料，确定各个饲养段的时间长短和饲料配比，计算出最佳饲养时间，适时出栏，确保饲养效益最大化。

壮大，寄希望于统计。文支书对自己的猪场很满意，他对今后的发展也充满信心，他说："4年前，基于对农户生猪养殖情况的了解，我下决心办起了养猪场；4年来，我全面记录了养猪场的生产、消耗、销售情况，搜集了各方面的信息，适时改变饲养方式，使猪场规模不断扩大，这些都有统计的功劳，今后要做大做强，更离不开统计的帮助。要有意识地搜集、积累自己感兴趣的资料，如蔬菜瓜果播种面积与价格、上市时间与价格等方面的资料，利用养猪场丰富的有机肥料，生产出适销对路的蔬菜、瓜果，增加收益。"

在充满信心的同时，文支书也毫不掩饰自己的忧虑。他说："从目前的情况来看，农户养猪数量短期内难以大幅增长，但猪肉保持了近两年的高价位，养猪专业户的数量和规模都有大幅增长，可获取这方面的数据困难较大，如果不能准确掌握这方面的情况，一旦市场波动，对养猪大户的影响是将难以估量，甚至是致命的。我在挖掘统计资料方面尝到了甜头，希望有更多的人，能够从所掌握的资料中发掘商机、抓住商机。现在，已有很多的人有适时获取外界统计资料的愿望。希望有关部门能搭起一个平台，使每一个需要统计资料的人，能方便快捷地获取所需的统计资料，减少盲目投资和重复投资，提高投资回报。"

（肖升初，2007）

复习思考题

1. 怎样理解动态数列？它有何作用？
2. 时期数列和时点数列有何区别？
3. 为什么说绝对数动态数列是基本数列？
4. 逐期增长量、累计增长量及平均增长量之间有什么关系？

5. 怎样计算各种动态数列的平均发展水平？
6. 定基发展速度与环比发展速度之间有何关系？
7. 发展速度与增长速度间有何关系？
8. 水平法和累计法有何异同？

技能实训

【技能目标】

能够区分动态数列的种类。
熟练计算和运用各种动态分析指标。
学会运用 Excel 进行动态分析。

一、单项实训

实训目的：（1）识别动态数列的种类。（2）熟练掌握各种动态分析指标的计算。（3）掌握关联动态分析指标之间的换算关系。

（一）识别动态数列的种类

1. 实训材料

某建筑公司某年各月生产工人统计资料见表 12.12。

表 12.12　某建筑公司某年各月生产工人情况

日　期	1月1日	3月1日	5月1日	8月1日	12月31日
生产工人人数（人）	220	358	578	600	300

2. 实训要求

1）指出表 12.12、表 12.14、表 12.15、表 12.16 中所包括的动态数列的个数及动态数列的种类。

2）根据表 12.12 的资料，计算该建筑公司全年月平均生产工人人数。

3. 参考答案

1）各实训材料中动态数列的个数与种类见表 12.13。

表 12.13　各实训材料中动态数列的个数与种类

实训材料中的表号	动态数列名称	动态数列种类	动态数列性质	备　注
表 12.12	生产工人人数	绝对数动态数列－时点数列	基础数列	有间隔；间隔不等
表 12.14	销售额	绝对数动态数列－时期数列	基础数列	
	月末职工人数	绝对数动态数列－时点数列	基础数列	有间隔；间隔相等
表 12.15	商品销售额	绝对数动态数列－时期数列	基础数列	

续表

实训材料中的表号	动态数列名称	动态数列种类	动态数列性质	备　注
	月初库存额	绝对数动态数列－时点数列	基础数列	有间隔；间隔相等
	商品流转次数	相对数动态数列	派生数列	
表 12.16	产量	绝对数动态数列－时期数列	基础数列	
	逐期增长量	绝对数动态数列－时期数列	派生数列	
	累计增长量	绝对数动态数列－时期数列	派生数列	
	环比发展速度	相对数动态数列	派生数列	
	定基增长速度	相对数动态数列	派生数列	
	增长 1%的绝对值	绝对数动态数列	派生数列	

2）根据表 12.5 的资料，全年月平均生产工人人数为

$$\bar{a}=\frac{\frac{a_1+a_2}{2}\times f_1+\frac{a_2+a_3}{2}\times f_2+\cdots+\frac{a_{n-1}+a_n}{2}\times f_{n-1}}{\sum_{i=1}^{n-1}f_i}$$

$$=\frac{\frac{220+358}{2}\times 2+\frac{358+578}{2}\times 2+\frac{578+600}{2}\times 3+\frac{600+300}{2}\times 5}{2+2+3+5}=461\text{（人）}$$

（二）月平均销售额和月平均人数的计算

1. 实训材料

某超市上半年的销售额及职工人数资料见表 12.14。

表 12.14　某超市上半年销售额及职工人数情况

	上年12月	1月	2月	3月	4月	5月	6月
销售额（万元）	—	600	572	571	423	474	473
月末职工人数（人）	185	205	195	215	221	219	225

2. 实训要求

根据表 12.14 的资料，计算该超市上半年的月平均销售额、月平均职工人数及人均月销售额。

3. 参考答案

$$\text{月平均销售额}=\frac{\sum_{i=1}^{n}a_i}{n}=\frac{600+572+\cdots+473}{6}\approx 518.83\text{（万元）}$$

$$\text{月平均职工人数}=\frac{\frac{b_1}{2}+b_2+\cdots+b_{n-1}+\frac{b_n}{2}}{n-1}=\frac{\frac{185}{2}+205+\cdots+219+\frac{225}{2}}{7-1}\approx 210\text{（人）}$$

$$\text{人均月销售额}=\frac{\text{月平均销售额}}{\text{月平均职工人数}}=\frac{518.83}{210}\approx 2.47\text{（万元）}$$

（三）依据平均数动态数列计算动态平均数

1. 实训材料

某商业企业 2009 年第 1 季度销售额、库存额及商品流转次数资料见表 12.15。

2．实训要求

根据表 12.15 的资料，计算该企业 2012 年第 1 季度月平均销售额、月平均库存额及月平均商品流转次数。

3．参考答案

$$月平均销售额=\frac{\sum_{i=1}^{n}a_i}{2}=\frac{100+150+240}{3}\approx 163.33（万元）$$

$$月平均库存额=\frac{\frac{b_1}{2}+b_2+\cdots+b_{n-1}+\frac{b_n}{2}}{n-1}=\frac{\frac{45}{2}+55+68+\frac{75}{2}}{4-1}=61（万元）$$

$$月平均商品流转次数=\frac{月平均销售额}{月平均库存额}=\frac{163.33}{61}\approx 2.68（次）$$

（四）利用指标之间的关系进行推算

1．实训材料

某企业某种产品 2007～2012 年的产量动态分析资料见表 12.16。

2．实训要求

计算并填写表 12.16 中的空格。

表 12.15　某企业 2012 年第 1 季度商品周转资料

	1月	2月	3月	4月
商品销售额（万元）	100	150	240	250
月初库存额（万元）	45	55	68	75
商品流转次数（次）	2.00	2.44	3.36	—

注：商品流转次数是将商品销售额与平均商品库存额对比计算的强度相对指标。

表 12.16　某企业某产品 2007～2012 年产量动态分析表

	计量单位	2007 年	2008 年	2009 年	2010 年	2011 年	2012 年
产量	吨	9 500					
逐期增长量	吨	—	500				510
累计增长量	吨	—					
环比发展速度	%	—		104.0			
定基增长速度	%	—	5.3		10.0		
增长 1% 的绝对值	吨	—					109

提示

基本思路应该是先把基础数列求出来，有了基础数列，其他的动态分析指标就都能迎刃而解了。具体来说：2008 年的产量可利用 9500 和 500 推算；2009 年的产量可用 2008 年的产量（上步已求出的）和 104％来推算：2010 年的产量可用 9500 和 10%来推算：2011 年的产量可用 109 米推算：2012 年的产量可用 2011 年的产量和 510 米推算。

3. 参考答案

见表 12.17。

表 12.17 某企业某产品 2007～2012 年产量动态分析表

	计量单位	2007年	2008年	2009年	2010年	2011年	2012年
产量	吨	9 500	10 000	10 400	10 450	10 900	11 410
逐期增长量	吨	—	500	400	50	450	510
累计增长量	吨	—	500	900	950	1 400	1 910
环比发展速度	%	—	105.3	104.0	100.5	104.3	104.7
定基增长速度	%	—	5.3	9.5	10.0	14.7	20.1
增长 1%的绝对值	吨	—	95	100	104	104.5	109

（五）依据逐期增长速度推算总的增长速度

1. 实训材料

某银行 2009～2012 年农业贷款逐年的增长速度依次为 9.5%、4.8%和 19.8%。

2. 实训要求

计算该银行 2009～2012 年的总增长速度。

3. 参考答案

总增长速度，即定基增长速度。

$$\begin{aligned}\text{定基增长速度} &= \Pi（\text{环比增长速度}+1）-1\\ &=（9.5\%+1）\times（4.8\%+1）\\ &\quad\times（19.8\%+1）-1=37.48\%\end{aligned}$$

二、综合实训

实训目的：（1）熟练运用各种动态分析方法；（2）熟练运用 Excel 进行动态分析。

（一）计算各种动态指标

1. 实训材料

某企业某产品 2008～2012 年的产量资料见表 12.18。

表 12.18 某企业某产品 2008～2012 年的产量资料

年　份	2008	2009	2010	2011	2012
某产品产量（台）	6 600	7 300	7 500	7 800	8 500

2. 实训要求

1）运用 Excel 对表 12.18 的资料，计算逐期增长量和累计增长量、环比发展速度和定基发展速度、环比增长速度和定基增长速度、增长 1%的绝对值。

2）根据表 12.18 的资料以及相关的计算结果，计算各年的平均产量、平均增长量、平均发展速度、平均增长速度、增长 1%的每年平均绝对值。

3. 参考答案

各项动态分析指标的计算结果见表 12.19。

提示

在运用 Excel 进行以上运算时，要充分采用相对引用、绝对引用、自动填充、自动求和按钮（包括平均值计算）等计算技巧。

表 12.19 某企业某产品 2008～2012 年产量动态分析表

年 份		2008	2007	2010	2011	2012	平 均 水 平
某产品产量（台）		6 600	7 300	7 500	7 800	8 500	7 540
增长量（台）	逐 期	—	700	200	300	700	475
	累 计	—	700	900	1 200	1 900	
发展速度（%）	环 比	—	110.61	102.74	104.00	108.97	106.53
	定 基	100	110.61	113.64	118.18	128.79	
增长速度（%）	环 比	—	10.61	2.74	4.00	8.97	6.53
	定 基	—	10.61	13.64	18.18	28.79	
增长 1%的绝对值（台）		—	66	73	75	78	85

（二）快速统计竞赛成绩

1. 实训材料

某学院学生会举行统计工作演讲比赛，参赛选手 58 人，聘请评委 10 人。

2. 实训要求

1）在 Excel 工作表中自造运算器，快速统计竞赛成绩。

2）在统计选手平均得分时，应去掉 1 个最高分，去掉 1 个最低分。

3. 参考答案

统计竞赛成绩评分表，参见表 12.20。

表 12.20 统计竞赛快速评分表

编号	选手姓名	评 委 打 分				最高分	最低分	分数和（去掉 1 个最高分和 1 个最低分）	平均分（去掉 1 个最高分和 1 个最低分）
		评委 1	评委 2	…	评委 10				
甲	乙	（1）	（2）		（10）	（11）=max()	（12）=min()	（13）=sum()－（11）－（12）	（14）=（13）/8
1	××								
2	××								
3	××								
4	××								
…	…	…	…	…	…	…	…	…	…
58	××								

第十三章

综合技能实训

第一节　某村农户生活状况调查

【实训目的】

使学生全面实践统计调查、分组、编码、汇总、制表、制图、计算分析及撰写统计分析报告等基本统计技术，以培养学生的综合动手能力。

通过实训使学生更进一步地理解统计的特点，掌握统计的理论、统计指标的计算和应用、统计指标体系的设计和运用。

【技能目标】

掌握农村农户生活状况调查的指标体系，掌握统计调查方式和方法的选择和运用，掌握统计调查工作开展的技巧。

掌握统计工作流程及基本统计技术。

【实训所需设备与材料】

数字练习模板；电脑及相应的软件配置、打印机、打印纸；网络及相关图书；各种调查表；记录笔；介绍信、身份证、学生证。

一、调查目的

了解某村农户的生活状况，掌握统计工作流程及基本统计技术。

二、调查对象

总体：某村所有农户。

样本：某村所有被抽中的农户。

三、调查内容

1）调查项目：详见附件 1 和附件 2。

2）调查项目说明。详见附件 5。

四、调查方式、方法、时间、地点

1）调查方式：抽样调查（根据实际情况选择具体的抽样方式）。

2）调查方法：访问法。

3）调查时间：调查资料所属期限 1 年，调查工作时限 1 周。

4）调查地点：根据实际需要确定。

五、调查前的准备工作

1）成立实习小组，明确实习任务。

2）实习进程安排。详见表 13.1。

表 13.1 实习进程安排表

工作阶段	前期准备	实地调查	整理与分析	撰写报告	合 计
主要工作内容	成立实习小组，确定样本单位，确定并印制调查表，分配实习任务	访问被抽中的住户，填写调查表	审核调查资料，录入数据，利用 Excel 整理与分析数据	拟订提纲，撰写报告，审核、修订、提交报告	
所需时间（天）	1	1.5	1.5	1	5

3）确定样本容量及样本单位。（1）抽样框的确定。实习指导教师、实习小组负责人与××村村委会联系，初步了解××村的农户总数，编制抽样框；（2）确定样本容量。根据农户收入差异程度、农户居住空间分布、主营农产品等情况，结合实习时间、实习经费，确定样本容量。基本原则：一人至少一个样本单位；最少不能少于 30 个样本单位。（3）选择抽样方式，确定样本单位，并分配给每一名学生。

4）印制调查表。每人两套调查表。

5）分配实习任务，提出具体要求。

6）按《数字练习模板》（见附件 4）练好填表的基本功。

六、实地调查

参见“九、实训具体要求”。

七、调查资料的整理与分析

1）数据录入。全村样本设在一个工作簿中；每户一个工作表。

2）数据汇总。采取表间汇总的方式；汇总表占用一个工作表，并放在最前面（即每户工作表的前面）。

3）分析方式。统计表；统计图；指标计算。

八、撰写统计分析报告

参见“九、实训具体要求”。

九、实训具体要求

1）编制抽样框，选择抽样方式，确定样本容量与样本单位。要求样本容量 $n\geq30$ 户。

2）实地调查，填写调查表。要求每名学生至少完成 1 户的实地调查任务；再把自己的调查表按全班人数复印，并分发给全班同学，保证每人一份。

3）对调查资料进行审核、编码，并录入至 Excel 工作表中。

4）确定调查户家庭成员性别、年龄、文化程度、职业等的分组体系。

5）利用 Excel，对调查户成员分别按性别、年龄进行分组，按文化程度对整半劳动力进行分组，编制频数分布表，绘制柱形图。

6）按表 13.4 中所示的调查项目，利用 Excel 汇总样本总量指标，制作计算表。

7）利用 Excel 计算样本有关的派生指标，制作计算表。具体指标有：（1）平均每户常住人口；（2）平均每户整半劳动力；（3）平均每个劳动力负担人口（含本人）；（4）人均耕地面积；（5）主营农产品人均占有量；（6）年末平均每百户拥有主要生产性固定资产数量，要求根据表 13.4 中所示的调查项目计算；（7）人均年总收入；（8）人均年现金收入；（9）人均年生活消费支出；（10）恩格尔系数（食品支出/生活消费支出）；（11）人均年纯收入；（12）人均住房面积；（13）年末平均每百户主要耐用消费品拥有量，要求按表 13.4 中所示的调查项目计算。

8）将农户按纯收入分为低收入户、中等收入户、高收入户三个组别，确定组距与组限，并分别利用手工方法和 Excel 统计各组频数、编制频数分布表、绘制直方图。

9）将农户按纯收入分为低收入户、中等收入户、高收入户三个组别，计算相关指标，分析收入水平与相关指标间的关系。参考格式详见表 13.2。

表 13.2 按纯收入分组的调查户家庭基本情况

	低收入户	中等收入户	高收入户
平均每户常住人口（人）			
平均每户整半劳动力（人）			
平均每个劳动力负担人口（人）			
人均年总收入（元）			
#人均年现金收入（元）			
人均年生活消费支出（元）			
人均年纯收入（元）			

10）计算样本平均每户年纯收入指标，以 95%的置信度估计全村农户年平均收入的置信区间。

11）推算全村常住人口、整半劳动力及全年纯收入。

12）利用网络或图书资料，查阅有关分析指标的现有全国平均水平与小康标准（注意考虑价格变动），评价调查对象的生活质量。

13）根据调查分析结果，撰写统计分析报告。

14）打印输出。格式见附件 3：表 13.5。

15）上交实训材料。包括：数据录入及汇总的电子稿资料；实地调查的手填表及汇总结果的打印资料。

实训材料的装订顺序为：（1）封皮；（2）抽样框及抽样单位的确定资料；（3）分析时所用的统计表、统计图和统计指标的计算资料；（4）统计分析报告；（5）数字练习模板；（6）附件3；即表13.5《××年××村农户生活状况抽样结果》；（7）附件1，即表13.3，所有抽样调查户的《××年××村农户生活状况调查表》。

> **注意**
>
> 《教学实习报告》不装订，但需要夹在封皮后面。

附件 1

表 13.3　××年××村农户生活状况调查表

调查户编号：

<table>
<tr><td rowspan="10">家庭成员及收入情况</td><td rowspan="2">成员编号</td><td rowspan="2">性别</td><td rowspan="2">出生年月</td><td rowspan="2">文化程度</td><td rowspan="2">职业</td><td rowspan="2">整半劳动力</td><td colspan="6">收入（元）</td></tr>
<tr><td>工资性收　入</td><td>经营性收　入</td><td>财产性收　入</td><td>转移性收　入</td><td>合计</td><td>#现金收入</td></tr>
<tr><td></td><td></td><td></td><td></td><td></td><td></td><td></td><td></td><td></td><td></td><td></td><td></td></tr>
<tr><td></td><td></td><td></td><td></td><td></td><td></td><td></td><td></td><td></td><td></td><td></td><td></td></tr>
<tr><td></td><td></td><td></td><td></td><td></td><td></td><td></td><td></td><td></td><td></td><td></td><td></td></tr>
<tr><td></td><td></td><td></td><td></td><td></td><td></td><td></td><td></td><td></td><td></td><td></td><td></td></tr>
<tr><td></td><td></td><td></td><td></td><td></td><td></td><td></td><td></td><td></td><td></td><td></td><td></td></tr>
<tr><td></td><td></td><td></td><td></td><td></td><td></td><td></td><td></td><td></td><td></td><td></td><td></td></tr>
<tr><td></td><td></td><td></td><td></td><td></td><td></td><td></td><td></td><td></td><td></td><td></td><td></td></tr>
<tr><td colspan="6">合　计</td><td></td><td></td><td></td><td></td><td></td><td></td></tr>
<tr><td rowspan="7">生产经营情况</td><td colspan="5" rowspan="2">家庭土地经营面积（亩）</td><td>耕地</td><td>山地</td><td>园地</td><td>牧草地</td><td>养殖水面</td><td>合计</td><td>备注</td></tr>
<tr><td></td><td></td><td></td><td></td><td></td><td></td><td></td></tr>
<tr><td colspan="5" rowspan="2">主营农产品年产量（kg）</td><td>粮食</td><td>棉花</td><td>油料</td><td>林产品</td><td>畜产品</td><td>水产品</td><td>备注</td></tr>
<tr><td></td><td></td><td></td><td></td><td></td><td></td><td></td></tr>
<tr><td colspan="2">年末主要生产性固定资产</td><td colspan="2">汽车（辆）</td><td>拖拉机（台）</td><td>胶轮大车（辆）</td><td>机动脱粒机（台）</td><td>农用水泵（台）</td><td>役畜（头）</td><td>产品畜（头）</td><td>其他</td><td>合计</td></tr>
<tr><td colspan="2">数量</td><td colspan="2"></td><td></td><td></td><td></td><td></td><td></td><td></td><td></td><td>—</td></tr>
<tr><td colspan="2">原值（元）</td><td colspan="2"></td><td></td><td></td><td></td><td></td><td></td><td></td><td></td><td></td></tr>
<tr><td rowspan="4">支出情况</td><td colspan="2" rowspan="2">总支出（元）</td><td colspan="2">家庭经营费用支出</td><td>购置生产性固定资产支出</td><td>生产性固定资产折旧</td><td>税费支出</td><td>生活消费支出</td><td>财产性支出</td><td>转移性支出</td><td>合计</td><td>备注</td></tr>
<tr><td colspan="2"></td><td></td><td></td><td></td><td></td><td></td><td></td><td></td><td></td></tr>
<tr><td colspan="2" rowspan="2">#生活消费支出（元）</td><td colspan="2">食品支出</td><td>衣着支出</td><td>居住支出</td><td>家庭设备及服务支出</td><td>交通和通信支出</td><td>文教、娱乐用品及服务支出</td><td>医疗保健支出</td><td>其他商品及服务支出</td><td>合计</td></tr>
<tr><td colspan="2"></td><td></td><td></td><td></td><td></td><td></td><td></td><td></td><td></td></tr>
</table>

续表

<table>
<tr><td rowspan="3" colspan="2"></td><td colspan="2">纯收入（元）</td><td colspan="3"></td></tr>
<tr><td colspan="2" rowspan="2">年末住房情况</td><td rowspan="2">住房原值（元）</td><td>住房面积（m^2）</td><td>钢筋混凝土结构</td><td>砖木结构</td></tr>
<tr><td></td><td></td><td></td></tr>
<tr><td rowspan="9">其他情况</td><td rowspan="9">耐用消费品</td><td>拥有量</td><td>年末拥有量</td><td colspan="3">五年前拥有量</td></tr>
<tr><td>彩色电视机（台）</td><td></td><td colspan="3"></td></tr>
<tr><td>电冰箱（台）</td><td></td><td colspan="3"></td></tr>
<tr><td>摩托车（辆）</td><td></td><td colspan="3"></td></tr>
<tr><td>洗衣机（台）</td><td></td><td colspan="3"></td></tr>
<tr><td>淋浴热水器（台）</td><td></td><td colspan="3"></td></tr>
<tr><td>空调机（台）</td><td></td><td colspan="3"></td></tr>
<tr><td>移动电话（部）</td><td></td><td colspan="3"></td></tr>
<tr><td>家用计算机（台）</td><td></td><td colspan="3"></td></tr>
</table>

受访调查户户主签名： 调查员签名： 填表日期：

附件 2

表 13.4 ××年××村农户生活状况调查汇总表

<table>
<tr><th colspan="2">调 查 项 目</th><th>计量单位</th><th colspan="7">样本单位（调查户）</th><th rowspan="2">合计</th></tr>
<tr><th colspan="2">调查户编号</th><th>—</th><th>1</th><th>2</th><th>3</th><th>4</th><th>5</th><th>6</th><th>…</th></tr>
<tr><td colspan="2">常住人口</td><td>人</td><td></td><td></td><td></td><td></td><td></td><td></td><td></td><td></td></tr>
<tr><td colspan="2">整半劳动力</td><td>人</td><td></td><td></td><td></td><td></td><td></td><td></td><td></td><td></td></tr>
<tr><td colspan="2">家庭土地经营面积</td><td>亩</td><td></td><td></td><td></td><td></td><td></td><td></td><td></td><td></td></tr>
<tr><td colspan="2">#耕地</td><td>亩</td><td></td><td></td><td></td><td></td><td></td><td></td><td></td><td></td></tr>
<tr><td rowspan="6">主营农产品年产量</td><td>粮食</td><td>吨</td><td></td><td></td><td></td><td></td><td></td><td></td><td></td><td></td></tr>
<tr><td>棉花</td><td>kg</td><td></td><td></td><td></td><td></td><td></td><td></td><td></td><td></td></tr>
<tr><td>油料</td><td>kg</td><td></td><td></td><td></td><td></td><td></td><td></td><td></td><td></td></tr>
<tr><td>林产品</td><td>kg</td><td></td><td></td><td></td><td></td><td></td><td></td><td></td><td></td></tr>
<tr><td>畜产品</td><td>kg</td><td></td><td></td><td></td><td></td><td></td><td></td><td></td><td></td></tr>
<tr><td>水产品</td><td>吨</td><td></td><td></td><td></td><td></td><td></td><td></td><td></td><td></td></tr>
<tr><td colspan="2">年末生产性固定资产原值</td><td>元</td><td></td><td></td><td></td><td></td><td></td><td></td><td></td><td></td></tr>
<tr><td rowspan="7">年末主要生产性固定资产数量</td><td>汽车</td><td>辆</td><td></td><td></td><td></td><td></td><td></td><td></td><td></td><td></td></tr>
<tr><td>拖拉机</td><td>台</td><td></td><td></td><td></td><td></td><td></td><td></td><td></td><td></td></tr>
<tr><td>胶轮大车</td><td>辆</td><td></td><td></td><td></td><td></td><td></td><td></td><td></td><td></td></tr>
<tr><td>机动脱粒机</td><td>台</td><td></td><td></td><td></td><td></td><td></td><td></td><td></td><td></td></tr>
<tr><td>农用水泵</td><td>台</td><td></td><td></td><td></td><td></td><td></td><td></td><td></td><td></td></tr>
<tr><td>役畜</td><td>头</td><td></td><td></td><td></td><td></td><td></td><td></td><td></td><td></td></tr>
<tr><td>产品畜</td><td>头</td><td></td><td></td><td></td><td></td><td></td><td></td><td></td><td></td></tr>
</table>

续表

调 查 项 目		计量单位	样本单位（调查户）							合计
调查户编号		—	1	2	3	4	5	6	…	
总收入		元								
#工资性收入		元								
家庭经营收入		元								
财产性收入		元								
转移性收入		元								
#现金收入		元								
总支出		元								
#家庭经营费用支出		元								
购置生产性固定资产支出		元								
生产性固定资产折旧		元								
税费支出		元								
生活消费支出		元								
#1. 食品支出		元								
2. 衣着支出		元								
3. 居住支出		元								
4. 家庭设备及服务支出		元								
5. 交通和通信支出		元								
6. 文教、娱乐用品及服务支出		元								
7. 医疗保健支出		元								
8. 其他商品及服务支出		元								
财产性支出		元								
转移性支出		元								
纯收入		元								
住房	面积	m^2								
	原值（自有房）	元								
年末耐用消费品拥有量	彩色电视机	台								
	电冰箱	台								
	摩托车	辆								
	洗衣机	台								
	淋浴热水器	台								
	空调机	部								
	移动电话	台								
	家用计算机	台								

汇总人员签名：　　　　审核人员签名：　　　　填表日期：

附件 3

表 13.5　××年××村农户生活状况抽样结果

调查项目		计量单位	总　量	平均量	
				按户平均	按人平均
调查户		户数		—	—
常住人口		人			—
整半劳动力		人			
家庭土地经营面积		亩			
#耕地		亩			
主营农产品年产量	粮食	吨			
	棉花	kg			
	油料	kg			
	林产品	kg			
	畜产品	kg			
	水产品	吨			
年末生产性固定资产原值		元			
年末主要生产性固定资产数量	汽车	辆			
	拖拉机	台			
	胶轮大车	辆			
	机动脱粒机	台			
	农用水泵	台			
	役畜	头			
	产品畜	头			
总收入		元			
#工资性收入		元			
家庭经营收入		元			
财产性收入		元			
转移性收入		元			
现金收入		元			
总支出		元			
#家庭经营费用支出		元			
购置生产性固定资产支出		元			
生产性固定资产折旧		元			
税费支出		元			
生活消费支出		元			
#食品支出		元			
衣着支出		元			

续表

调查项目		计量单位	总　量	平均量	
				按户平均	按人平均
居住支出		元			
家庭设备及服务支出		元			
交通和通信支出		元			
文教、娱乐用品及服务支出		元			
医疗保健支出		元			
其他商品及服务支出		元			
财产性支出		元			
转移性支出		元			
纯收入		元			
住房	面积	m^2			
	原值（自有房）	元			
年末耐用消费品拥有量	彩色电视机	台			
	电冰箱	台			
	摩托车	辆			
	洗衣机	台			
	淋浴热水器	台			
	空调机	部			
	移动电话	台			
	家用计算机	台			

附件 4

数字练习模板

班级:　　　　　　　　　　　　　　　　　　　　　　　　姓名:

1	有斜度	
2	不带圈	
3	不带圈	
4	不封口	
5	不卷尾	
6	不卷尾	
7	不低头	
8	不开口	
9	不卷尾	
0	有斜度	

注意

有一定斜度；靠底线写；占一格的1/2；数字要一般大小；用手写体写数字。

1234567890	1234567890	1234567890

附件 5

修改数字练习（数字中有暗影者为错误字符）。

2563	5684	5694	1256	145	365
6547	2354	798	36578	2458	654
12454	7572	766345	52833	7899	12588
58482	7852	58932	12582	87472	7855
987	8521	9542	3214	458	5687

注意

划平行双线，在上面改。不能修改部分字符；不能刮、擦、挖；不能在前后改。

附件 6

农户生活状况指标解释

1. 农户

农户指农村常住户。

农村常住户是指长期（一年以上）居住在乡镇（不包括城关镇）行政管理区域内的住户，以及长期居住在城关镇所辖行政村范围内的农村住户。户口不在本地而在本地居住一年及以上的住户也包括在本地农村常住户范围内；有本地户口，但举家外出谋生一年以上的住户，无论是否保留承包耕地都不包括在本地农村住户范围内。

2. 常住人口

常住人口是指全年经常在家或在家居住 6 个月以上，而且经济和生活与本户连成一体的人口。外出从业人员在外居住时间虽然在 6 个月以上，但收入主要带回家中，经济与本户连为一体，仍视为家庭常住人口；在家居住，生活和本户连成一体的国家职工、退休人员也为家庭常住人口。但是现役军人、中专及以上（走读生除外）的在校学生以及常年在外（不包括探亲、看病等）且已有稳定的职业与居住场所的外出从业人员，不应当做家庭常住人口。家庭常住人口主要是作为计算农户平均每人收入、消费和积累水平及分析家庭人口状况的依据。

3. 整半劳动力

整半劳动力包括整劳动力与半劳动力。

整劳动力是指男子 18 周岁到 50 周岁，女子 18 周岁到 45 周岁。半劳动力是指男子 16 周岁到 17 周岁，51 周岁到 60 周岁；女子 16 周岁到 17 周岁，46 周岁到 55 周岁，同时具有劳动能力的人。虽然在劳动年龄之内，但已丧失劳动能力的人，不应算为劳动力；超过劳动年龄，但能经常参加劳动，计入半劳动力数内。常住人口中的职工，若这些职工为劳动力，就包括在本户的整半劳动力中。

4. 家庭土地经营面积

家庭土地经营面积是指调查期内农户经营的全部土地面积，包括耕地、山地、园地、牧草地和养殖水面。

5. 耕地面积

耕地面积是指可以用来种植农作物、经常进行耕锄的田地，包括熟地、当年新开荒地、连续撂荒未满三年的耕地和当年的休闲地（轮歇地），还包括以种植农作物为主并附带种植桑树、茶树、果树和其他林木的土地及沿海、沿湖地区已围垦利用的“海滩”、“湖田”等面积。不包括属于专业性的桑园、茶园、果园、果木苗圃、林地、芦苇地、天然或人工草地面积。

6. 主营农产品年产量

主营农产品年产量指农户全年主要生产的农产品产量，主要有以下几项。

1）粮食产量。粮食产量主要包括稻谷、小麦、玉米、高粱、谷子及其他杂粮，还包括薯类和豆类。其产量计算方法为：豆类按去豆荚后的干豆计算；薯类（包括甘薯和马铃薯，不包括芋头和木薯）按 5 公斤鲜薯折 1 公斤粮食计算；城市郊区作为蔬菜的薯类（如马铃薯等）按鲜品计算，并且不作为粮食统计；其他粮食一律按脱粒后的原粮计算。

2）棉花产量。包括春播棉和夏播棉；产量按皮棉计算；不包括木棉。

3）油料产量。油料产量是指全部油料作物的生产量。油料产量包括花生、油菜籽、芝麻、向日葵籽、胡麻籽（亚麻籽）和其他油料的产量。不包括大豆、木本油料和野生油料。花生以带壳干花生计算。

此外，还有糖料、麻类、烟叶、蔬菜和瓜类、蚕茧、茶叶、水果、药材和其他农作物等类别产量。

4）林产品产量。林产品产量主要包括木材、橡胶、松脂、生漆、油桐籽、油茶籽、核桃等产量。

5）畜产品产量。畜产品产量主要包括猪牛羊肉产量、奶类、羊毛羊绒、禽蛋、蜂蜜等产量。猪牛羊肉产量是指当年出栏并已屠宰、除去头蹄下水后带骨肉（即胴体重）的重量。

6）水产品产量。水产品产量是指人工养殖的水产品和天然生长的水产品的捕捞量。包括海水的鱼类、虾蟹类、贝类和藻类以及内陆水域的鱼类、虾蟹类和贝类，不包括淡水生植物。均按鲜品计算。

可根据调查对象实际情况确定主营农产品，可以是单一品种，也可为大类产品。若为大类产品，则需另行设计明细调查表加以补充登记。

7. 年末生产性固定资产原值

年末生产性固定资产原值是指固定资产当初的购进价、新建价或开始转为固定资产的价值。自繁自养的幼畜成龄转做役畜、产品畜、种畜，按市场同类牲畜的平均价格计价。国家奖励和外单位赠送的固定资产按购置同类固定资产的价格参照其新旧程度酌情计价。

8. 汽车

汽车指主要用于农户生产和经营活动服务的各种类型的汽车，不包括生活用车。

9. 拖拉机

拖拉机指主要用于农户生产和经营活动服务的各种类型的拖拉机，包括大中型拖拉机（发动机定额功率在 14.7 千瓦及以上）、小型四轮拖拉机（发动机定额功率小于 14.7 千瓦）和手扶式拖拉机。

10. 机动脱粒机

机动脱粒机是指专门进行农作物脱粒的固定作业机械。动力打稻机也应作为机动脱粒机统计。

11. 胶轮大车

胶轮大车指农村传统上使用的胶轮大车。

12. 农用水泵

农用水泵是指用于生产灌溉和排水的水泵。喷灌设备中的水泵不计入其中。

13. 役畜

役畜是指以使役为主要用途的大牲畜的数量。

14. 产品畜

产品畜是指以生产各种畜产品为主要目的的牲畜，如母猪、种公猪等种畜，乳牛、羊等取乳品的牲畜，产毛、鬃等畜产品的牲畜等。

15. 总收入

总收入是指调查期内农户从各种来源渠道得到的收入总和（包括现金收入和实物收入）。按收入的性质划分为工资性收入、家庭经营收入、财产性收入和转移性收入。

16. 工资性收入

工资性收入是指农户成员受雇于单位或个人，靠出卖劳动而获得的收入，即劳动者报酬。它包括在非企业组织中劳动得到的收入、在本地劳动得到的收入、常住人口外出从业得到的收入。

17. 家庭经营收入

家庭经营收入是指农户以家庭为生产经营单位进行生产筹划和管理而获得的收入。农户家庭经营活动按行业划分为农业、林业、牧业、渔业、工业、建筑业、交通运输业邮电业、批发和零售贸易餐饮业、社会服务业、文教卫生业和其他家庭经营。

18. 财产性收入

财产性收入是指金融资产或有形非生产性资产的所有者向其他机构单位提供资金或将有形非生产性资产供其支配，作为回报而从中获得的收入。

19. 转移性收入

转移性收入是指农户及其成员无须付出任何对应物而获得的货物、服务、资金或资产所有权等，不包括无偿提供的用于固定资本形成的资金。一般情况下，指农户在二次分配中的所有收入。

20. 现金收入

现金收入是指农户和其成员在调查期内得到的总收入中以现金形态表现的收入。按来源分成工资性收入、家庭经营现金收入、财产性收入、转移性收入。

21. 总支出

总支出是指农户用于生产、生活和再分配的全部支出。它包括家庭经营费用支出、购置生产性固定资产支出、生产性固定资产折旧、税费支出、生活消费支出、财产性支出和转移性支出。

22. 家庭经营费用支出

家庭经营费用支出是指农户以家庭为基本经营单位从事生产和非生产经营活动而消费的商品和服务、自产自用产品。所消费的未计算为农户收入的自产自用产品，不计算为费用支出；库存的化肥、农药也不计算为本期费用支出。

23. 购置生产性固定资产支出

购置生产性固定资产支出是指农户用于建造和购置生产性固定资产所支出的费用。

24. 生产性固定资产折旧

生产性固定资产折旧是指农户在家庭经营生产活动中，因使用固定资产，而转移到新产品中的那部分固定资产价值。在农户调查中，生产性固定资产的使用年限定为15年。

25. 税费支出

税费支出是指农户以现金和实物形式缴纳的从事生产经营活动的各种税费、附加费、村提留、乡统筹、一事一议费和各种集资摊派费用。

26. 生活消费支出

生活消费支出是指农户用于物质生活和精神生活方面的支出。生活消费支出包括食品支出、衣着支出、居住支出、家庭设备用品及服务支出、交通和通信支出、文化教育娱乐用品及服务支出、医疗保健支出、其他商品和服务支出。

27. 食品支出

食品支出是指农户在调查期内消费各类食品的支出。食品支出包括主食、副食、其他食品、在外饮食和食品加工费支出。

28. 衣着支出

衣着支出是指农户用于购买衣着消费品和衣着消费服务性的支出。衣着支出包括购买服装、鞋类、服装材料等衣着消费品支出，也包括衣着加工费等衣着消费服务性支出。

29. 居住支出

居住支出是指与农户居住有关的所有支出。居住支出包括新建（购）居住房屋消费支出、房屋维修、居住服务、租赁住房所付的租金、生活用水、生活用电、用于生活的燃料等支出。

30. 家庭设备及服务支出

家庭设备及服务支出是指农户消费的各种耐用消费品、其他家庭用品及用品的加工修理费用。

31. 交通和通信支出

交通和通信支出是指农户用于交通和通信的工具、各种服务费、维修费用支出。

32. 文教、娱乐用品及服务支出

文教、娱乐用品及服务支出是指农村住户用于文化、教育、娱乐方面的支出。文教、娱乐用品及服务支出包括文化教育娱乐用品支出和文化教育娱乐服务支出。

33. 医疗保健支出

医疗保健支出是指农户用于医疗和保健的药品、医疗器械和服务费用。医疗保健支出包括医药卫生保健用品、医疗保健服务费和医疗卫生设备、用品加工修理费等。

34. 其他商品及服务支出

其他商品及服务支出是指上述各类支出以外的商品和服务支出。

35. 财产性支出

财产性支出是指为获得其他住户财产（包括无形资产）的使用权而支付的各种费用。

36. 转移性支出

转移性支出是指农户及其成员没有获得任何对应物而支出的货物、服务、资金或资产所有权等，不包括无偿提供的用于固定资本形成的资金。一般情况下，指农村住户在二次分配中的所有支出。

37. 纯收入

纯收入是指农户家庭总收入扣除从事生产和非生产经营费用支出，即扣除家庭经营费用支出、税费支出、生产性固定资产折旧以后，剩余的最终归农户所有的收入。纯收入可直接用于生产性、非生产性建设投资、生活消费和积蓄。它是综合反映农户家庭实际收入水平的主要指标。农户家庭纯收入包括农户全年从事生产性和非生产性的经营收入，在外人口寄回、带回和国家财政救济、各种补贴等非经营性收入。纯收入既包括货币收入，又包括自产自用的实物收入。但不包括向银行、信用社以及向亲友借款等属于储蓄、借贷性的收入。其计算公式为

纯收入＝总收入－家庭经营费用支出－生产性固定资产折旧－税费支出－赠送农村亲友支出

38. 住房面积

住房面积是指农户自有或租用的实际住人或可以用来住人的房屋面积。与住房连成一体的起居室或放置灶具的地方、专用厨房，均应包括在内，但不包括专用仓库等生产用房面积。

39. 自有住房原值

自有住房原值是指自有住房当初的购进价、新建价或开始转为住房的价值。

40. 彩色电视机

彩色电视机也称彩色电视接收机，包括各种牌号、尺寸的彩色电视机。

41. 电冰箱

电冰箱是指用于冷冻食品的家用电器，包括冰柜。

42. 摩托车

摩托车包括各种型号的摩托车、轻骑摩托车。

43. 洗衣机

洗衣机是指用于洗涤衣物的家用电器，包括自动、半自动、单缸、双缸洗衣机。

44. 淋浴热水器

这里是指家用淋浴热水器，包括电热水器、燃气热水器、太阳能热水器。

45. 空调机

空调机是指用于调节住房室内空气温度的家用电器，不包括冷暖风机。

46. 移动电话

移动电话也称手机，不包括对讲机。

47. 家用计算机

家用计算机也称电脑，指家庭购买的各种型号电子计算机，包括台式和便携式。

第二节 城镇住户生活状况调查

【实训目的】

使学生全面实践统计调查、分组、编码、汇总、制表、制图、计算分析及撰写统计分析报告等基本统计技术，以培养学生的综合动手能力。

通过实训使学生更进一步地理解统计的特点，掌握统计的理论、统计指标的计算和应用、统计指标体系的设计和运用。

【技能目标】

掌握城镇住户生活状况调查的指标体系，掌握统计调查方式和方法的选择和运用，掌握统计调查工作开展的技巧。

掌握统计工作流程及基本统计技术。

【实训所需设备与材料】

数字练习模板；电脑及相应的软件配置、打印机、打印纸；网络及相关图书；各种调查表；记录笔；介绍信、身份证、学生证。

一、调查目的

了解某市某小区城镇住户的生活状况，掌握统计工作流程及基本统计技术。

二、调查对象

总体：某市某小区所有的城镇住户；

样本：某市某小区所有被抽中的城镇住户。

三、调查内容

1）调查项目。见附件 7 和附件 8。

2）调查项目说明。见附件 10。

四、调查方式、方法、时间、地点

1）调查方式：抽样调查（根据实际情况选择具体的抽样方式）。

2）调查方法：访问法。

3）调查时间：调查资料所属期限 1 个月，调查工作时限 1 周。

4）调查地点：根据实际需要确定。

五、调查前的准备工作

1）成立实习小组，明确实习任务。

2）实习进程安排，见表13.6。

表13.6　实习进程安排表

工作阶段	前期准备	实地调查	整理与分析	撰写报告	合计
主要工作内容	成立实习小组，确定样本单位，确定并印制调查表，分配实习任务	访问被抽中的住户，填写调查表	审核调查资料，录入数据，利用Excel整理与分析数据	拟订提纲，撰写报告，审核、修订、提交报告	
所需天数	1	1.5	1.5	1	5

3）确定样本容量及样本单位。（1）抽样框的确定。实习指导教师、实习小组负责人与××小区居委会联系，初步了解××小区的城镇住户总数，编制抽样框。（2）确定样本容量。根据住户收入差异程度、住户居住空间分布等情况，结合实习时间、实习经费，确定样本容量。基本原则：一人至少一个样本单位；最少不能少于30个样本单位。（3）选择抽样方式，确定样本单位，并分配给每一名学生。

4）印制调查表。每人两套调查表。

5）分配实习任务，提出具体要求。

6）按《数字练习模板》（见上节的附件4）练好填表的基本功。

六、实地调查

参见“九、实训具体要求”。

七、调查资料的整理与分析

1）数据录入。全区样本设在一个工作簿中；每户一个工作表。

2）数据汇总。采取表间汇总的方式；汇总表占用一个工作表，并放在最前面（即每户工作表的前面）。

3）分析方式。统计表；统计图；指标计算。

八、撰写统计分析报告

参见“九、实训具体要求”。

九、实训具体要求

1）编制抽样框，选择抽样方式，确定样本容量与样本单位。要求样本容量$n \geq 30$户。

2）实地调查，填写调查表。要求每生至少完成1户的实地调查任务；再把自己的调查表按全班人数复印，并分发给全班同学，保证每人一份。

3）对调查资料进行审核、编码，并录入至Excel工作表中。

4）确定调查户家庭成员性别、年龄、文化程度、职业分组体系。

5）利用 Excel，对调查户成员分别按性别、年龄进行分组，按文化程度对整半劳动力进行分组，编制频数分布表，绘制柱形图。

6）按表 13.9 中所示的调查项目，利用 Excel 汇总样本总量指标，制作计算表。

7）利用 Excel 计算样本有关的派生指标，制作计算表。具体指标有：（1）平均每户人口数；（2）平均每户就业人数；（3）平均每户就业面（就业人口占家庭人口的比重）；（4）平均每一就业人员负担人数（含本人）；（5）人均住房建筑面积；（6）人均月收入；（7）人均月可支配收入；（8）人均月生活消费支出；（9）恩格尔系数（食品支出/生活消费支出）；（10）月末平均每百户主要耐用消费品拥有量。要求按表 13.9 中所示的调查项目计算。

8）将调查户按可支配收入分为低收入户、中等收入户、高收入户三个组别，确定组距与组限，并分别利用手工方法和 Excel 统计各组频数、编制频数分布表、绘制直方图。

9）将调查户按可支配收入分为低收入户、中等收入户、高收入户三个组别，计算各组调查户人均生活消费支出指标，分析不同组别调查户的消费特点。参考格式详见表 13.7。

表 13.7 按可支配收入分组的调查户生活消费支出 单位：元 / 人

	低收入户	中等收入户	高收入户
平均生活消费支出			
#平均食品支出			
平均衣着支出			
平均家庭设备及服务支出			
平均医疗保健支出			
平均交通和通信支出			
#平均交通支出			
平均通信支出			
平均教育文化娱乐服务支出			
#平均教育支出			
平均文化娱乐用品支出			
平均文化娱乐服务支出			
平均居住支出			
#平均住房支出			
平均水电燃料及其他支出			
平均其他商品和服务支出			

10）计算调查户平均每户月可支配收入指标，以 95%的置信度估计小区平均每户月可支配收入的置信区间。

11）推算小区人口总数、劳动力总数、就业人口总数，计算就业率。

12）利用网络或图书资料，查阅有关分析指标的现有全国平均水平与小康标准（注意考虑价格变动），评价调查对象的生活质量。

13）根据调查分析结果，撰写统计分析报告。

14）打印输出附件 9：表 13.10。

15）上交实训材料。包括：数据录入及汇总的电子稿资料；实地调查的手填表及汇总结果的打印资料。

注意

《教学实习报告》不装订，但需要夹在封皮后面。

实训材料的装订顺序为：（1）封皮；（2）抽样框及抽样单位的确定资料；（3）分析时所用的统计表、统计图和统计指标的计算资料；（4）统计分析报告；（5）数字练习模板；（6）附件 9；即表 13.10《××年×月××市××小区城镇住户生活状况抽样结果》；（7）附件 7，即表 13.8 所有抽样调查户的《××年×月××市××小区城镇住户生活状况调查表》。

附件 7

表 13.8 ××年×月××市××小区城镇住户生活状况调查表

调查户编号：

<table>
<tr><th rowspan="2"></th><th rowspan="2">成员编号</th><th rowspan="2">性别</th><th rowspan="2">出生年月</th><th rowspan="2">文化程度</th><th rowspan="2">职业</th><th rowspan="2">整半劳动力</th><th colspan="6">收入（元）</th></tr>
<tr><th>工资性收入</th><th>经营净收入</th><th>财产性收入</th><th>转移性收入</th><th>合计</th><th>备注</th></tr>
<tr><td rowspan="9">家庭成员及收入情况</td><td></td><td></td><td></td><td></td><td></td><td></td><td></td><td></td><td></td><td></td><td></td><td></td></tr>
<tr><td></td><td></td><td></td><td></td><td></td><td></td><td></td><td></td><td></td><td></td><td></td><td></td></tr>
<tr><td></td><td></td><td></td><td></td><td></td><td></td><td></td><td></td><td></td><td></td><td></td><td></td></tr>
<tr><td></td><td></td><td></td><td></td><td></td><td></td><td></td><td></td><td></td><td></td><td></td><td></td></tr>
<tr><td></td><td></td><td></td><td></td><td></td><td></td><td></td><td></td><td></td><td></td><td></td><td></td></tr>
<tr><td></td><td></td><td></td><td></td><td></td><td></td><td></td><td></td><td></td><td></td><td></td><td></td></tr>
<tr><td></td><td></td><td></td><td></td><td></td><td></td><td></td><td></td><td></td><td></td><td></td><td></td></tr>
<tr><td></td><td></td><td></td><td></td><td></td><td></td><td></td><td></td><td></td><td></td><td></td><td></td></tr>
<tr><td colspan="6">合计</td><td></td><td></td><td></td><td></td><td></td><td></td></tr>
</table>

<table>
<tr><td rowspan="3">支出情况</td><td rowspan="3">总支出（元）</td><td rowspan="2">合计</td><td colspan="12">其中：</td></tr>
<tr><td colspan="3">生活消费支出</td><td colspan="2">各种税款支出</td><td colspan="3">社会保障支出</td><td colspan="4">购房与建房支出</td></tr>
<tr><td></td><td colspan="3"></td><td colspan="2"></td><td colspan="3"></td><td colspan="4"></td></tr>
<tr><td colspan="2" rowspan="2">#生活消费支出（元）</td><td rowspan="2">食品支出</td><td rowspan="2">衣着支出</td><td rowspan="2">家庭设备及服务支出</td><td rowspan="2">医疗保健支出</td><td colspan="2">交通和通信支出</td><td colspan="3">教育文化娱乐服务支出</td><td colspan="2">居住支出</td><td rowspan="2">其他商品和服务支出</td></tr>
<tr><td>交通支出</td><td>通信支出</td><td>教育支出</td><td>文化娱乐用品支出</td><td>文化娱乐服务支出</td><td>住房支出</td><td>水电燃料及其他支出</td></tr>
<tr><td colspan="2"></td><td></td><td></td><td></td><td></td><td></td><td></td><td></td><td></td><td></td><td></td><td></td><td></td></tr>
</table>

续表

<table>
<tr><td rowspan="4"></td><td colspan="2">可支配收入（元）</td><td colspan="3"></td></tr>
<tr><td colspan="2" rowspan="3">月末住房情况</td><td rowspan="2">自有住房原值（元）</td><td colspan="2">住房建筑面积（m^2）</td></tr>
<tr><td>钢筋混凝土结构</td><td>砖木结构</td></tr>
<tr><td></td><td></td><td></td></tr>
<tr><td rowspan="20">其他情况</td><td rowspan="20">耐用消费品</td><td>拥　有　量</td><td>月末拥有量</td><td colspan="2">五年前拥有量</td></tr>
<tr><td>摩托车　（辆）</td><td></td><td colspan="2"></td></tr>
<tr><td>助力车　（辆）</td><td></td><td colspan="2"></td></tr>
<tr><td>家用汽车　（辆）</td><td></td><td colspan="2"></td></tr>
<tr><td>洗衣机　（台）</td><td></td><td colspan="2"></td></tr>
<tr><td>电冰箱（柜）（台）</td><td></td><td colspan="2"></td></tr>
<tr><td>彩色电视机　（台）</td><td></td><td colspan="2"></td></tr>
<tr><td>家用电脑　（台）</td><td></td><td colspan="2"></td></tr>
<tr><td>组合音响　（套）</td><td></td><td colspan="2"></td></tr>
<tr><td>摄像机　（架）</td><td></td><td colspan="2"></td></tr>
<tr><td>照相机　（架）</td><td></td><td colspan="2"></td></tr>
<tr><td>钢琴　（架）</td><td></td><td colspan="2"></td></tr>
<tr><td>其他中高档乐器（件）</td><td></td><td colspan="2"></td></tr>
<tr><td>微波炉　（台）</td><td></td><td colspan="2"></td></tr>
<tr><td>空调器　（台）</td><td></td><td colspan="2"></td></tr>
<tr><td>淋浴热水器　（台）</td><td></td><td colspan="2"></td></tr>
<tr><td>消毒碗柜　（台）</td><td></td><td colspan="2"></td></tr>
<tr><td>洗碗机　（台）</td><td></td><td colspan="2"></td></tr>
<tr><td>健身器材　（套）</td><td></td><td colspan="2"></td></tr>
<tr><td>固定电话　（线）</td><td></td><td colspan="2"></td></tr>
<tr><td></td><td></td><td>移动电话　（部）</td><td></td><td colspan="2"></td></tr>
</table>

受访调查户户主签名：　　　　　　　　调查员签名：　　　　填表日期：

附件 8

表 13.9　××年×月××市××小区城镇住户生活状况调查汇总表

调查项目	计量单位	样本单位（调查户）							合计
调查户编号	—	1	2	3	4	5	6	…	
家庭人口	人								
就业人口	人								
住房建筑面积	m^2								
总收入	元								
#工资性收入	元								
经营净收入	元								
财产性收入	元								
转移性收入	元								

续表

调 查 项 目		计 量 单 位	样本单位（调查户）							合计
调查户编号		—	1	2	3	4	5	6	…	
总支出		元								
#生活消费支出		元								
#1. 食品支出		元								
2. 衣着支出		元								
3. 家庭设备及服务支出		元								
4. 医疗保健支出		元								
5. 交通和通信支出		元								
#交通支出		元								
通信支出		元								
6. 教育文化娱乐服务支出		元								
#教育支出		元								
文化娱乐用品支出		元								
文化娱乐服务支出		元								
7. 居住支出		元								
#住房支出		元								
水电燃料及其他支出		元								
8. 其他商品和服务支出		元								
各种税款支出		元								
社会保障支出		元								
购房与建房支出		元								
可支配收入		元								
月末耐用消费品拥有量	摩托车	辆								
	助力车	辆								
	家用汽车	辆								
	洗衣机	台								
	电冰箱（柜）	台								
	彩色电视机	台								
	家用电脑	台								
	组合音响	套								
	摄像机	架								
	照相机	架								
	钢琴	架								
	其他中高档乐器	件								
	微波炉	台								
	空调器	台								
	淋浴热水器	台								
	消毒碗柜	台								
	洗碗机	台								
	健身器材	套								
	固定电话	线								
	移动电话	部								

汇总人员签名： 审核人员签名： 填表日期：

附件 9

表 13.10　××年×月××市××小区城镇住户生活状况抽样结果

调查项目		计量单位	总量	平均量	
				按户平均	按人平均
调查户		户数		—	—
家庭人口		人			—
就业人口		人			
住房建筑面积		m^2			
总收入		元			
#工资性收入		元			
经营净收入		元			
财产性收入		元			
转移性收入		元			
总支出		元			
#生活消费支出		元			
#1. 食品支出		元			
2. 衣着支出		元			
3. 家庭设备及服务支出		元			
4. 医疗保健支出		元			
5. 交通和通信支出		元			
#交通支出		元			
通信支出		元			
6. 教育文化娱乐服务支出		元			
#教育支出		元			
文化娱乐用品支出		元			
文化娱乐服务支出		元			
7. 居住支出		元			
#住房支出		元			
水电燃料及其他支出		元			
8. 其他商品和服务支出		元			
各种税款支出		元			
社会保障支出		元			
购房与建房支出		元			
可支配收入		元			
月末耐用消费品拥有量	摩托车	辆			
	助力车	辆			
	家用汽车	辆			
	洗衣机	台			
	电冰箱（柜）	台			
	彩色电视机	台			
	家用电脑	台			
	组合音响	套			

续表

调查项目		计量单位	总　量	平均量	
				按户平均	按人平均
月末耐用消费品拥有量	摄像机	架			
	照相机	架			
	钢琴	架			
	其他中高档乐器	件			
	微波炉	台			
	空调器	台			
	淋浴热水器	台			
	消毒碗柜	台			
	洗碗机	台			
	健身器材	套			
	固定电话	线			
	移动电话	部			

附件 10

城镇住户生活状况指标解释

1. 城镇住户

城镇住户是指城市市区和县城关镇区居民委员会行政管理区域内的住户。城镇住户包括户口在本地区的常住非农业户；户口在本地区的常住农业户；户口在外地，居住在本地区半年以上的非农业户；户口在外地，居住在本地区半年以上的农业户。调查包括单身户，但不包括集体户中的单身者。

2. 家庭人口

家庭人口是指居住在一起，经济上合在一起共同生活的家庭成员。凡计算为家庭人口的成员其全部收支都包括在本家庭中。

3. 就业人口

就业人口是指年龄在 16 周岁及以上，从事一定社会劳动并取得劳动报酬或经营收入的人员。

4. 住房建筑面积

住房建筑面积是指居民家庭现有住房的总建筑面积，以房屋产权证或租赁为准，包括房屋建筑物的有效面积和结构面积。

5. 总收入

总收入是指家庭成员得到的工资性收入、经营净收入、财产性收入、转移性收入之和，不包括出售财物收入和借贷收入。

6. 工资性收入

工资性收入是指就业人员通过各种途径从工作单位得到的全部劳动报酬，包括所从事主要职业的工资以及从事第二职业、其他兼职和零星劳动得到的其他劳动收入。

7. 经营净收入

经营净收入是指个体或私营业主在调查期（1 个月）内所取得的全部营业收入或销售收入扣除成本和税金后所得的收入。

8. 财产性收入

财产性收入是指家庭拥有的动产（如银行存款、有价证券）、不动产（如房屋、车辆、土地、收藏品等）所获得的收入。财产性收入包括出让财产使用权所获得的利息、租金、专利收入；财产营运所获得的红利收入、财产增值收益等。

9. 转移性收入

转移性收入是指国家、单位、社会团体对居民家庭的各种转移支付和居民家庭间的收入转移。转移性收入包括政府对个人收入转移的离退休金、失业救济金、赔偿等；单位对个人收入转移的辞退金、保险索赔、住房公积金、家庭间的赠送和赡养等。

10. 总支出

总支出是指家庭的全部支出，包括生活消费支出、各种税款支出、社会保障支出、购房与建房支出。

11. 生活消费支出

生活消费支出是指家庭用于日常生活的支出，包括食品、衣着、家庭设备用品及服务、医疗保健、交通和通信、教育文化娱乐服务、居住、其他商品和服务等八大类支出。

12. 食品支出

食品支出是指居民为摄取身体所需要的营养和满足某种嗜好而购买的各种消费品，包括在商店、集市、工作单位食堂和饮食业购买的主食、副食、烟草、酒、饮料以及干鲜瓜果、糖果、糕点、奶制品等。

13. 衣着支出

衣着支出是指用于购买衣着消费品和衣着消费服务性的支出。衣着支出包括购买服装、鞋类、服装材料等衣着消费品支出，也包括衣着加工费等衣着消费服务性支出。

14. 家庭设备及服务支出

家庭设备及服务支出是指家庭消费的各种耐用消费品、其他家庭用品及用品的加工修理费用。

15. 医疗保健支出

医疗保健支出是指家庭用于医疗和保健的药品、用品和服务费用。医疗保健支出包括医疗器具、保健用品、医药费、滋补保健品、医疗保健服务及其他医疗保健费用。

16. 交通和通信支出

交通和通信支出是指家庭用于交通和通信工具及相关的各种服务费、维修费等支出。

17. 交通支出

交通支出是指购置交通工具及零配件、支付各种交通费、修理服务费、油料费等的支出。

18. 通信支出

通信支出是指用于通信方面的全部支出，包括通信工具、电话费、邮费及其他通信费用。

19. 教育文化娱乐服务支出

教育文化娱乐服务支出是指家庭用于教育和文化娱乐方面的支出。

20. 教育支出

教育支出是与教育直接相关的支出，包括学费、教材费、家教费、赞助费、寄宿学生的住宿费等。

21. 文化娱乐用品支出

文化娱乐用品支出是指用于购置家庭文娱用的耐用消费品和其他文娱用品的支出。

22. 文化娱乐服务支出

文化娱乐服务支出是指和文化娱乐活动有关的各种服务费用。

23. 居住支出

居住支出是指与居住有关的支出，包括住房、水、电、燃料方面的支出。

24. 住房支出

住房支出是指家庭用于住房的直接支出，包括房租、房屋维修支出、物业管理费、房屋装潢支出。

25. 水电燃料及其他支出

水电燃料及其他支出是指家庭支付的水费、电费、燃料费、取暖费等支出。

26. 其他商品和服务支出

其他商品和服务支出是指上述各类支出以外的商品和服务支出。

27. 各种税款支出

各种税款支出主要包括个人所得税、牌照税、房产税。

28. 社会保障支出

社会保障支出是指调查户家庭成员参加国家法律、法规规定的社会保障项目中由个人交纳的保障支出，不包括职工所在单位交纳的那部分社会保障金。

29. 购房与建房支出

购房与建房支出是指家庭建造和购置住房所支出的费用。

30. 可支配收入

可支配收入是指调查户可用于最终消费支出和其他非义务性支出以及储蓄的总和，即可以用来自由支配的收入。它是家庭总收入扣除交纳的各种税款、个人交纳的社会保障费后的收入。其计算公式为

$$可支配收入=家庭总收入-各种税款支出-个人交纳的社会保障支出$$

31. 摩托车

摩托车是指以汽油机为动力的二轮或三轮机动车，包括轻便摩托车。

32. 助力车

助力车是指主要以电力、小型汽油发动机为辅助动力的二轮或三轮车。

33. 家用汽车

家用汽车是指消费者购买后以消费为主的各种家用汽车，包括轿车、面包车等。

34. 洗衣机

洗衣机是指一次洗衣在 6 公斤以下的自动、半自动、单缸、双缸、滚筒家用洗衣机。

35. 电冰箱（柜）

电冰箱（柜）是指单门、双门、三门家用电冰箱，包括冰柜。

36. 彩色电视机

彩色电视机是指各种显像管彩色电视机和固体显示（液晶显示、等离子显示）彩色电视机。

37. 家用电脑

家用电脑是指有显示器、中央处理器、键盘输入设备、存储器等主要部件组成的家用电子计算机，主要有台式计算机和便携式计算机。

38. 组合音响

组合音响是指收录、扩音、放音等两件和两件以上的多功能组合音响。

39. 摄像机

摄像机是指把景物的图像和现场的声音转换为电子信号的设备，不包括有录像功能的电视监视器。

40. 照相机

照相机是指把景物记录在感光材料或磁性材料上的设备，包括普通照相机和数码照相机。

41. 钢琴

钢琴是指主要部件包括键盘、踏板、击弦机、弦槌、琴弦、金属框架及共鸣板在内的一种击奏弦鸣乐器，主要式样有三角钢琴和立式钢琴。

42. 其他中高档乐器

其他中高档乐器是指除钢琴以外的价格在 200 元以上的各种中高档乐器，包括提琴、手风琴、吉他及各种电子乐器。

43. 微波炉

微波炉是指利用微波辐射来烹饪食物的厨房电器。

44. 空调器

空调器是指具有空气的加热、冷却、增湿、除湿等功能的空气调节器，不包括冷暖风机。

45. 淋浴热水器

淋浴热水器是指家用淋浴热水器，包括电热水器、燃气热水器、太阳能热水器。

46. 消毒碗柜

消毒碗柜是指利用红外线对食用器具进行杀菌消毒的电子器具。

47. 洗碗机

洗碗机是指利用电力清洗碗、碟、杯、盘等餐具的厨房电器。

48. 健身器材

健身器材是指价值 500 元以上的体育锻炼器械，如跑步器、划船器等，不包括医疗功能的按摩器。

49. 固定电话

固定电话是指通过电话线传送通信信号的电话机。

50. 移动电话

移动电话也称手机，包括模拟和数字移动电话，不包括对讲机。

书后附表

附表 1

随机数表

178103	958710	727673	499948	730884	301894	621844	303964	420031
549001	342544	313271	717846	838824	230327	657913	534162	930558
361549	855836	945268	654728	781387	449314	134948	357605	564192
749557	541386	226216	647086	989407	966809	441265	425728	882969
322076	882639	936084	864523	102985	141295	452351	196955	359609
626682	973745	387413	268256	754752	622375	536472	566129	993763
290815	108113	839009	972887	329968	213219	868337	270538	855074
176529	755645	267439	634118	335555	918035	638895	865441	237547
948453	268373	114281	103552	690935	873109	390777	658335	772025
179425	626740	165767	381008	788236	211639	451932	399909	786574
249163	573981	342712	884661	344967	918572	967675	522583	420763
488714	565472	657485	598573	991934	691737	667351	696319	139444
158439	157842	877445	981962	295801	650323	838231	549404	438289
250334	352083	408086	317423	299388	391963	173046	439796	992827
935701	382218	431891	641335	292912	360549	781775	636417	814959
122533	535089	919975	546264	193216	379911	974038	813013	902772
197951	641465	395817	351736	872965	663503	903518	717978	707528
958881	848624	839696	706474	708441	461004	740275	450187	800697
749645	270339	896958	288904	193534	152011	653009	611893	391925
431993	942951	404691	880154	689008	302027	650276	880816	165371
543364	736844	121948	297845	513736	844832	733129	171768	284154
844265	122061	953222	269004	606985	341596	545356	830005	131696
112743	682821	761727	437987	134478	235096	200036	041674	119223
123916	142303	273069	248344	274897	640186	735665	271527	224403
321225	844677	693339	983977	843901	512425	849076	689771	894465
160892	689145	161851	463158	528412	188012	152975	459078	945216
986804	721893	925378	488627	598835	904212	466081	687597	83798
378538	144032	389226	343982	814466	796821	657152	191553	618851
434418	503764	970875	628443	999211	887032	673642	385066	667355
138650	242231	855007	535614	114459	567161	976446	546151	943712
718438	155347	481588	961705	474412	655745	803994	929338	827295
234835	756415	269589	239664	274541	300989	835748	420171	458992
266239	896961	386493	624574	460288	996332	359247	680881	654192
303273	510962	849703	503719	467296	473342	346438	362973	730051

附表2

累计法平均增长速度查对表（增长速度；间隔期 2~5 年）

平均每年增长%	总发展速度 = 各年发展水平总和为基期水平的%				平均每年增长%	总发展速度 = 各年发展水平总和为基期水平的%			
	2 年	3 年	4 年	5 年		2 年	3 年	4 年	5 年
0.1	200.30	300.60	410.00	501.50	5.1	215.56	331.65	453.67	581.91
0.2	200.60	301.20	402.00	503.01	5.2	215.87	332.30	454.78	583.62
0.3	200.90	301.80	403.01	504.52	5.3	216.18	332.94	455.88	585.35
0.4	201.20	302.41	404.02	506.03	5.4	216.49	333.58	457.00	587.07
0.5	201.50	303.01	405.03	507.55	5.5	216.80	334.23	458.11	588.81
0.6	201.80	303.61	406.04	509.07	5.6	217.11	334.87	459.22	590.54
0.7	202.10	304.22	407.05	510.60	5.7	217.42	335.52	460.34	592.28
0.8	202.41	304.83	408.06	512.13	5.8	217.74	336.17	461.46	594.03
0.9	202.70	305.43	409.08	513.66	5.9	218.05	336.81	462.58	595.78
1.0	203.01	306.04	410.10	515.20	6.0	218.36	337.46	463.71	597.53
1.1	203.31	306.65	411.12	516.74	6.1	218.67	338.11	464.84	599.29
1.2	203.61	307.26	412.14	518.29	6.2	218.98	338.76	465.96	601.05
1.3	203.92	307.87	413.17	519.84	6.3	219.30	339.41	467.10	602.82
1.4	204.22	308.48	414.20	521.40	6.4	219.61	340.06	468.23	604.60
1.5	204.52	309.09	415.23	522.96	6.5	219.92	340.72	469.36	606.37
1.6	204.83	309.70	416.26	524.52	6.6	220.24	341.37	470.50	608.15
1.7	205.13	310.32	417.29	526.09	6.7	220.55	342.03	471.64	609.94
1.8	205.43	310.93	418.33	527.66	6.8	220.86	342.68	472.78	611.73
1.9	205.74	311.55	419.36	529.23	6.9	221.18	343.34	473.93	613.53
2.0	206.04	312.16	420.40	530.81	7.0	221.49	343.99	475.07	615.33
2.1	206.34	312.78	421.45	532.40	7.1	221.80	344.65	476.22	617.13
2.2	206.65	313.39	422.49	533.98	7.2	222.12	345.31	477.37	618.94
2.3	206.95	314.01	423.54	535.58	7.3	222.43	345.97	478.53	620.76
2.4	207.26	314.63	424.58	537.17	7.4	222.75	346.63	479.68	622.58
2.5	207.56	315.25	425.63	538.77	7.5	223.06	347.29	480.84	624.40
2.6	207.87	315.87	426.68	540.38	7.6	223.38	347.95	482.00	626.23
2.7	208.17	316.49	427.74	541.99	7.7	223.69	348.62	483.16	628.06
2.8	208.48	317.12	428.80	543.60	7.8	224.01	349.28	484.32	629.90
2.9	208.78	317.74	429.85	545.22	7.9	224.32	349.95	485.49	631.75
3.0	209.09	318.36	430.91	546.84	8.0	224.32	350.61	486.66	633.59
3.1	209.40	318.99	431.98	548.47	8.1	224.64	351.28	487.83	635.45
3.2	209.70	319.61	433.04	550.10	8.2	224.96	351.94	489.00	637.30
3.3	210.01	320.24	434.11	551.73	8.3	225.59	352.61	490.18	639.16
3.4	210.32	320.87	435.18	553.37	8.4	225.91	353.28	491.36	641.03
3.5	210.62	321.49	436.25	555.02	8.5	226.22	353.95	492.54	642.90
3.6	210.93	322.12	437.32	556.66	8.6	226.54	354.62	493.72	644.78
3.7	211.24	322.75	438.39	558.32	8.7	226.86	355.29	494.90	646.66
3.8	211.54	323.38	439.47	559.97	8.8	227.17	355.97	496.09	648.55
3.9	211.85	324.01	440.55	561.63	8.9	227.49	356.64	497.28	650.44
4.0	212.16	324.65	441.63	563.30	9.0	227.81	357.31	498.47	652.33
4.1	212.47	325.68	442.72	564.97	9.1	228.13	357.99	499.66	654.23
4.2	212.78	325.91	443.80	566.64	9.2	228.45	358.66	500.86	656.14
4.3	213.08	326.55	444.89	568.32	9.3	228.76	359.34	502.06	658.05
4.4	213.39	327.18	445.98	570.00	9.4	229.08	360.02	503.26	659.97
4.5	213.70	327.82	447.07	571.69	9.5	229.40	360.70	504.46	661.89
4.6	214.01	328.46	448.17	573.38	9.6	229.72	361.37	505.67	663.81
4.7	214.32	329.09	449.26	575.08	9.7	230.04	362.05	506.87	665.74
4.8	214.63	329.73	450.36	576.78	9.8	230.36	362.74	508.08	667.68
4.9	214.94	330.37	451.46	578.48	9.9	230.68	363.42	509.30	669.62
5.0	215.25	331.01	452.56	580.19	10.0	231.00	364.10	510.51	671.56

附表3

累计法平均增长速度查对表（下降速度：间隔期 2～5 年）

平均每年增长%	总发展速度 = 各年发展水平总和为基期水平的%				平均每年增长%	总发展速度 = 各年发展水平总和为基期水平的%			
	2 年	3 年	4 年	5 年		2 年	3 年	4 年	5 年
−0.1	199.70	299.40	399.00	498.50	−3.1	190.80	281.78	369.95	455.38
−0.2	199.40	298.80	398.00	497.01	−3.2	190.50	281.21	369.01	454.00
−0.3	199.10	298.20	397.01	495.52	−3.3	190.21	280.63	368.07	452.62
−0.4	198.80	297.61	396.02	594.03	−3.4	189.92	280.06	367.14	451.25
−0.5	198.50	297.01	395.02	492.55	−3.5	189.62	279.49	366.20	449.89
−0.6	198.20	296.41	394.04	491.07	−3.6	189.33	278.91	365.27	448.52
−0.7	197.90	295.82	393.05	489.60	−3.7	189.04	278.34	364.34	447.16
−0.8	197.61	295.23	392.06	488.13	−3.8	188.74	277.77	363.42	445.81
−0.9	197.31	294.63	391.08	486.66	−3.9	188.45	277.20	362.49	444.45
−1.0	197.01	294.04	390.10	485.20	−4.0	188.16	276.63	361.57	443.11
−1.1	196.71	293.45	389.12	483.74	−4.1	187.87	276.07	360.65	441.76
−1.2	196.41	292.86	388.14	482.29	−4.2	187.58	275.50	359.73	440.42
−1.3	196.12	292.27	387.17	480.83	−4.3	187.28	274.93	358.81	439.08
−1.4	195.82	291.68	386.19	479.39	−4.4	186.99	274.37	357.89	437.75
−1.5	195.52	291.09	385.22	477.94	−4.5	186.70	273.80	356.98	436.42
−1.6	195.23	290.50	384.25	476.51	−4.6	186.41	273.24	356.07	435.09
−1.7	194.93	289.92	383.29	475.07	−4.7	186.12	272.67	355.16	433.77
−1.8	194.63	289.33	382.32	473.64	−4.8	185.83	272.11	354.25	432.45
−1.9	194.34	288.74	381.36	472.21	−4.9	185.54	271.55	353.34	431.13
−2.0	194.04	288.16	380.40	470.79	−5.0	185.25	270.99	352.44	429.82
−2.1	193.74	287.58	379.44	469.37	−5.1	184.96	270.43	351.54	428.51
−2.2	193.45	286.99	378.48	467.95	−5.2	184.67	269.87	350.61	427.20
−2.3	193.15	286.41	377.52	466.54	−5.3	184.38	269.31	349.74	425.90
−2.4	192.86	285.83	376.57	465.13	−5.4	184.09	268.75	348.84	424.60
−2.5	192.56	285.25	375.62	463.73	−5.5	183.80	268.19	347.94	423.31
−2.6	192.27	284.67	374.67	462.33	−5.6	183.51	267.64	347.05	422.01
−2.7	191.97	284.09	373.72	460.93	−5.7	183.22	267.08	346.16	420.73
−2.8	191.68	283.51	372.77	459.54	−5.8	182.94	266.53	345.27	419.44
−2.9	191.38	282.93	371.83	458.15	−5.9	182.65	265.97	344.38	418.16
−3.0	191.09	282.36	370.89	456.76	−6.0	182.36	265.42	343.49	416.88

续表

平均每年增长%	总发展速度 = 各年发展水平总和为基期水平的%				平均每年增长%	总发展速度 = 各年发展水平总和为基期水平的%			
	2年	3年	4年	5年		2年	3年	4年	5年
−6.1	182.07	264.87	342.61	415.61	−8.1	176.36	253.97	325.30	390.85
−6.2	181.78	264.31	341.73	414.34	−8.2	176.07	253.43	324.45	389.65
−6.3	181.50	263.76	340.85	413.07	−8.3	175.79	252.90	323.61	388.45
−6.4	181.21	263.21	339.97	411.81	−8.4	175.51	252.36	322.76	387.25
−6.5	180.92	262.66	339.09	410.55	−8.5	175.22	251.83	321.92	386.06
−6.6	180.64	262.11	338.21	409.29	−8.6	174.94	251.29	321.08	384.87
−6.7	180.35	261.57	337.34	408.04	−8.7	174.66	250.76	320.25	383.68
−6.8	180.06	261.02	336.47	406.79	−8.8	174.37	250.23	319.41	382.50
−6.9	179.78	260.47	335.60	405.54	−8.9	174.09	249.70	318.57	381.32
−7.0	179.49	259.93	334.73	404.30	−9.0	173.81	249.17	317.74	380.15
−7.1	179.20	259.38	333.86	403.06	−9.1	173.53	248.64	316.91	378.97
−7.2	178.92	258.84	333.00	401.82	−9.2	173.25	248.11	316.08	377.80
−7.3	178.63	258.29	332.14	400.59	−9.3	172.96	247.58	315.25	376.64
−7.4	178.35	257.75	331.28	399.36	−9.4	172.68	247.05	314.43	375.47
−7.5	178.06	257.21	330.42	398.14	−9.5	172.40	246.52	313.60	374.31
−7.6	177.78	256.67	329.56	396.91	−9.6	172.12	246.00	312.78	373.16
−7.7	177.49	256.13	328.70	395.69	−9.7	171.84	245.47	311.96	372.00
−7.8	177.21	255.59	327.85	394.48	−9.8	171.56	244.95	311.14	370.85
−7.9	176.92	255.05	327.00	393.27	−9.9	171.28	244.42	310.33	369.70
−8.0	176.64	254.51	326.15	392.06	−10.0	171.00	243.90	309.51	368.56

主要参考文献

[1] 崔奇，竟玉梅．2005．新编小企业统计实务．上海：立信会计出版社．

[2] 迟艳芹．2007．统计学原理与应用．北京：清华大学出版社．

[3] 国家统计数据库．2010．国际比较．http：//219.235.129.58/[2010-3-29].

[4] 国家统计局．2010．网上数据直报．http：//www.stats.gov.cn/sjzb/[2010-3-29].

[5] 国家统计局．2010．统计知识．http：//www.stats.gov.cn/tjzs/[2010-3-29].

[6] 国家统计局．2010．统计数据．http：//www.stats.gov.cn/tjsj/[2010-3-29].

[7] 国家统计局．2010．统计分析．http：//www.stats.gov.cn/tjfx/[2010-3-29].

[8] 国家统计局．2008．中国统计年鉴．北京：中国统计出版社．

[9] 国家统计局．2008．改革开放 30 年报告之一：大改革 大开放 大发展.http：//www.stats.gov.cn/tjfx/ztfx/jnggkf30n/t20081027_402512199.htm [2008-10-27].

[10] 黄国安．2006．新编企业经济统计学.上海：立信会计出版社．

[11] 湖南统计信息网．2010．统计与生活．http：//www.hntj.gov.cn/tjabc/tjysh/default_2.htm [2010-3-5]．2010.

[12] 湖北省林业局．2009．林业统计报表制度．内部资料．

[13] 梁前德．基础统计．2004．北京：高等教育出版社．

[14] 全国专业技术人员计算应用能力考试专家委员会．2005．Word 2003 中文字处理．沈阳：辽宁人民出版社，辽宁电子出版社．

[15] 全国老龄工作委员会办公室．2006．中国人口老龄化发展趋势预测研究报告．http:\\finance.sina.com.cn/g/20060224/1620237119.shtml[2009-10-9].

[16] 王左军．2006．统计实务入门．上海：中国言实出版社．

[17] 徐义，李相伟，吴祖俊．2004．中文版 Excel 2003 实例技巧教程．成都：电子科技大学出版社．

[18] 肖婷婷．2009．统计学基础．北京：清华大学出版社．

[19] 肖升初．2007-5-21．一位养猪专业户的统计经．中国信息报．

[20] 中华人民共和国国家统计局．2010．中华人民共和国 2009 年国民经济和社会发展统计公报．

[21] 浙江统计信息网. 2008. 统计知识. http：//www.zj.stats.gov.cn/art/2008-1-11 [2010-3-10].

配套资料索取说明

购买本书的读者可在 www.ptpedu.com.cn 注册后下载本书配套学习资料。

采用本书授课的老师可发邮件至 wanguoqingljw@163.com 或 education_book@163.com 索取本书配套教学资料。

姓　　名：________ 性　　别：____ 职　　称：________ 职　　务：________

办公电话：________ 手　　机：__________ 电子邮箱：__________

学　　校：______________________ 院　　系：__________

通信地址：______________________ 邮　　编：__________

本课程开设于____学年____学期，原采用________出版社出版________主编的《________》为本课程教材，__________专业____个班共____人使用该教材。

证 明 人：_______ 办公电话：_________ 手机：_________ 电子邮箱：_______

21 世纪高职高专财经类规划教材目录

书名（作者）	书　号	特 点 简 介
管理学基础（季辉）	978-7-115-23521-3	提供课件、教案、习题答案、案例分析
人力资源管理(吴少华)	2013年3月	部分案例采自真实企业实践，正文内安排课堂实训等栏目；提供课件、教案、实训资料、习题答案、教学案例和试卷
经济学基础（邓先娥）	978-7-115-30775-0	教材内容以微观为主，宏观为辅，素材以国内新近现实经济现象为主，提供课件、教案、习题答案、教学案例和试卷
经济学基础（杨洁）	978-7-115-23380-6	案例丰富；提供课件、习题答案、教学案例
会计基础与实务（第2版）（杨桂洁）	978-7-115-30254-0	畅销教材再版，校企合作开发，基于会计工作过程；提供教案、课件、习题答案等资料；原始凭证单独成册，方便使用
财务管理（马红光）	978-7-115-23114-7	模块化教材；提供教案、课件、习题答案、案例分析
财务会计（贾永海）	978-7-115-25428-3	提供课件、教案、教学做一体化训练参考答案；重点突出实训环节，模块后配有“教学做一体化训练”项目
成本会计（徐晓敏）	978-7-115-27086-3	提供课件、教案、习题及实训答案、模拟试卷；实训部分单独成册，方便使用
会计综合实训（甄立敏）	978-7-115-26146-5	校企合作开发，根据企业会计的实际情况布置教材内容；提供课件、教案、答案、电子备份文件等全套教学资料
财务报告编制与分析（赵威）	978-7-115-24442-0	以案例解读理论；提供课件、教案、教学案例集、习题答案、试卷样本
统计基础知识与实训（胡宝珅）	978-7-115-29831-7	简明实用，提供授课计划、教学大纲、试卷样本、实训资料、电子教案，省级精品课程网站提供支持

续表

书名（作者）	书　号	特 点 简 介
统计实用技术 统计实用技术实训（胡宝珅）	978-7-115-23366-0/23355-4	省级精品课程配套教材；提供授课计划、教学大纲、试卷样本、实训资料、电子教案；两本书互为配套教材
国际贸易理论与实务（康芳民）	978-7-115-23395-0	提供课件、教案、习题答案、教学案例
国际贸易实务（张燕芳）	978-7-115-24747-6	提供课件、教案、习题答案、教学案例；教材内容基于国际贸易工作过程
国际贸易单证实务与操作（徐薇）	978-7-115-25009-4	提供课件、教案、习题答案；与全国国际商务单证员考试内容相衔接
报检与报关实务（熊正平）	978-7-115-30917-4	内容安排与通关实际操作过程相吻合，单据进行仿真处理；提供课件、教案、习题答案和试卷等
商务英语函电（龙朝晖）	978-7-115-28817-2	取材于真实商务信函，学习形式多样；提供课件、大纲、答案、试卷等
经济数学（郭欣红）	978-7-115-23290-8	提供教案、课件、习题答案、模拟试卷
经济法实务（王琳雯）	978-7-115-24764-3	结合会计、银行、证券等从业资格的考试要求；提供课件、教案、习题参考答案、案例分析
经济法概论（刘磊）	2013年4月	内容图表化、案例故事化，实践与实训源于工作实际；提供课件、教案、习题答案和试卷等
金融法理论与实务（罗艾筠）	978-7-115-24715-5	校企合作开发，丰富的互动内容可协助教师调节课堂气氛；提供课件、教案、习题考答案、案例分析、模拟试卷
商务谈判（田玉来）	978-7-115-24962-3	提供课件、教案、习题答案
市场营销理论与实训（方凤玲）	978-7-115-25909-7	提供课件、教案、习题答案、模拟试卷、教学案例、实训支持材料
金融学概论（郭晖）	978-7-115-28574-4	提供课件、教案、答案、案例、试卷等；注重教与学互动，提供扩展学习指导
金融基础知识（韩宗英）	978-7-115-25823-6	以故事提升学习兴趣，以通俗降低学习难度；提供课件、教案、习题答案和模拟试卷等
证券投资理论与实务（吴作斌）	978-7-115-25960-8	提供课件、教案、习题答案、模拟试卷
保险基础与实务（徐昆）	978-7-115-25908-0	校企合作开发，与职业资格证书考核内容和专业岗位要求相衔接；提供课件、案例分析、答案、模拟试卷和实训资料等
演讲与口才实用教程（蒋红梅）	978-7-115-25935-6	注重职场口才的技能培养；提供课件、教案、整体设计、单元设计、课程标准、案例库和案例分析、检测标准
人际沟通艺术（麻友平）	978-7-115-27482-3	讲授与实践相结合，重点决工作生活中的实际问题；提供课件、教案、习题答案、模拟试卷等